Éditions du Club France Loisirs, Paris,
avec l'autorisation des Éditions Jean-Claude Lattès

LES CHEMINS DE TRAVERSE

Nicolas HULOT

LES CHEMINS DE TRAVERSE

FRANCE LOISIRS
123, boulevard de Grenelle, Paris

La vie est un bien perdu pour celui qui ne l'a pas vécue comme il l'aurait voulu.

Mihail EMINESCU
(poète roumain, 1849-1889)
Le Prince Bleu.

1

Le drame

Il fait déjà un ciel sombre sur Paris illuminé pour Noël. Nous ne sommes pourtant qu'en début d'après-midi, ce 24 décembre 1974.

Grimpé sur un escabeau, je punaise les dernières guirlandes et ma sœur Béatrice aide ma mère, qui prépare le réveillon. De mon perchoir je l'entends qui fait le compte des invités : l'oncle, la tante, les quatre cousins, la grand-mère, deux amies et nous trois. Ça fait douze. La radio diffuse les chants de Noël obligatoires pour la circonstance. La voix de ma mère me parvient, toujours aussi précise :

— Nicolas, il va nous manquer deux chaises !

Déjà j'ai sauté à terre. J'ai compris. Je suis bon pour une virée dans la cave où personne ne va jamais. Béatrice ne voudra pas descendre seule dans le noir.

Il est près de quinze heures ; nous avons tout le temps, mais je ne veux pas contrarier ma mère, qui aime que tout soit impeccable.

Je précède Béatrice dans l'escalier de service. Sept étages à la volée pour se retrouver dans le sous-sol nauséeux de Paris. Les immeubles comme le nôtre présentent bien, en façade, mais leurs caves, uniquement fréquentées par les domestiques, ne sont pas éclairées.

Une ampoule à l'entrée, et puis le noir des catacombes.

Béatrice reste en arrière pendant que j'avance à tâtons. J'ai du mal à trouver la serrure qui joue difficilement, mais je ne vais pas remonter sept étages pour prendre une lampe de poche. Dans ces ténèbres d'encre, moins humides que je ne le pensais, j'essaie de me repérer, de me rappeler la disposition des meubles dépareillés, disloqués par dix déménagements. J'avance prudemment pour ne pas prendre une poignée de porte dans l'œil ou le front, je farfouille, je tâtonne dans le fatras, tombe sur des boîtes du chemin de fer électrique que mon père m'avait offert pièce après pièce. C'est plein de toiles d'araignée. Enfin j'identifie, au toucher, une chaise cannelée.

Marche arrière pour la donner à Béatrice qui, s'habituant à l'ombre sale, a osé s'approcher. Puis je retourne dans ce cul-de-sac où l'on respire mal, mais sans mettre la main sur la seconde chaise, qui, logiquement, devrait se trouver près de l'endroit où j'ai découvert l'autre. Chaque meuble effleuré me rappelle des lieux, des moments, que je ne souhaite surtout pas remuer ; j'ai hâte de remonter, de quitter cette cave où s'entassent les symboles empoussiérés de nos avatars familiaux.

J'avance. Je bute contre une chose souple, que je repousse facilement du pied. C'est un tapis. Je me baisse pour le dégager. Toujours dans le noir auquel je ne m'habitue pas, je touche quelque chose de mou, je palpe des franges..., retiens mon souffle...

J'ai peur de comprendre...

Béatrice s'impatiente. Je me tais. En soulevant un pan du tapis, j'ai l'impression de distinguer une silhouette humaine, dans son creux, une forme..., un homme avalé par l'ombre... Je tire sur le tapis pour l'approcher de l'entrée plus lumineuse, je le déroule à demi à cause de l'exiguïté du lieu. Je pousse un cri et bondis en arrière. Je viens de dégager un corps. N'osant pas regarder ma sœur, je la prends par le bras et la repousse à l'autre bout du couloir.

— Y'a quelqu'un !

Un moment, saisis, nous sommes restés l'un contre

l'autre, dans un silence encore plus pesant dans l'obscurité. Puis j'ai fermé la porte et c'est elle qui a deviné :

— Gonzague...

Elle avait compris instantanément. Moi, je n'avais pas tout de suite pensé à mon frère. Trois mois plus tôt, à la fin de l'été, Gonzague était parti pour un tour du monde. On le croyait en escale à Tahiti... Il était finalement si secret...

Je n'ai pas osé regarder de plus près. L'évidence était maintenant fulgurante : Gonzague était mort dans la cave, et le corps qui gisait était celui du fils aîné dont maman était sans nouvelles depuis des mois. Ce fils aimé dont le nom n'était jamais prononcé, pour la ménager.

Dans n'importe quelle famille, nous serions remontés pour prévenir notre mère. Nous avons eu le réflexe inverse. Sans nous concerter.

Cette réaction incroyable était dans notre nature, tant notre éducation avait été marquée par le silence, le respect et le mensonge par omission.

— Ne disons rien à maman !

Nous l'avons chuchoté en même temps. Le réflexe a fonctionné avec cet automatisme que donne une longue habitude.

On ne nous disait rien ; nous n'allions rien dire.

Quatre ans après la mort tragique et cruelle de mon père, le soir de Noël qui devait être consacré au rite, il ne fallait pas contrevenir à l'ordre. Là-haut notre mère préparait le réveillon ; probablement sans illusion sur la sincérité de ses invités, mais elle avait tellement besoin de croire à cette apparence de liesse qu'il nous paraissait inhumain de troubler cette sérénité.

Sans raisonner, sans nous justifier, nous avons pris sur nous de taire le drame pour ne pas gâcher la dernière illusion d'une femme qui avait déjà beaucoup souffert. Elle n'était pas au bout de son calvaire.

— Monte la chaise, Béatrice. Fais comme si de rien n'était... Je vais voir ce que je peux faire.

Dans les circonstances exceptionnelles, les mots sont brefs, strictement utilitaires. C'est exactement la même chose dans les naufrages et dans les crashes.

Je suis resté seul dans le noir devant cette cave minable. Béatrice montait l'escalier de service et j'entendais décroître ses pas.

Seul. Seul comme d'habitude, depuis la mort de mon père.

L'odeur de cadavre commençait seulement à m'être perceptible. Comme s'il fallait savoir, pour sentir !

J'entre dans le réduit et l'odeur de putréfaction m'agresse. Pourtant, je me décide à regarder... Je pressentais qu'il ne pouvait pas être mort de mort naturelle. Gonzague n'avait jamais été comme les autres. La première chose que j'ai découverte, c'est la bouteille d'eau minérale, puis le flacon de comprimés... Et un message tout simple, écrit sur une feuille de papier posée près du tapis : *La vie ne vaut pas la peine d'être vécue.*

La constatation sans espoir de l'un de ses écrivains préférés ; ses dernières paroles. Gonzague n'avait pas besoin d'autre mobile pour décider de sa fin, que je pouvais reconstituer. Avant de s'allonger sur le sol, il s'était enroulé dans ce tapis détérioré et avait attendu la mort, dans l'obscurité et le silence d'une cave qu'il avait voulue pour tombeau.

Gonzague avait conduit sa cérémonie funèbre sous nos pieds, sans aucune défaillance. Couché dans son tapis, il avait avalé quelques gorgées d'eau pour absorber les barbituriques : le flacon était vide.

Son corps était momifié.

Je n'en peux plus. Plus les minutes passent et plus l'horreur de la situation m'apparaît. Gonzague devait être tourmenté par la mort depuis longtemps pour oser venir la chercher dans le noir, allongé sur un sol douteux, sans savoir la durée de son agonie... Et dans quatre heures il faudra accueillir la « famille » et célébrer Noël, s'envoyer des vœux...

Je m'enfuis en emportant le message.

Plusieurs fois, je le relis dans l'entrée mieux éclairée. *La vie ne vaut pas la peine d'être vécue.*

En cet après-midi de Noël 74, j'ai dix-huit ans. Et jamais je n'ai été aussi seul de ma vie. Encore plus seul qu'au chevet de mon père moribond qui réclamait un message d'amour qui ne lui arriva jamais. Il y avait de la famille, tant du côté de mon père que de ma mère, mais je n'avais personne à qui communiquer ma détresse.

J'ai monté la deuxième chaise enfin trouvée, puis je suis redescendu dans la rue.

Cassant une vitre de Police-Secours sur le trottoir, je préviens le planton : il faut venir chercher un corps, 51, rue de Clichy. J'attends sur le trottoir. Qu'ils ne fassent pas marcher la sirène ! Ma mère ne doit rien savoir aujourd'hui. Enfin, depuis un bistrot, je me résous à téléphoner à mon oncle, celui qui doit réveillonner avec nous.

Je préférerais quelqu'un avec qui j'aie plus d'affinités, mais je n'ai pas, dans ma totale solitude, d'autre interlocuteur : personne n'a remplacé mon père.

— Y'a un drame, viens tout de suite, mais arrive par-derrière, je t'attends dehors.

Remontée depuis un quart d'heure, Béatrice avait retrouvé notre mère et l'aidait dans ses préparatifs... L'oncle est arrivé avant la police. Le dialogue a été aussi bref qu'avec ma sœur :

— On ne dit rien jusqu'à demain.

— Tu as raison, je reviendrai prévenir ta mère.

Nous nous sommes tus jusqu'à l'arrivée de la police, qui a aggravé l'horreur. En essayant de nous protéger de la curiosité de la concierge, j'ai guidé les gardiens de la paix, à qui on ne peut demander ni d'être diplomates ni d'être distingués.

Il m'a fallu reconnaître officiellement le corps ramené dans la lumière qu'il avait fuie. Gonzague était mort les yeux fermés, sans doute endormi, et j'ai souhaité de toutes mes forces, avec tant d'intensité, qu'il soit mort sans souffrir, que j'ai réussi à ne pas pleurer devant les flics. Ils étaient pressés. Un soir de Noël !

J'ai signé un papier que l'on me tendait, bousculé parce que le corps, de ne plus être confiné dans un espace réduit, empestait l'entrée.

Souvenirs odieux, phrases sordides...

Je remonte à la maison, deux heures après la découverte macabre. On sonne à la porte de service : c'est mon ami François Roche. Il avait dû arriver juste après Police-Secours. Quand j'ai vu sa tête, j'ai su qu'il avait deviné. Avant qu'il ne dise un mot, je l'ai entraîné sur le palier.

— Tu ne dis rien, silence absolu, je ne peux pas t'expliquer. Demain ! Surtout pas ce soir...

— J'ai entendu la concierge...

Je l'ai forcé à rentrer dans l'appartement, après m'être assuré de son silence. Même quand on connaissait les mutismes de la famille Hulot, on pouvait s'étonner de ce silence-là ! La mort avait fait irruption un jour de liesse et chacun continuait de porter un masque. La fête allait commencer avec cette famille que je n'aimais pas mais que je supportais pour ma mère. Elle entretenait l'illusion d'une espèce d'union.

François m'a aidé à poser les dernières guirlandes, puis Béatrice l'a raccompagné chez lui... J'avais eu le temps de lire dans son regard qu'elle n'avait pas trahi notre pacte.

Je vaque entre l'appartement et ma chambre de bonne située juste au-dessus, sous les combles, puis je dresse la table.

Cette table ovale, défigurée par une profonde marque de brûlure laissée par un plat trop chaud, ma mère y tient. D'autant plus qu'elle n'a pas les moyens de la remplacer. Je dresse le couvert dans la chambre de Gonzague redevenue salle à manger « bourgeoise » depuis son départ pour ce voyage dont il ne reviendra pas. Je mets le napperon sur les traces de brûlures, dispose les services pendant que ma mère s'habille. Elle m'épargne le port de la cravate mais s'habille elle-même toujours avec élégance. Elle est si mince et racée qu'on la prenait pour Audrey Hepburn, dans la rue, quand elle était plus jeune.

Béatrice se prépare elle aussi dans sa chambre.

A huit heures précises, l'oncle arrive avec femme et cousins, puis la grand-mère du côté maternel. Il n'y a jamais de Hulot à la maison, comme si mon père avait été fils unique. Alors qu'il est le septième enfant de sa famille !

Ça se passe pratiquement comme un réveillon normal.

L'oncle fait ses plaisanteries un peu grivoises qui amusaient naguère les enfants. Il assure avec sang-froid. Je croise parfois le regard de Béatrice et je surprends celui de ma mère, placée tout près de moi, qui regarde les photos de Gonzague épinglées sur le mur de ce qui fut sa chambre. Si souvent qu'elle ne s'en rend pas compte. Elle scrute la photo où il siffle avec un canari sur l'épaule. Photo qui rappelle étrangement celle de mon père jeune, avec son ara. Mais sa préférée, c'est celle où Gonzague danse avec une fille, pendant une surboum à Nice. Cette image d'un bonheur impossible fascine ma mère. Elle sourit, elle fait la maîtresse de maison sous l'œil toujours acerbe de sa sœur aînée, et moi, qui suis le fils de la maison, j'essaie de rire aux plaisanteries usées de l'oncle.

Béatrice et moi mangeons la dinde et la bûche, buvons quelques gorgées de ce champagne obligatoire que je n'aime pas.

Sur le mur, Gonzague danse devant ma mère qu'une courte nuit protège encore de l'odieuse vérité.

Je ne sais pas comment nous avons réussi à nous taire, à jouer l'affreuse comédie. Je sais seulement pourquoi nous l'avons jouée : pour que maman ait quelques heures de sursis.

Pour la première fois de ma vie, j'ai voulu la préserver. Ce soir-là, je suis devenu adulte et j'en garde une douleur qui me poindra toujours. La tradition familiale nous a obligés à faire la fête sur une tombe, à jeter nos paillettes sur un cercueil. Dans ce rite factice, obligé, je me suis dédoublé. J'ai applaudi à la bûche, sous les yeux de Béatrice qui ne cillaient pas, mais j'entendais la voix de Gonzague qui murmurait : « La vie ne vaut pas la peine d'être vécue. »

La grand-mère, fatiguée, a donné le signal du départ, mettant fin au joyeux Noël dans les amoncellements de paquets-cadeaux. J'avais le vertige. Béatrice, qui, avec une énergie insoupçonnée, jouait parfaitement la comédie, devait refouler les mêmes questions que moi :

Gonzague se serait-il suicidé, si son père avait vécu ?

Les lampions éteints, je me suis enfui. Je n'avais personne à qui me confier, en cette nuit où tout a basculé. Gonzague était mort et j'étais emmuré. Je ne me suis pas enfermé dans des remparts, c'est la solitude qui m'a condamné à édifier des fortifications : en légitime défense. Pas par défiance.

Je suis allé chez ma petite amie de l'époque. Cette fille ne pouvait pas me croire, elle ne m'a pas cru. Complètement désemparé, je suis revenu dans ma chambre de bonne, isolée, loin de la ville en fête. Et j'ai retrouvé les ombres de la cave. Cette nuit m'a marqué à tout jamais.

Jusqu'à ce que l'épuisement et le choc m'assomment aux premières lueurs d'une aube tardive, je n'ai cessé de penser à ma mère et à ce qui l'attendait. Gonzague avait décidé de son sort dans des conditions que j'admire. Nul d'entre nous ne saura quand il a pratiqué l'acte qui devait le libérer, célébré cette affreuse liturgie. L'instant même de son geste, celui où l'un d'entre nous aurait pu l'aider, le dissuader, restera un mystère. Une punition supplémentaire pour sa mère.

Les yeux rivés sur le plafond qui est si bas, si lourd, je tente de me rappeler la dernière fois où nous avons vu Gonzague. Il voulait partir pour un grand voyage, disait-il. Et quel voyage ! Jusqu'au bout, alors que sa volonté était évidemment arrêtée, il avait donné le change, passant quelques semaines en adieux entre le nord de la France et le Sud, entre son parrain, des parents et des amis qui avaient signalé sa visite à ma mère. Dans une normalité apparente, puisqu'il avait acheté les livres essentiels sur la Polynésie, port idéal des marins-poètes comme Alain Gerbault. Il avait préparé consciencieusement cette mise à mort en disant au revoir à sa famille et à ceux qui pour lui avaient une importance sentimentale. Sans confier à personne son funeste projet, dans le silence absolu des Hulot, avec aussi leur détermination.

Ce qu'il n'avait pas pu gérer, c'est l'heure de la découverte de sa dépouille.

Si ma mère n'avait pas tenu absolument à son réveillon, nous aurions peut-être mis des mois à le découvrir..., lors d'un énième déménagement, des années plus tard, alors que l'éventualité de son retour se serait amenuisée, même dans le cœur de la femme qui avait tout subi de lui pendant les vingt-deux ans de sa vie.

Cet enfant n'était pas comme les autres. Trop intelligent pour ne pas ressentir sa différence, signalée dès sa naissance par des problèmes articulaires. Gonzague a été un bébé amoureusement attendu, mais, à cause d'un problème de hanche congénital, il a dû porter des appareils pendant ses deux premières années, apportant le drame dans ses langes, privant ma mère du légitime désir de faire admirer son premier-né.

Chrétienne d'éducation et religieuse de mentalité, elle a passé vingt-deux ans à se demander de quelle « faute » elle pouvait avoir été punie. Quand elle travaillait, elle se sentait coupable de négliger cet enfant ; alors elle cessait son activité et se vouait à Gonzague avec encore plus d'intensité douloureuse. Sans pouvoir empêcher ni ses tics moteurs ni cet autisme qui l'obligera à le confier pendant de longs mois à l'hôpital Herold.

Elle a toujours été prise entre deux feux, maman, le don d'affection démesuré et les tentatives d'autorité. Rien n'est plus redoutable qu'un enfant malade et trop intelligent, qui réagit en multipliant des exigences que ses propres limites lui rendent insupportables...

Cette nuit de Noël, j'ai entendu le message de Gonzague : « La vie ne vaut pas la peine d'être vécue », en le retournant complètement. Il fallait que la vie vaille la peine d'être vécue... Je m'effraie de penser que ce message désespéré est le seul que j'aie entendu de mon frère, cet aîné de quatre ans, trop différent pour que nous ayons eu des complicités, normales, me semblait-il, entre frères. J'avais des exemples de ces familles nombreuses qui me semblaient merveilleuses de vitalité, telle celle des Bergerault, nos voisins de plage à Saint-Lunaire. Neuf enfants qui se développaient entre père et mère, des enfants qui trouvaient toujours quelqu'un qui les écoute...

Privé des gestes élémentaires essentiels, de la liberté physique des bien-portants, Gonzague avait toujours été un peu jaloux de moi. En apparence, tout semblait mieux me réussir et surtout je n'avais pas ces problèmes qui le condamnaient à une vie marginale : chaque fois que j'avais essayé d'établir des liens plus fraternels entre nous, ça ne durait pas. Gonzague devait partir en « repos », en « traitement », et de cette faille entre ses deux fils ma mère souffrait énormément. Mais on ne parlait de rien : le silence familial était surréaliste, et pendant mon enfance se sont tramées des choses extraordinaires dont je n'ai eu connaissance qu'à mon âge d'homme. Trop tard...

Cette mort cachée un soir de réveillon en était une nouvelle manifestation. Elle avait choqué mon ami François Roche, qui ne pouvait pas comprendre que cette complicité dans le mutisme, entre Béatrice et moi, portait la marque d'une éducation devenue parfois un fâcheux trait du « caractère Hulot ».

Ainsi, c'est « incidemment » que j'avais appris le départ de Gonzague pour son dernier voyage. Et c'est incidemment que je venais de découvrir son corps, parce qu'il manquait une chaise. L'absurde, jusqu'au terme ultime du destin de Gonzague qui avait mis fin à ses souffrances en s'inhumant chez lui, s'organisant pour que nous sachions un jour qu'il n'avait pas disparu à perpétuité.

Ma mère avait eu de ses nouvelles, toujours « incidemment », au début de son périple qui était le prélude d'un sordide requiem. Sans nous en parler, à cause de la loi du silence.

Puisque c'était le début de leur prolifération, j'avais pensé à une secte — on les évoque toujours quand on parle de « disparition » — ou à une autre forme de disparition sociale, une mise à l'écart. Jamais je n'avais envisagé la vérité. Gonzague avait tout prévu. Il aurait pu sauter d'une fenêtre, se tirer une balle dans la tête... mais courir le risque de se rater, donc de s'estropier. Il se tuait pour ne plus être un estropié de la vie, son choix était épouvantable et touchant. Touchant parce qu'il l'avait accompli à proximité, comme pour rester proche de nous, épouvantable parce qu'il savait quelle violente souffrance ce serait pour notre mère.

Comment maman avait-elle imaginé le retour du fils prodigue ? Pendant le réveillon, elle avait regardé je ne sais combien de fois la photo de Gonzague dansant, jeune homme normal courant les boums plutôt que les vaines réunions de psychothérapie.

Lâchement, j'échappais au supplice de la prévenir moi-même. L'oncle serait son bourreau.

Au terme de cette nuit la plus longue, où cent fois je me suis préparé à l'instant où elle apprendrait, je me suis assoupi, me jurant que je ne descendrais plus jamais dans ce caveau où j'avais perdu mes dernières illusions.

Pourtant, quelques heures plus tard, plus épuisé que si je n'avais pas dormi, j'étais dans la cave. Je m'étais fait violence : si je ne réagissais pas, j'étais fichu, dominé à jamais par cette situation.

C'est la première fois que je pris conscience de ce réflexe qui me sauvera souvent psychologiquement : soigner le mal par le mal. La mort de Gonzague m'a appris à vivre, aussi douloureux que soit le premier geste de survie. Quand j'ai le vertige, je m'approche du vide. Pas par masochisme, mais parce que c'est le moyen de me contraindre à ne pas céder à mes faiblesses. On ne peut vivre qu'en dominant ses peurs. Pas en refusant le risque d'avoir peur !

Dans le faisceau de ma lampe de poche, j'ai reconstitué les derniers instants de Gonzague, l'affreuse cérémonie secrète. Soigneusement, il avait dégagé un espace, rangé les meubles. Pour se protéger du froid, des saletés, ou pour retarder l'instant de la découverte, il s'était enroulé dans le tapis après avoir bu le poison. Il avait tout prévu, ayant sans doute lu d'innombrables récits, lui qui lisait tant avec d'autant plus d'avidité que seuls les rêves lui étaient aisés. Ses gestes, eux, étaient douloureux. Son suicide n'était pas un appel au secours, c'était une vraie fin : Gonzague déposait son bilan.

Quatre ans plus tôt, mon père avait succombé à un

cancer aggravé d'une tentative de suicide. Je pense, sans en avoir de certitude, que si mon père avait vécu, et si nos parents ne s'étaient pas, auparavant, séparés, Gonzague n'aurait pas agi ainsi. Il avait très mal supporté leur rupture. Question désormais sans objet, mais toujours lancinante : a-t-on fait pour lui tout ce qui pouvait être fait ?

Je remonte. Avec Béatrice, ma mère range l'appartement.

Mon oncle va arriver, nous sommes convenus d'une heure pour qu'elle ne soit pas seule. Je ne sais plus à quoi j'ai occupé le temps en attendant.

Je traîne...

Le coup de sonnette...

Elle est arrivée la première à la porte du palier. Je me suis immobilisé dans le couloir. Je m'y étais préparé toute la nuit, mais on ne peut apprendre à supporter l'inhumain. Elle a compris tout de suite, à leur visage.

L'oncle, suivi de sa femme, la sœur aînée de maman, a dû prononcer les paroles de circonstance : « Monique, une terrible nouvelle... »

Et si elle a su immédiatement, c'est qu'elle n'avait jamais vraiment eu d'illusions.

Je l'ai entendue hurler. ., puis elle s'est effondrée sur le sol.

Je me précipite pour la prendre dans mes bras... L'angoisse l'avait déjà amaigrie depuis le départ de Gonzague, et je craignais que son cœur ne tienne pas. Je la dépose sur un fauteuil. Sa sœur et son beau-frère s'en vont déjà.

Nous restons tous les trois, elle ne demande rien et je tente de lui parler de délivrance, je dis des mots que je me répète depuis vingt-quatre heures. Mais ce qui a été délivrance pour Gonzague sera géhenne pour elle. La « faute » continuera à la poursuivre, à la mortifier.

Elle n'a pas posé de questions. Nous avons pu lui épargner, en ces instants, les détails sordides. Statufiée par la douleur, ma mère, (je découvrirais quatorze ans plus tard combien sa bonté la faisait compatir aux drames des autres, alors que toute sa vie avait été un drame injuste), fait front avec courage.

Elle a donné vingt-deux ans de sa vie pour rien. Elle croise ses mains sur ses genoux et nous regarde... C'est insoutenable.

Sur le mur, les photos de Gonzague avec le canari, et cette fille qui danse...

Aujourd'hui encore je suis persuadé qu'elle seule a tenté l'impossible pour Gonzague. Et je crains que les psy n'aient pas fait tout leur devoir.

Maman avait « la classe ». Elle a été parfaitement digne pendant les obsèques en l'église de la Trinité.

La messe est dite par un de nos anciens professeurs de Saint-Jean de Passy, devenu son directeur de conscience. La famille se signale une nouvelle fois par son mépris des cousins pauvres. Présente, le temps d'une photo, elle disparaît instantanément. Dans leur conformisme étriqué et méchant, les proches de ma mère ne lui ont été d'aucune utilité face à une détresse qu'elle était trop pudique pour l'afficher. S'il n'est pas facile de témoigner et d'aider celui qui souffre, on peut trouver quand même les mots qui soulagent, qui disent la compassion, la compréhension, qui brisent l'intolérable silence. Ma mère avait, plus que quiconque, le droit d'entendre des mots. Ils n'ont pas été prononcés.

En revanche, des amis m'ont envoyé des signes d'affection et d'émotion et j'ai pu découvrir la sensibilité de personnes avec lesquelles je n'avais eu que des rapports classiques, banals...

Une nouvelle fois, comme après la mort de mon père, j'ai eu la sensation de gérer ça tout seul. Personne ne m'a pris en tête à tête pour me parler d'eux, de mon père, de Gonzague. Ils sont morts sans que je les aie vraiment rencontrés. Silence avant, pendant et après...

La vie — la nôtre — ne s'est pas arrêtée. Marquée en profondeur, ma mère offrait un aspect serein. Beaucoup de nos relations ne se sont doutées de rien. Ils croyaient Gonzague courant le monde, entre Valparaiso et Tahiti. Quand ils ont appris la vérité, des mois plus tard, ils ont été stupéfaits.

La vie de ma mère s'est résumée à Béatrice et moi, comme si elle pouvait nous donner, en plus et autrement, ce que Gonzague ne lui prenait plus.

Des semaines plus tard, autant pour la soulager que pour m'apaiser, j'ai osé rompre le silence. Lui faire partager mes réflexions, sur la mort de Gonzague. Il avait agi en toute lucidité. Son dernier geste avait été un acte de courage et de grandeur. Faute d'y mettre un terme, sa vie n'aurait été qu'une succession de tourments. Il avait le droit suprême de décider. On lui avait « infligé une vie » qui ne valait pas la peine d'être vécue. Personne n'était coupable. Surtout pas elle.

De cette date, où nous nous sommes vraiment parlé et entendus, nos liens se sont resserrés.

Je voulais désormais vivre autrement. Mon père et mon frère morts dans des circonstances tragiques, je ne pourrais plus jamais gaspiller ou négliger les instants de bonheur. Les grandes routes du conformisme menant à la médiocrité et au malheur, ce n'était pas mon trajet. Il me fallait prendre les chemins de traverse pour accomplir mes rêves. *If you can dream it, you can do it :* Si vous pouvez le rêver, vous pouvez le faire [1]. C'est dans la détresse de cette immonde nuit de Noël que j'ai décidé de réaliser mes rêves.

On m'a caché beaucoup de choses sur ma famille, mais je sais au moins comment Philippe Hulot, fils d'architecte, et Monique Mézan de Malartic, fille d'industriel ruiné par le jeu, se sont rencontrés. Ça ressemble à un film de Carné, dont on aurait malheureusement perdu les dialogues de Prévert.

Jeune fille extrêmement convenable, ma mère allait à la messe chaque dimanche. Jeune homme à la profession indéterminée, après avoir été prospecteur d'or, tenté par la

---

1. John F. Kennedy parlant de la conquête de l espace

confiserie, Philippe Hulot, réputé pour sa belle humeur et sa convivialité, regardait les jeunes filles qui allaient à la messe.

Image de la France profonde des années 50. Les églises servent de lieu de rendez-vous. Mais Monique Mézan de Malartic ne se laisse pas distraire du culte par le jeune homme trapu, musclé, à l'œil vif.

Philippe Hulot parvient à la suivre, mais sans obtenir un seul regard. Il expédie une boîte de chocolats, hommage à la fois à un péché de gourmandise toléré, même dans les austères familles du Nord, ruinées ou non, et à son futur métier, convenable, de directeur commercial des bonbons *Saint-Jacques*.

La boîte de chocolats brise la glace. Moins périssable que les fleurs, le chocolat a un doux parfum d'embourgeoisement. Philippe Hulot fait donc patte blanche, Monique Mézan ne reste pas insensible. Mariage bientôt célébré, puis consommé. Trois enfants en cinq ans, Gonzague, Béatrice, Nicolas. Famille française typiquement équilibrée, en apparence. Ce qui ne sera jamais le cas, les époux étant trop différents et de milieux presque antagonistes.

Le père du marié, qui a reconstruit Saint-Malo après la guerre, a servi de modèle au « poète » de Jacques Tati dans *Mon oncle*. Famille normande enracinée à Mortagne, dans l'Orne, au cœur du terroir français.

Les grands-parents maternels de la mariée ont, eux, fait partie des deux mille familles les plus riches de France. Fortune acquise dans la construction des premiers barrages hydro-électriques, ciment et fer. Hélas ! le grand-père de ma mère passait plus de temps dans les casinos de Forges-les-Eaux ou de Deauville, mais sans avoir la chance d'André Citroën récupérant sa dernière usine à cinq heures du matin grâce à un huit rouge. L'ancien maître de forges perdit jusqu'à son fusil de chasse, ne laissant à ses héritiers que cette déplorable manie de flinguer des perdreaux et des faisans.

Tout a basculé en une génération. Ma mère a connu l'opulence puis la gêne pratiquement sans transition. Et la fille du joueur finit aujourd'hui sa vie amère dans un deux-pièces de la rue de la Bienfaisance — nom symbolique — rue qu'elle aurait naguère pu acheter dans sa totalité. Et encore, parce que ceux de ses enfants qui ont redressé leur fortune l'aident.

Le jeune ménage Hulot va quitter La Madeleine, près de Lille, deux mois après ma naissance. Installation 7, rue du Ranelagh, perpendiculaire à cette Maison de la Radio qui tiendra une si grande place dans ma vie.

Salaire confortable du père, cadre supérieur, mère au foyer pendant les premières années. Confortable mais pas de gaspillage. On termine les restes, ça s'accommode, tel le fameux hachis qui est le triomphe de la gestion française. Rien ne se perd. On ne laisse rien dans son assiette, c'est un... « blasphème » ! Ne jamais jeter du pain ! C'est un acte de désespoir ou un geste de flambeur. Ma mère tricote nos pull-overs. Les vêtements, de bonne qualité, doivent durer. Malgré son éducation de riche, ma mère ne supportait pas le gâchis.

C'était le bon temps de la France de Pinay, du franc déifié. Nos parents ont fait des sacrifices inouïs pour nous envoyer à la meilleure école, celle de Saint-Jean de Passy, nécessité bourgeoise, mais dans le même temps ils rationnaient l'argent de poche. A coups de pièces de vingt centimes, il fallait économiser pour introduire un franc dans la fente d'un flipper. Si bien que j'ai dû trouver une combine, afin de pousser plus loin mon entraînement et améliorer mes prestations au flipper.

Un jour que je partais en week-end scout, j'éprouve le besoin urgent d'un paquet de bonbons, à choisir dans un distributeur automatique. C'était des *Saint-Jacques*. De ceux que mon père vendait. Je demande donc une pièce de un franc, contre cinq piécettes. Une dame se dévoue, me tend la pièce, et oublie de prendre la monnaie. J'ai fait tout le quai, autant que je me souvienne. Et récolté de quoi faire de longues parties. Premier pas involontaire dans la dure carrière du sponsorisé qui, comme chacun sait, aide à faire perdre de l'argent à ceux qui en ont.

Bref, à la maison on faisait attention à tout. Tout argent mérite sa peine (corollaire, toute peine mérite salaire). Rien n'est dû. Quand ma mère s'est mise à travailler comme déléguée médicale, elle a pris la plus petite voiture, la Fiat 500. Mais nous avions une bonne, l'excellente Rosa, l'adorable Rosa. Bourgeoisie oblige. Et cinéma une fois par an, le Walt Disney de Noël.

Le seul luxe de mon père, c'était ses week-ends à Epernon. Il avait sous-loué un cabanon, abri à outils à peine amélioré, à un beau-frère qui tenait la résidence principale. Nous étions les jardiniers d'un tonton riche, illustration parfaite des situations à venir.

C'était le bonheur de mon père. Il avait hâte de nous entasser, les trois enfants et mon premier setter, Yeron, à l'arrière de sa Hillman. Sur ce terrain immense (quand on a sept ans) il m'a fait découvrir la nature, ce qui était sa vraie nature : il faisait des merveilles dans ce pré carré, passait des heures à humer ses roses, tailler ses arbres, surveiller les saules pleureurs. Il faisait de vraies prouesses pendant qu'avec quelques camarades je mettais le feu à des paillers, des granges, entre deux tentatives de noyade sur une barque pourrie où j'ai vraiment débuté dans la cascade.

L'été, vacances à Saint-Lunaire, où vivaient la tante Thérèse et son mari, Alain. Les meilleurs moments d'un écolier médiocre, considérant l'école comme une corvée quotidienne. On ne regardait jamais la télé (en noir et blanc, bien sûr), puisqu'on jouait dans la rue, dans la cour de l'immeuble et surtout sur la Drouette, le Zambèze d'Epernon. Cette rivière passait devant la maison, tout était bon pour flotter dessus, et, comme ça ne flottait jamais, on était toujours au fond. On se séchait en faisant du feu dans la grange, comme tout bon trappeur. La paille est étrangement combustible. Engueulades sans conséquence. Comme Achille, je me réfugiais sous ma tente : tout de suite j'ai eu ma « maison », bien avant d'être scout. Entre deux incendies, nous reposions les parents en faisant de grandes balades à vélo.

Retour le soir à Paris dans les sempiternels embouteillages, et commentaires assortis. Redoutant déjà le lundi matin.

Saint-Jean de Passy est un monument de l'enseignement privé, pour ne pas dire « libre » puisque pour trente secondes de retard l'élève est dépêché chez le redoutable M. Roche, inflexible surveillant général, ou M. Lelièvre, préfet de discipline. Marche au pas en silence. Colle du jeudi. Le moindre mot déplacé était noté sur le carnet dit abusivement de « correspondance ». Cela me paraissait plutôt de la délation. L'angoisse quand on rentre chez soi, sachant que le carnet y est déjà ! C'est peut-être ainsi que j'ai appris à me taire... Journée affreusement chargée pour un élève normal, ni moyen ni bon, ni au premier rang ni près du radiateur en hiver. Plutôt déconneur avec tendance à s'enquiquiner.

Aucune matière ne m'attirait. Tout devoir était une corvée. Jamais je n'entrais dans un cours avec plaisir. Ma seule joie était de savoir avec qui j'allais pouvoir chahuter. Les occasions de détente étaient peu nombreuses.

Education physique, terrible. Education religieuse, très protocolaire. On va dans les chambres des curés qui reçoivent la confession. Avec du recul, je me demande s'ils n'étaient pas trop près de nous. Mais on ne va pas faire de généralités ! Très curieux comme ambiance, quand je me rappelle la niaiserie des péchés confessés. Pas de quoi déranger un prêtre ! J'ai piqué la gomme de mon voisin, j'ai copié sur machin (ça pouvait être le petit-fils du général de Gaulle), j'ai pas été gentil avec ma grande sœur... Absolution totale et automatique après dix minutes. Quelle perte de temps ! Quelle impression pour un gamin...

Tous les dimanches, messe en famille, ma mère y tenait. Chez nous les missels reliés étaient pieusement rangés dans un meuble spécial. On accompagnait le culte en latin, que ce soit à Paris, Epernon ou Saint-Lunaire. Je n'ai pas raté une messe pendant quinze ans. Confirmation, communion solennelle (utile pour les cadeaux)...

J'ai même servi la messe, c'était de bon ton, une sorte de consécration, de promotion. Très fier de secouer l'encens dans tous les sens. Le bambin Hulot avait de l'importance. Mais je me demande si ça ne m'a pas ôté le goût du show. J'ai commencé trop tôt. Belles occasions de fous rires dans les manches brodées de nos surplis, pendant que l'autre donne la communion, parce que nous avons piqué quelques hosties au passage. « Dieu fond dans la bouche », a rappelé Pierre Desproges.

Malgré son travail, ma mère vient chercher ses deux fils à la sortie des cours. Enfin un bon moment dans la journée. On fait la course avec le Solex de Jean-Pierre Couriaut, sous-préfet des études pour les cinquièmes et sixièmes et répétiteur de mon frère Gonzague, dès l'année 1964-1965. Bien que charmant, Gonzague avait des problèmes psychologiques évidents. Mes parents avaient demandé à Jean-Pierre, étudiant en psychosociologie, de le faire travailler en dehors du collège, mais dans l'esprit des études. Jean-Pierre avait accepté.

Donc, chaque soir, c'était la course entre le plus lent des deux-roues et la plus maniable des quatre-roues.

Jean-Pierre donnait ses cours. Un beau jour, quand on s'est installé square du Croisic, il est carrément resté à la maison. Comme une sorte d'aîné doué et rassurant. Ma mère lui donne la chambre de Gonzague, qui s'installe dans la salle à manger, et moi, on me cantonne dans un réduit sans fenêtre. Le prof dans la maison, je crois que ça m'a revalorisé un brin, et surtout, chef de la première troupe scoute de Paris, la « Première — Janson-de-Sailly » confortablement cantonnée dans les caves du 47, avenue Georges-Mandel, Jean-Pierre m'a jeté dans mes premières aventures.

Mon frère avait refusé de porter cet uniforme, le seul qui me ravira pendant ces années. Moi, j'avais sauté sur l'occasion. J'avais pris la précaution de ne pas réclamer, de ne jamais demander... On y reviendra. La défection de Gonzague « obligeait » Jean-Pierre à proposer ma candidature. Normalement, il fallait attendre la douzième année, après quelques années chez les louveteaux. Or, à neuf ans, je ne voulais surtout pas fréquenter ces « mômes » dirigés par des filles. A moins de dix ans, déjà fluet, je touche mon premier sac à dos. De derrière, on ne voyait que mes maigres guibolles émerger du sac rond, bourré (plus le scout est petit, plus le sac est plein). Le petit poucet, dernier de la patrouille des Cigognes. La troupe compte huit patrouilles et quelques parents mécènes qui font qu'on ne manque de rien. C'est plus facile pour respecter notre immortelle devise « Le scout sourit et chante dans les difficultés ». J'évite de chanter pour épargner mes proches et mes compagnons, mais, à défaut de sourire quand je n'en ai pas envie, j'ai compris qu'il ne fallait pas se plaindre. Personne n'a porté mon sac, même si on avait souvent l'impression que c'était mon sac qui me portait. Ça m'a changé, je me suis épanoui, sans pour autant devenir une pipelette à la maison. Aujourd'hui, on dirait que je m'étais « autonomisé ».

J'ai même osé quelques farces — les scouts en sont très friands entre deux B.A.[1].

La plus mémorable m'a valu une paire de claques (sauf témoignage contraire). Ayant fait l'emplette d'un faux clou en caoutchouc très ressemblant, je me barbouille la main d'un mélange expressif de mercurochrome et de jus de tomate en boîte, bien consistant. Plausible, puisque j'étais très bricolo. Je bâclais mes devoirs pour me ruer sur mon bricolage et fabriquer des « machines ». Je pousse un grand cri, produis quelques sanglots de bonne facture et me précipite dans la chambre de Jean-Pierre qui faisait travailler Gonzague.

Immédiatement, le chef scout vient au secours du petit scout, « Le scout est l'ami et le frère de tout autre scout » (deuxième devise), découvre vite la supercherie quand le clou se plie. Je hurle de rire jusqu'à la baffe mentionnée précédemment.

Le scoutisme est formateur...

Surtout par l'intermédiaire des voyages.

Nous avions une moto, une Jeep, des lits de campagne. Les parents riches payaient sans façon. « Jean-Pierre, vous avez besoin de combien ? » Si bien que la « Première-Janson-de-Sailly » mélangeait les genres, fils de concierges, gosses de divorcées sans moyens (divorce encore rare à l'époque)... Fontainebleau, Epernon, je

1. La célèbre « bonne action », aussi obligatoire que quotidienne. Jadis !

retourne dans le parc du tonton riche, au moins je connaissais la rivière, et surtout Rome pour un camp de Pâques où nous assurions le service d'ordre du pape. Nous campions dans la sublime propriété d'un ami du chef, en plein cœur de Rome et sous la neige. Première préparation à la banquise, merci, Jean-Pierre.

Un autre camp chez les trappistes. Ce qui m'avait le plus impressionné, c'était de voir ces gars face contre terre, pour une prise de vœux (ce que je ne pouvais comprendre). La scène m'est restée étrangement présente. Une humilité que je n'ai jamais retrouvée.

Nous avons aussi été à La Couvertoirade, le lieu de tournage de *la Grande Vadrouille,* dans ce coin sauvage où chaque rocher est si tourmenté qu'il porte un nom.

Ces premières expériences de nature hors jardin m'enchantaient. Le poids du sac, la gourde qui ballotte, les chaussures qui grincent...

Tout n'est pas aussi évangélique dans le scoutisme. Jean-Pierre, quoique chef exemplaire, n'était pas de bois et il était tombé amoureux de la future Mme Couriaut, une native de Mortagne, dont l'oncle chassait avec le mien — le monde est minuscule. Aimant également les voitures, il avait proposé de m'emmener aux Vingt-quatre Heures du Mans. Sous la tente, bien sûr.

Où il y avait aussi Catherine. Autrement dit, je servais de chaperon. Si bien que, délaissant les « feulements » des Jaguar et autres Rondeau, je me suis retrouvé dans la nuit noire, planté jusqu'à quatre heures du matin devant le podium Hallyday. J'avais oublié l'heure. J'ai retrouvé la tente plantée dans le jardin d'une villa amie et mon Jean-Pierre légèrement paniqué à l'aube. A l'époque, je devais encore avoir un peu du sens de l'orientation qui me fait cruellement défaut aujourd'hui, quand je sors sans Hubert de Chevigny ou Reverchon.

Rétrospectivement, j'espère ne pas avoir gâché le plaisir de mon chef. Sourd et muet, je me suis endormi sitôt glissé dans mon duvet, affectant l'indifférence.

L'été, nous étions bretons.

Je le resterai toujours.

Débrouillé par le scoutisme, je me retrouve inscrit dans ces fameuses écoles de voile qui n'ont jamais formé de Tabarly ou de Kersauzon. On comprendra pourquoi. Pas spécialement doué pour la Caravelle ou le Vaurien, je me suis quand même retrouvé chef de bord sans avoir compris comment empanner, pourquoi affaler, jetant des innocents hagards contre le Petit Lambert, l'écueil vedette de Saint-Lunaire.

J'étais beaucoup plus fier de prendre le métro le dimanche matin dans mon short en velours côtelé (sur mesure, bien obligé !), ma chemise kaki aux épaulettes ornées des rubans rouge et blanc et de mon badge de secouriste. Le seul moment de ma vie où j'aurai été fier de porter un uniforme. Quand je dis uniforme, c'est valable pour toutes les étiquettes et stickers. Jamais on ne me fera voyager dans une voiture affublée du logo de mon entreprise de presse...

Entre le service papal, épisodique, l'école de voile, précaire, ma passion quotidienne, c'était le chemin de fer. Pas celui qui a ruiné mon arrière-grand-père. Non, celui qu'on descendait du plafond de la grande pièce grâce à un système de poulies emprunté au principe du séchoir. Une passion dévorante.

Mes devoirs faits à la sauvette, je me précipite pour descendre mon train électrique. La journée commence vraiment, tandis que ma sœur, première partout, enfant impeccable, se prépare un avenir brillant et que Gonzague, quand il est là, a tendance à multiplier les caprices. Il a besoin qu'on s'occupe de lui, n'arrive jamais à mettre ses lacets (moi, je porte les godasses en babouche, enfilées à la hâte), ne trouve jamais le gant de toilette, ne coupe pas sa viande, ce qui multiplie les cris exaspérés « Gonzague, arrête ! »

Au contraire, Béatrice, avec qui j'ai des rapports normaux, est douée pour tout. Aussi bien pour le ski que pour les équations du second degré ou la vie sexuelle du *Fucus vesiculosus*. Portant élégamment l'uniforme du collège de la Tour, elle est sur des rails aussi rigoureusement parallèles que ses traces dans la neige. Elle apprend tout, très vite, y compris l'accent infiniment chic de son collège, tout en ayant le verbe sobre, à la limite du « pète-sec ». C'est une « flèche », dit un de nos amis admiratifs.

Elle travaille, Gonzague renâcle, je joue. Les tâches paraissent immuablement réparties.

Ce train électrique était la seule fantaisie de cette maison Hulot. Jusqu'à l'heure du dîner, puisque la table servait de support à mon premier espace de rêve, je maniais les aiguillages, déplaçais les ponts, les tunnels, compliquais les aiguillages à l'infini. Parce que mon père arrivait rarement les mains vides. Un nouveau wagon, la dernière loco, un passage à niveau, des accessoires. Je ne crois pas avoir jamais réclamé (de quelque façon que ce soit) une nouvelle pièce. Philippe Hulot prévenait mes besoins de chef de gare chargé d'un réseau évolutif. Ce qui prouve, mais à l'époque je n'en avais pas conscience, qu'il y pensait dans la journée. Qu'il pensait à nous, à son fils cadet en particulier. Il jouait autant que moi et c'est un aspect de son caractère que j'ai découvert trop tard.

Au dernier coup de sifflet, le père et le fils remontaient le train sans hâte, toilette rapide (on examine les mains, propres ?), dîner avec des conversations animées que je n'étais pas en âge d'apprécier. Mon père était jovial, très urbain à table. Jamais la conversation ne languissait. Mes parents fuyaient les sujets triviaux, parlaient de la vie qui va, du monde, ils étaient très ouverts. Et ma mère faisait des meringues fantastiques.

Au lit après le dessert, pour être en forme le lendemain. Très bon dormeur, largement au-dessus de la moyenne, j'entendais mal certains éclats de voix et je ne comprenais pas l'arrivée d'ambulances dont le gyrophare illuminait la nuit. Parfois, mon père s'absentait, on me disait qu'il devait se reposer. J'eus l'explication quelques années plus tard.

Ma mère tenait la barre et rien ne semblait devoir affecter le navire.

Pourtant, le 29 avril 1968, alors que les premiers pavés fleurissaient sous les plages de Paris, nous faisions la fête pour le mariage de Jean-Pierre Couriaut. Noces à

Saint-Pierre du Gros-Caillou. C'était la dernière fois qu'on allait voir, réunis pour les noces, mon père et ma mère ensemble. Couple « solide »... Le ciel allait me tomber sur la tête.

2

Nice

Nous menions une vie aseptique, sans fantaisie, je n'ai le souvenir d'aucun voyage. Nos expéditions les plus périlleuses en dehors de la « jungle » d'Epernon, c'était le restaurant chinois une fois par an. Autant dire que je n'étais pas particulièrement éveillé à la vie parisienne. Nous fonctionnions comme en province.

Notre premier voyage allait laisser des traces. Cela faisait un an que mon père avait ouvert un « garden-center » à Nice, après avoir plaqué une situation bien assise dans la confiserie. Trop jeune pour discerner le moindre grain de sable dans la maison Hulot, j'avais seulement, à l'âge où l'on s'intéresse moins aux trains électriques, regretté de voir mon père à intervalles très espacés. Il était toujours parti pour ses affaires. Je n'ai pris conscience que j'allais être arraché à mes copains, mon collège (en dépit de mes carnets de notes), que lorsque nous nous sommes entassés dans la Fiat 500 de ma mère, Gonzague, Béatrice, mon setter Yeron (successeur talentueux de mon épagneul écrasé en se baladant au bois de Boulogne) et moi, pas bien épais, certes, mais allant sur mes quatorze ans.

Je ne connais qu'un seul moyen de transport plus inquiétant que l'U.L.M., c'est une Fiat 500 bourrée jusqu'au plafond, sur la nationale 7.

Ma mère s'était mise à travailler dès que mon père, à la suite d'une impulsion subite, avait décidé de faire fortune en vendant de la verdure. C'était l'époque triomphaliste des résidences secondaires. Plaquant salaire confortable, vie réglée, enfants difficiles ou modèles et « famille » parisienne, il renouait avec ses aventures de jeunesse dont j'ignorais tout (je ne savais pas qu'il avait huit frères et sœurs, n'en connaissant qu'un). Ecrasé entre une sœur impavide et deux paquets, tentant vainement de protéger Yeron des secousses en lui laissant assez d'oxygène, je ne pouvais imaginer que mes parents étaient pratiquement séparés, et que dans moins de deux ans je serais seul au chevet de mon père agonisant.

Fou de nature, poète parmi les roses, il avait décidé de vivre de sa passion, ce qui est un rêve absolu pour l'homme, et rarement une réussite.

Les seules alarmes que j'avais pu avoir étaient les larmes de ma mère quand elle rentrait de ses journées humiliantes. Son beau-frère étant dans l'industrie pharmaceutique, elle avait pu trouver un boulot de visiteur médical, infime pion dans une industrie en plein boom et regorgeant de fric. Les « délégués » se font exploiter. Les femmes en particulier, qui sont les bonniches des laboratoires et se font jeter par les médecins après avoir poireauté pendant des heures. C'est le pire des métiers. Mais ça permettait à ma mère de sauver les apparences, de garder Rosa, et les vacances à Saint-Lunaire, et les œufs de Pâques dans le jardin, et la crèche à Noël. Rien ne changeait. Sur la paille, nos trois agneaux étaient le baromètre de notre comportement. L'agneau Gonzague, l'agneau Béatrice, l'agneau Nicolas. Quand on était sage, on approchait la bestiole de la crèche. Le premier arrivé auprès du petit Jésus (c'était forcément Béatrice) était l'idole de la famille. En revanche, quand on faisait des bêtises, personne ne voulait reculer d'une case.

L'arrivée à Nice fut exquise ! Moi qui partais à l'abattoir, privé de mes copains comme Antoine Herpin, témoin et cible privilégiée des « blagues Hulot », Caron qui habitait au-dessus de chez nous, je découvris une villa printanière, presque paradisiaque. Comment mon père avait-il fait, en plein investissement professionnel, pour louer une villa de cinéma, la *Mamounia ?* Plantée sur la Corniche fleurie, dans un écrin d'orangers et de mimosas, vue imprenable sur la baie des Anges, c'était l'aire d'un homme qui fait fortune. Ou qui espère faire fortune en amadouant les dieux selon l'adage foireux : « Il vaut mieux faire envie que pitié. »

Cette façade fleurie explose une nuit.

Je suis réveillé par une engueulade monstrueuse puis une cavalcade. Je croyais que ça n'arrive qu'aux autres, des parents qui ne peuvent plus vivre ensemble. Des querelles de plus en plus violentes se sont succédé.

On a fait porter tous les torts à mon père, bien que ma mère n'ait jamais rien dit contre lui. Elle était la gentille, et lui le méchant. Et sa famille se chargeait de répandre ce qu'elle taisait.

Le divorce Hulot-Malartic datait en fait de leur mariage. Mon père n'avait jamais été accepté et il ne pouvait supporter cette famille dont les « vertus » caricaturales étaient le contraire de ses valeurs. Convivial, ludique, il se moquait autant d'avoir pignon sur rue que de ceux qui avaient pignon sur rue. La rencontre de ces deux mondes s'achevait sur la Riviera. Drame familial dans un décor de carte postale.

Ça m'a traumatisé. Puis ça m'a fait mûrir.

Mon père a quitté la maison. Je n'ai jamais su où il habitait, ni de quoi il a vécu, après la faillite de son garden-center.

Il me téléphonait, puis on se retrouvait en ville.

Quelquefois il est venu à la *Mamounia.* Quand je savais qu'il arrivait, je décorais sa chambre, un cagibi dans le sous-sol, sinistre, privé de ce qu'il aimait tant, la nature. C'était un réduit que je tapissais de posters, de grandes photos de paysages exotiques et d'affiches de tourisme.

Mon père était seul.

Ma mère aussi. Je n'ai pas le souvenir d'avoir vu des amis dîner chez nous en trois ans !

Mon frère en voulait à mon père « pour ce qu'il avait

fait » et Béatrice s'était réfugiée à Paris, chez sa grand-mère maternelle, pour préparer au calme de brillantes études de pharmacie.

Le petit dernier — moi — était donc l'ultime chaînon entre maman et cet homme écorché vif, sûrement excessif, mais amoureux fou de ma mère. Ce qui provoquera sa chute, en plusieurs paliers inexorables.

Quand il a cessé de vivre à la maison, je le retrouvais dans une brasserie de Nice. Après les politesses d'usage, il en venait au fait : « Dis à ta mère que je l'aime, que je veux la voir. »

On se quittait très vite, sans avoir échangé grand-chose, sans s'être posé de questions. Je savais qu'il était vaguement du côté de Saint-Paul-de-Vence, qu'il avait trouvé une sorte de boulot. Alors j'ai pris le car pour Saint-Paul-de-Vence. Puis je l'ai vu pleurer, s'effondrer, sans que je puisse donner tort à qui que ce soit.

Surtout pas à ma mère, qui trimait dehors, bossait dedans. J'essayais de la ménager, d'éviter de lui faire de la peine. Mais, quand on est gosse, tout est bon pour se mettre en colère, faire un caprice. Lorsqu'elle était fatiguée, elle craquait parfois, en nous reprochant des dépenses idiotes, des gâchis. Nous étions irresponsables, après avoir été choyés si longtemps. Plus de bonne Rosa. Avec Gonzague, quand il était là, on se tapait le couvert, la vaisselle, mais pas les courses.

Nice avait au moins cet avantage sur Paris que je pouvais aller au lycée à mobylette. Première forme de liberté que j'ai gérée avec une prudence ardente. J'étais libre de mes mouvements, libre d'échapper aux conciliabules que sécrétait l'arrivée des oncles venus de Paris. Il se tramait des choses que j'ignorais.

L'image de mon père a été protégée. C'est une des élégances de ma mère. Mais je n'ai jamais pu la faire fléchir : ils ne se sont plus jamais revus ni entendus. Elle a toujours refusé de le prendre au téléphone.

« Dis-lui que je l'aime, Nicolas. Dis-lui. Elle le sait... Qu'elle me parle ! »

Quand on n'est pas entendu, il ne reste souvent que la

solution violente. Les choses ont été très vite après sa deuxième tentative de suicide. Je ne l'ai plus retrouvé au self, mais à l'hôpital Saint-Roch. Cancer. Cobalt.

J'avais mûri, je me suis fait une carapace dans ces couloirs insalubres, ce dédale cafardeux. On n'a pas le choix, il faut réagir ou s'effondrer. Mon père, je ne l'ai pas reconnu dans cet affreux lit à barreaux métalliques comme ceux des enfants malades, dans cette chambre commune où s'éteignaient quatre autres vies.

Philippe Hulot, le joyeux compère, celui que ses amis attendaient avec impatience parce que avec lui on était sûr de ne pas s'ennuyer, avait rapetissé, maigri. De la taille d'un enfant[1], recroquevillé par la souffrance, il était déjà dans un cercueil à claire-voie. C'est dur de trouver des mots à quinze ans. Je ne savais rien de lui, sinon qu'il mourait de chagrin et, accessoirement, d'une prolifération anarchique de ses cellules malignes. Homme de plaisir, de rêve, il se réduisait dans le supplice de la chimiothérapie.

J'ai su qu'il allait mourir le jour où il a cessé de me dire : « Dis à ta mère... »

Il n'avait plus de message à délivrer. Plus d'envies à exprimer.

Des années plus tard, en retrouvant des photos oubliées dans un tiroir, j'allais découvrir cet homme qui aurait pu être mon complice idéal. Sur les photos, il se balade avec un singe sur les épaules. J'ai ainsi découvert Philippe Hulot en chercheur d'or au Venezuela. La concession existe encore. Et mon cousin germain me racontera un jour que trente ans plus tôt il débarquait des tropiques avec des pépites plein les poches. Les gosses s'en amusaient et lui aussi. On attendait son retour pour trouver la réalité moins terne.

Je ne le voyais plus qu'au travers d'un peloton de tubes, de sondes, de fils, tout cet horrible appareil de survie illusoire. A la fin, on ne pouvait plus assurer un semblant de conversation. En guise de réponse (à quelles ques-

1. La chimiothérapie provoque une fonte musculaire spectaculaire.

tions ?), il parvenait à baisser les paupières pour dire « oui ». Je me suis souvenu des ambulances qui arrivaient naguère en pleine nuit à Paris, de ses absences après ses « crises » : « Ton père n'est pas là, il faut qu'il se repose… » Il était en cure de désintoxication.

Puisqu'il ne pouvait plus voir son ex-femme, il n'avait plus de raison de vivre. Les tuyaux n'y pouvaient rien, les médecins n'ont jamais guéri ce mal-là.

Je suis venu jusqu'à la fin, puisque j'étais le seul à venir. Quand je quittais ce mouroir, fonçant sur ma mob pour me donner le change, je ne comprenais pas ce qui m'arrivait. J'assumais. Je savais que je devais continuer à le voir.

C'était un homme tellement doué pour la vie !

Devant cet être qui se ramenait au néant, par le supplice quotidien de la négation du corps, j'avais du mal à préserver les images qu'il m'avait laissées, celles d'un boute-en-train qu'on attendait, qui était toujours prêt à tous les dérapages pour sortir des ornières de la banalité. Et ces images, dignes d'un sketch de cinéma italien, je me suis forcé à les reconstituer dans l'odeur amère de cette salle commune où, comme à l'entrée de l'Enfer de Dante, il faut abandonner tout espoir. Une anecdote me revenait, comme une obsession.

C'était trois ans plus tôt. Il fallait recevoir, par obligation familiale, dans la noria des invitations lancées sans plaisir, l'oncle et la tante « langues de vipère ». Visite périodique dont il n'avait pu débarrasser sa femme.

La tante « chiante » (vocabulaire fils Hulot) ne disait jamais un mot aimable sur les chères petites têtes brunes, jamais un compliment sur l'excellence du repas.

Repas corvée, sous l'œil du bourreau. Ce soir-là, nous ne savions pas ce que mon père avait mijoté. La préméditation est clairement établie, et tout à son honneur. Branche desséchée d'un arbre ruiné, les « vipères » n'avaient pas de voiture puisqu'ils n'avaient plus les moyens de s'offrir un chauffeur. Traditionnellement, ils repartaient, et jamais assez vite, en taxi. Au moment béni du départ, mon père se précipita au téléphone, appela un taxi et partit en s'époumonant de politesse :

— Je vais l'attendre en bas !

Effectivement, quand les vipères arrivèrent sur le boulevard du Montparnasse, la voiture était là, portière ouverte, moteur au ralenti. Les vipères s'installèrent sans s'étonner de l'absence de mon père. Ce n'était qu'un Hulot, n'est-ce pas, un passe-muraille.

— Rue machin, jeta l'oncle, qui entreprit immédiatement une séance de punching-ball verbal dont nous étions les victimes.

Qu'importait que le chauffeur avec sa ridicule casquette écoute la conversation ! La tante déblatérait, l'oncle clabaudait. Les Hulot s'en trouvaient habillés pour l'hiver.

— Ces enfants sont impossibles... et ce Philippe est d'un commun ! Et cette pauvre Monique ne sait pas s'en dépatouiller... Le gigot trop cuit, le vin blanc trop sec, le café trop fort, etc.

— Et elle coupe encore la viande de son fils aîné !

Impuissance, mésalliance... Les tarés, c'était nous.

Le chauffeur en casquette (ça aurait dû leur mettre la puce à l'oreille, le couvre-chef) c'était Philippe Hulot, qui avait emprunté la voiture d'un copain. Arrivé à destination, il ouvrit la portière, s'inclina en ricanant :

— Mon oncle, ma tante, j'espère que vous avez fait un excellent trajet et que j'aurai le plaisir de vous recevoir à bord du plus luxueux véhicule de la compagnie Hulot !

La tante avala son dentier, l'oncle oublia de payer la course. Mon père s'était vengé avec une élégance très gauloise.

Nous n'apprîmes l'affaire que le lendemain soir. C'était encore meilleur légèrement réchauffé, et jamais les deux garçons, enfin réunis par un éclat de rire magique, ne se sont si bien entendus sur le dos des salauds. Les enfants adorent Guignol parce qu'il rosse le méchant. Nous étions excités. Jamais une histoire vraie ne nous avait paru aussi délirante. Même à Gonzague, qui lisait beaucoup, et des livres difficiles. Ma mère était-elle au courant du piège qui nous a débarrassés des « vipères » ? J'ai tout oublié, sauf notre euphorie. Et constaté rapidement que le sens de la blague était héréditaire.

A l'hôpital Saint-Roch de Nice, l'inépuisable gagman n'avait plus que quelques semaines à vivre.

Un jour, il n'a plus baissé ses paupières.

Depuis des mois on avait quitté la *Mamounia,* le divorce avait été prononcé.

Déménagement en catastrophe, mais nous restions sur la Corniche fleurie.

Plus de villa pour feuilleton chic, mais un collectif, encore neuf. Plus vraiment de famille. Ma mère assumait. Mon père mourait.

La route de la prospection aurifère s'est arrêtée à l'hôpital Saint-Roch. Loin de la jungle, des mimosas, des aventures planétaires, loin des siens qui l'avaient rejeté.

Il est mort le lendemain de ma visite, un lundi de Pâques. Les fêtes religieuses ne m'ont guère porté chance. Il avait tellement diminué qu'il n'existait plus quand on a enfin ouvert ses barreaux.

Et cet homme qu'on portait en terre m'était sinon étranger, du moins complètement inconnu.

Des années plus tard, il faudra que je parte à sa recherche, puisque nous avons aimé les mêmes chemins de traverse.

Aujourd'hui, je mesure mieux l'influence des climats sur l'évolution d'un jeune homme normal et rends un hommage très tardif à ce Montesquieu qui nous a tant rasés en classe de première avec sa théorie des climats. Si mes parents étaient restés à Lille, si le couple Philippe-Monique avait été indestructible, je ne sais pas ce que je serais devenu. Sans doute un médecin généraliste, plus ou moins en rade dans un cabinet gris.

Mais je vais découvrir mon premier outil de liberté parce que la mort de mon père me responsabilise, l'exemple de ma mère me conforte dans un « silence hautain » et parce que les confettis sont une des industries saisonnières les plus florissantes de France.

Si Philippe Hulot n'avait pas été amoureux de la nature jusqu'à réaliser cette idée un peu folle d'ouvrir un garden-center sur la Côte d'Azur, je n'aurais jamais découvert la moto. On ne jouit pas du deux-roues de la même manière à Lille que sur les corniches ensoleillées, tumultueux toboggans avec arrivées épisodiques à l'hôpital.

Nice offre trois corniches dont les difficultés se multiplient. C'est l'un des plus pédagogiques terrains d'entraînement qui soit. Toutes les trajectoires en quelques kilomètres. Un panorama excitant dès qu'on essaie de contempler l'horizon et d'oublier l'immonde mitage des collines par les Sam'Suffit.

Nice offre aussi cette aubaine méconnue, les confetti. Le célébrissime carnaval a été mon mécène. Le paquet de confetti représente, entre la feuille de papier colorié et les myriades de pastilles légères, la plus réjouissante plus-value qui soit.

Février était pain béni pour ces escouades d'enfants, non pas nécessiteux — on ne joue pas *Sans famille* — mais désireux d'acquérir un bien de consommation.

C'est beaucoup plus que de l'argent de poche, dilapidé en niaiseries, c'est un moyen de promotion, la clé d'un changement de statut social, une découverte.

Grâce aux confetti, ma condition change, ma vie s'éclaire, je ne suis plus piéton, j'ai une « mob ». Ces malheureux cinquante centimètres cubes de cylindrée multiplient mon espace vital, qui devient extensible à l'infini. Je n'exagère pas : la liberté de mouvement est l'une des plus essentielles. Comme la « deuche », la mob a marqué une génération.

La mob est un facteur de convivialité, surtout dans les années 60. Les bandes se réunissent, joyeux « angels » de cette baie des Anges pas toujours angélique. Aider un voisin dont la bougie perle, c'est se faire un compagnon qui saura combler votre réservoir, un jour de panne sèche ou de dèche absolue.

C'est le temps des quatre cents coups, des vrais (moins quelques-uns quand même), avec les ado de la résidence de la baie des Anges. Je fais mes devoirs par devoir, pour rassurer ma mère, mais, en grattant quelques équations du second degré, j'entends les pétarades qui vont enflammer la garrigue. Qu'importe la cylindrée pourvu qu'on ait l'ivresse ! On vire les pots d'échappement à la poubelle, la sensation devient démente et les mécanos certifient, jurent, crachent, que « ça va plus vite ». En baissant la tête, on gagne encore quelques kilomètres/heure, que l'on gaspille en ramassant de cuisantes gamelles sur les gravillons, contre les bordures.

Vraisemblablement, en francs pompidoliens, une mob vaut son poids de confettis. Mais ça ne suffit plus dès qu'on a seize ans, puis dix-huit et la possibilité de passer son permis. Les confetti non plus.

Pour acquérir la moto, si possible la plus rapide dans ma catégorie financière, je fais le larbin. C'est le prix de la liberté, le salaire de toutes les inconsciences. L'émulation farouche nous donnait des ailes, les limites de la gravité nous les coupaient. Pas une virée qui ne se termine avec un blessé rapatrié en travers de la selle, tel un hors-la-loi ramené au shérif par un chasseur de primes. Notre modèle, au rang le plus élevé, c'était Renouf, champion de France, roi de la course de côte. On se prenait pour des ténors, on s'offrait toutes les excentricités sur la triple corniche. Mais c'est ainsi qu'on teste l'adhérence, qu'on apprend à maîtriser un travers, à enchaîner des épingles.

Si bien que j'ai réellement dormi sur le sable.

Celui de ma plage niçoise qui ressemble davantage à des galets qu'à celui des Salines de Martinique. Au moins, ça se colle pas sous les paupières ni entre les tranches des sandwiches. Pour ne pas être sur la paille, je dors à la belle étoile puisque je commence ma journée à cinq heures du matin.

Profession : plagiste. Ça veut dire ratisser les déchets à l'aube, papiers toujours très gras, débris, mégots ; je deviens écolo avant la diffusion du mot, pestant contre les saletés, inimaginables, que les vacanciers multiplient. Disposer les matelas juste assez serrés pour garantir une recette maximum sans permettre l'asphyxie. Planter les parasols. Servir à boire. Apporter les glaces. Rendre de menus services en espérant que le pourboire n'est pas un principe en voie de disparition. Ramener un bambin perdu sans collier. La routine.

Résultat du premier été : une superbe Honda 250 cc d'autant plus excitante qu'elle est plus puissante que celles de mes copains, condamnés aux 125 cc. Le rêve, réalisé pratiquement 365 jours par an, car il faut un orage torrentiel pour nous empêcher de flamber sur les corniches. On oublie vite les mégots ramassés dans la fraîcheur de l'aube, au moment idéal pour s'endormir.

Il n'y a rien de plus conquérant qu'une 250 cc ?

Si, une 450 Honda qui passe à portée de mes économies inexistantes. Alors je me débrouille, très vite comme toujours quand l'exigent les circonstances. Promotion non méritée, certes : moniteur de voile. Mon éducation de Saint-Lunaire, où j'ai failli noyer tant d'innocents bambins sur le récif du Lambert, a fait illusion. J'avais trop envie de ma Honda 450 pour démentir cette rumeur qui veut que tout ce qui vit en Bretagne, même à temps partiel, est marin.

Breton de formation estivale, je devais savoir franchir le cap Horn en tenant ma barre franche avec le petit doigt, *lonlère…*

Je me retrouve sur un ponton à Juan-les-Pins, armé d'un mégaphone comme celui de Krasucki le 1er mai. Un moniteur de voile, c'est plus valorisant qu'un plagiste, et il approche de beaucoup plus près les estivantes potables. Campé sur mes ergots, muni de cet amplificateur rustique qui marque mes vrais débuts dans l'expression orale, je gueule des ordres contradictoires à de gros Allemands ou Hollandais dociles.

Mes élèves étaient encore plus paumés que moi, ce qui n'est pas peu dire. Viré normalement à la fin de l'été pour casses répétées, mais sans livret scolaire infamant, je me fais réengager sur la plage niçoise. Les bouillons des touristes me paient mon gros cube.

Dès que je peux fuir la Côte d'Azur, je retrouve mes copains de Saint-Lunaire, dont Dominique Bergerault, enfant heureux d'une famille nantaise qui en comptait neuf ! Ami d'enfance devenu ami pour la vie. Son frère aîné partait naguère à la pêche avec mon père. Avec ma sœur Béatrice, nous aimions rassembler les enfants et nous racontions des histoires, des contes.

Pas d'été sans Dominique. Pas de vacances sans Bretagne. C'était une liberté de plus, offerte par la moto.

Je traverse la France de Nice à Saint-Malo, cuirassé de papier journal sous mon blouson élimé par les gamelles. Quand je débouche sur les bords de la Rance, en vue du « nid de corsaires », mon arrivée est signalée par des gerbes d'étincelles, celles que fait jaillir la béquille agonisante. Les repose-pieds ont été arrachés par les vibrations, les rétroviseurs pendouillent, les pièces vitales sont en vrac, mais je suis fier comme tout. C'est l'épopée de la liberté, même si la Rossinante part dans tous les sens et si je n'ai pas de quoi retourner à la maison. Ce qui implique des vacances studieuses !

Ma devise : moto, boulot, photo. La marée bretonne crée des emplois impensables sur la Côte d'Azur.

Les bateaux qui vont sur l'eau n'ont pas de jambes pour gagner la mer. Les dériveurs et les « vrais » voiliers se font remorquer par un tracteur. Sur le tracteur, il faut un chauffeur ! Pas très bien payé, mais il y a deux marées par jour, quelques centaines de bateaux. Je touche mon premier volant, à la grande honte de mes cousins maternels pour qui se salir les mains, travailler comme un prolo de la mer, est un déshonneur inexpiable.

J'ai fait pendant deux ans le remorqueur de plage avant de découvrir que les Français adoraient les photos de famille. Le déclencheur retard n'étant pas encore inventé, celui qui prend la photo n'est jamais dessus ! La solution est claire. J'emprunte de quoi acheter un Olympus et des carnets à souche *Nicolas Hulot, photoreporter* et je cours les grèves, traquant les délicieux bambins, les mamans comblées, les chiens rieurs, les couples unis, les mémés impavides, avec une obstination totale.

Ça marchait du feu de Dieu, si bien que j'étendis mon champ d'action aux boîtes de nuit. Après les pelles et les seaux, les familles Glandu et Duglan, les jeunes filles courtisées et les jeunes gens éméchés qui n'ont pas d'oursins dans leurs poches. C'est ainsi que j'ai découvert la concentration verticale.

L'heureux photographié, muni de son ticket « Nicolas... reporter », se pointe deux jours plus tard à la boutique — pour l'été, je louais le studio d'un vieux couple qui partait fuir les vacanciers à l'autre bout du monde. Avec un peu de chance, il repart avec ses photos. J'ai su tout de suite ce qu'il ne fallait pas faire, ce qui ne m'a pas empêché de le faire, photos floues, mal cadrées, surexposées, pellicule mal enclenchée, donc restée vierge... Je prends de l'extension, je tape dans les mariages, pas longtemps parce qu'au troisième un grand malheur est arrivé, et qui s'est répandu. En développant moi-même le film du grand jour, je verse le fixateur dans la cuve Patterson *avant* le révélateur. Et ceux de la noce n'auront jamais de souvenirs de cette journée unique.

Vaguement barré côté bonheur nuptial, après ce massacre, et vite lassé des rituels petits-bourgeois, j'investis dans la photo aérienne. Abouché avec un pilote amateur de l'aéro-club de Pleurtuit qui touche des royalties, je prends des photos aériennes de toutes les villas de la région. Le jeu consiste à déposer dans la boîte aux lettres de l'élu la planche-contact. Très peu résistent, et, malgré le prix élevé du tirage, ils s'offrent leurs résidences en vue cavalière, et vue du ciel. Ça vous a une autre allure. Pour compléter mes revenus, je flâne du côté des tennis, appliquant à la mer ce qui se faisait aux sports d'hiver depuis quelque temps.

Bilan positif : l'Olympus est largement remboursé.

Encouragement au vice. Je changeais de vie alors que, quelques années auparavant, tout ce qui n'était pas de mon milieu d'origine me paraissait inaccessible. Le show-biz, l'audiovisuel, l'univers des voyages, c'était sur une autre planète que la mienne. A peine en avait-on entendu parler chez les Hulot. Autour de moi, personne ne s'évadait. L'emprise du quotidien empêchait l'éveil à une forme de culture éclectique. Le classicisme bouchait l'horizon. On se culpabilisait d'aller voir ailleurs, « non, les braves gens n'aiment pas qu'on suive une autre route qu'eux ». Les chemins de traverse sont des voies interdites.

Le bac restait toutefois l'objectif suprême, et limité.

J'ai donc attendu très tard pour mettre le pied et le nez à la fenêtre. Une fois goûtée la liberté, comment s'en passer ? Bien que j'en use désormais avec précaution, la moto, passion soudaine, exigeante, m'éveille, me donne de vrais amis, presque toujours plus vieux que moi, me forge un vrai caractère. Ce n'est pas un moyen de transport mais un principe de vie.

Passion trop vorace, c'est vrai, le carnet d'adresses d'un motard devient vite un cimetière, on raye trop de noms, alors on laisse tomber la compétition, même quand on se débrouille pas trop mal. Même quand on a de la chance.

C'est la moto qui me fait entrer, directement, à *France Inter*. Et c'est à moto que je suis rentré à Paris, après cinq ans de Nice. Ou plus exactement à côté du brave chauffeur de camion qui m'avait recueilli sur l'autoroute, moteur serré, près de Courtenay.

Ma seule fortune dormira longtemps dans un garage de banlieue, à Asnières, les deux cylindres fusillés. Je la rachèterai à coups de petits boulots, plongeur comme tout le monde, pompiste de nuit, le plus exténuant des métiers de chien. C'est toujours quand on pique du nez qu'une voiture se pointe. On n'arrête pas de s'endormir et de se réveiller au klaxon. En revanche, c'est un métier de démerde. Si on prend la précaution de mal raccrocher le pistolet, le compteur démarre à quatre ou cinq francs pour le suivant. C'est rien pour le plein d'une Mercedes. Ou bien on truande le client en balançant quelques litres d'essence dans un seau supposé contenir l'eau savonneuse pour nettoyer les vitres... Arrivant de province à Paris, je ne suis plus le provincial que j'étais à Paris quand j'y vivais !

Dès que ma mère a pu trouver du travail dans la capitale, nous avons quitté Nice. Autre déchirement pour moi qui laissais ces amis que le temps éparpille, ayant définitivement perdu les copains que j'avais en partant, hormis Antoine Herpin. Je ne connaissais plus personne.

Heureusement, le clan des « Bretons » fonctionne été comme hiver. Thierry Macheras le marin, François Roche le carabin qui opère, sous mon œil incrédule, la première greffe d'un moteur d'Ami 6 sur une « deuche ».

Grâce à mon coup de pistolet de pompiste carrément malhonnête, je récupère ma moto Triumph, dotée d'un moteur neuf, moyen idéal.

Inscrit au collège Fénelon, je ne suis plus le gamin silencieux de Saint-Jean de Passy. Mais toujours aussi médiocre élève. Nice m'a déniaisé. Là-bas, tout était permis. Refusant toute autorité arbitraire, je m'engueule de front avec certains profs, pars en guerre contre l'injustice sous toutes ses formes, déclenche, sans raison « morale », les bordels dans les cours.

Les lycéens de Paris étaient étonnés de voir un chahuteur professionnel ; moi, j'étais déchiré entre un besoin absolu de liberté et d'action hors du système et la notion inculquée de la nécessité du bac. Cet examen incontournable qui oblige à une immersion totale favorisée par la dope ! Tout est bon pour satisfaire au rite bourgeois.

C'est que nous n'avions plus l'antidote que constituait le tempérament ludique et anarchique de mon père. Ma mère était retombée sous la coupe de sa famille.

3

Saint-Lunaire

Bien avant que Chatilliez ne le décrive dans *La vie est un long fleuve tranquille,* il était possible d'observer dans la faune « parisienne » des espèces infiniment plus néfastes que les Le Quesnoy. Pour la commodité du récit, nous les nommerons les « loden-lacoste », équipement de base de cette bourgeoisie sûre d'elle et dominatrice.

L'espèce n'est pas en voie de disparition, elle n'est pas menacée par des prédateurs, puisqu'elle est foncièrement prédatrice. Le loden-lacoste est chasseur, frimeur, menteur, oppresseur.

La sœur aînée de ma mère (famille déchue) avait fait un « beau » mariage. L'expression « beau » fait référence exclusivement au nombre incalculable de zéros dans la colonne crédit des différents comptes en banque. Un « beau » chiffre.

Une assurance suintée par le fric, ce qui n'empêchait d'étranges silences à la François Mauriac, façon *le Nœud de vipères*. C'est ainsi que j'ai appris que mon grand-père était encore vivant... le lendemain de sa mort ! Dix jours après son décès, j'ai découvert qu'il vivait depuis des années dans un pavillon de chasse solognot. Sa femme, ma grand-mère, donc, habitait dans son deux-pièces parisien... en plus parfaite harmonie avec des principes que la réalité n'arrivait pas à fusiller. Voilà l'exemple type de ma « famille », ce qui m'a souvent donné l'impression d'être un enfant de nulle part.

C'est grâce à eux que j'ai découvert que j'étais pauvre !

La tante « loden-lacoste » avait donc épousé ce gars qui avait pas mal de sous, avec des usines, un appartement rue de la Pompe, une chasse en Sologne. Ils m'ont rendu un service : apprendre à haïr la chasse et les chasseurs. Sur les terres de l'oncle, on était en punition permanente. Pendant la chasse, nous étions cantonnés loin des Tartarins ; dès que j'approchais d'une carabine à moins de cent pas, on se récriait, j'allais forcément faire une bêtise, assassiner quelqu'un rien qu'en regardant une gâchette. Ils remettaient lâchement ma mère à sa juste place financière. Elle adorait chasser, mais elle « chassait mal », tout ce qui venait des Hulot était « mal », entaché de pauvreté, donc de vice. D'où les sempiternelles humiliations dont ma mère ne pouvait se défaire puisque c'était sa seule famille.

Elle a eu du mal à briser les liens, et il faudra une nouvelle catastrophe pour qu'elle ouvre les yeux sur cet univers nocif. Mais, avec son énergie touchante, elle essayait à la fois de se révolter et de préserver quelque chose de familial, malgré son couple déglingué, et encore plus nettement après la mort de mon père.

Elle voulait nous donner des références, qui ont été rejetées les unes après les autres.

En attendant le schisme, notre vie était liée aux « loden-lacoste ». Quand nous déjeunions chez eux, il fallait se mettre propre. Et pourtant nous étions privés de salle à manger, parqués comme du bétail dans une chambre à part. D'avance, les trois enfants Hulot étaient soupçonnés de venir commettre les pires conneries, nés coupables puisque pauvres. La ségrégation interne était épouvantable, nous n'avions jamais le droit de faire les mêmes choses qu'eux. Les cousins, imbuvables entre eux (je n'ai jamais assisté à un repas de famille qui ne se termine pas en tragédie, le vaincu quittant la table en menaçant), étaient odieux avec nous. Un jour de chasse, ils m'avaient attaché à un arbre. J'avais passé la journée dans une rage folle avant d'être libéré. Ce traumatisme d'enfant humilié contre lequel les sales gosses de bourgeois peuvent tout se permettre, puisque tout est à eux, a nourri une rancœur pendant des années : ce sont eux les « méchants ».

C'est rien de le dire. Aujourd'hui, d'une manière plus réfléchie, plus sociale, donc moins enfantine, je les considère comme nocifs. Ils sont dangereux parce qu'ils croient détenir le vrai, alors que ce ne sont que des « phobes ». Ils se définissent par le possessif et la phobie. Mon château, mon fusil, mon tir au pigeon, ma voiture, mon bridge. Ma femme, même si c'est le plus grand bordel possible dans les ménages et qu'on ne divorce pas.

D'une prétention et d'une suffisance totales, ils nous dictaient tous nos mouvements. On subissait, on acceptait parce que c'était normal, cette domination de caste. La richesse, ça en impose. Cédant à leurs influences, on trouvait que tout ce qu'ils faisaient était bien. Famille sous influence. Poids terrible. Joug primordial. Tout ce qui n'est pas conforme est un péché. Comment peut-on habiter ailleurs que rue de la Pompe, préparer son bac (que les cousins n'auront même pas !) ailleurs qu'à Janson-de-Sailly et faire ses courses ailleurs qu'avenue Victor-Hugo. Microcosme reposant sur trois piliers : Hugo, Pompe, Janson.

Celui qui ne porte pas des Burlington est un sous-homme. Vomissant les idées toutes faites et les jugements sur tout, ils seront le dernier bastion du conformisme, sous quelque goulag que ce soit, figés dans leurs certitudes. Le jour de la fin du monde, ils appuieront sur la sonnette qui ordonne à la bonne de s'agiter au service du maître. Si elle n'arrivait pas au premier grelot — ah ! la pédale sous la table, le vrai chic bourgeois ! — elle se faisait jeter. Et ce n'était que le début des vociférations.

Vivant entre eux, se confortant dans leurs phobies, ils se font leurs petits réseaux de barbelés, renforcent leurs influences, se rassurent en rejetant le différent ; Satan, c'est l'autre. Racisme total.

Quelles grimaces de désapprobation quand je portais les cheveux longs dans les années 70, assortis à mes clarks alors que seuls Lebb, Church, peuvent chausser leurs augustes panards. Détail atroce, ils avaient tout pour être heureux, et s'engueulaient vingt-quatre heures sur vingt-quatre. Moi, le zombie, le sous-homme, ils ont quand même essayé à mon retour de Nice de me traîner dans les rallyes N.A.P. où je n'avais rien à faire, pas même à leur piquer leurs petites amies aussi étriquées qu'eux. Mais ce n'était pas si simple, ce refus, pour moi qui n'avais pas le quart de leurs possibilités ; j'étais très complexé.

Mais cette faiblesse m'a finalement servi. Ce milieu hideux m'a rapidement marginalisé. Et ma faiblesse est devenue une force : me différenciant d'eux, je me suis défini, au moins partiellement.

Ces pharisiens qui paradent toujours au premier rang des photos d'enterrement, par exemple, et qui disparaissent quand on peut avoir besoin d'eux, ces mondains qui t'embrassent sans te regarder en disant « Ça va, mon chéri ? » déjà au loin avant que tu aies le temps de répondre, m'ont évité la tentation de prendre l'autoroute. Ils m'ont poussé dans les chemins de traverse.

Le jour des funérailles de mon frère, célébrées par l'extraordinaire père Le Bossé, directeur de conscience de ma mère, ils nous ont inondés de promesses. Mais quand je suis venu, quelques mois plus tard, demander à mon oncle « picsou-loden » deux mille francs pour me payer mon premier reportage, il a fait attendre sa réponse cinq jours (alors que ces deux mille francs ne représentaient rien pour lui, et ses gains). Puis il m'a téléphoné : « C'est d'accord, Nicolas, mais tu me rembourses à la fin du mois. » Le 30, il sonnait à notre porte rue de Clichy pour récupérer sa monnaie.

Quand j'ai commencé à vivre, à me balader dans le monde, à découvrir la vie qui va, les « loden » se sont réveillés pour dire à ma mère : « Monique, c'est pas un métier, tu devrais l'obliger à faire médecine, droit..., un vrai métier. » Toujours très méprisants, ils ont persiflé, quand j'ai eu mon bac, alors que les quatre richards n'ont jamais pu l'obtenir, puisque ça ne s'achète pas. Faute de ne plus pouvoir m'attacher à un hêtre, ils ont essayé de me diminuer : « C'est fou comme certains rectorats sont plus faciles que d'autres ! »

Pour eux, un métier, c'est être directeur. Même si le directeur ne commande qu'à une seule réceptionniste-standardiste : les « loden-lacoste » ne s'intéressent qu'à la façade, pas à la vérité des choses.

J'étais revenu de Nice avec ma 450 Honda en miettes et un accent vraiment audible. La tête des « loden » dès que j'ouvrais la bouche en public (rarement !) comme si j'allais dire « pisse-cul-crotte » pendant l'élévation à la grand-messe ! Nouvelle disgrâce plébéienne, cet accent vulgaire, prolo.

Plus folklorique, l'oncle Henri de Malartic, le propriétaire du pavillon de chasse d'Epernon sur le terrain duquel mon père avait construit son cabanon, portait une cravate noire le 21 janvier pour l'anniversaire de la mort de Louis XVI. Lui et Suzanne, sa femme, avaient encouragé ma mère à inscrire sa fille chez les dames de la Tour, qui portent l'uniforme gris en signe de deuil perpétuel de ce même Bourbon.

Inutile de dire que ce petit monde fossilisé a failli se trouver mal en mai, quand Mitterrand est passé. Mais ils ont organisé la résistance, et rien n'annonce encore la pénurie de Burlington...

Ils ont dû faire dire une messe quand je suis parti, sitôt passé mon bac, trimer avec des « ouvriers » dans un djebel à 70 km de Beyrouth. Dans la famille « loden-lacoste », on part en Grèce, à Londres, dans le Sussex pour faire du cheval, en Ecosse pour tirer la grouse, aux Etats-Unis si on pense à son plan de carrière. Mais, puisque tout le monde devait se taper le Parthénon, j'avais envie d'ailleurs. Donc je me suis retrouvé avec une pelle ou une pioche en train de creuser des canaux d'irrigation pendant trois semaines, pour une rémunération qui aurait fait rougir mes cousins chasseurs : une petite semaine de vacances sur place. Visite de Tripoli, aujourd'hui ravagé par la guerre. Festival de Baalbek, qu'on n'est pas près de revoir. Malgré la chaleur aggravée par l'effort et les tensions qui tiraillaient déjà le pays encore en paix, c'est mieux qu'un souvenir. Elie

Nahoun, mon copain de tranchée, est devenu dentiste à Reims et les canaux que nous avons creusés doivent charrier plus de sang que d'eau fraîche.

La vie n'était pas qu'une vallée de larmes, puisque Antoine existait, existe encore. Réaction à cette rigueur ambiante, volonté de briser le carcan, hérédité paternelle (j'apprends, par bribes, que mon père était très recherché, qu'on attendait ses visites amicales avec impatience parce qu'il se passait toujours quelque chose), Antoine est fait pour rire, déclencher le rire, comme Carl Lewis pour courir après Ben Johnson.

Jamais il ne m'a laissé seul pour faire une bêtise. Quand je propose à mon père de grimper sur la galerie de son break Aronde, puisque nos mobs ont pris toute la place derrière, qui s'installe avec moi ? Antoine, allongé à plat ventre, mains crispées sur la galerie profonde, ballotté par les épingles à cheveux de la corniche. Mon père allait doucement, mais quand même... Quand la mode a été lancée, à la suite de Francis Blanche, des gags au téléphone, Antoine relayait à merveille. A l'époque de la grande campagne de promotion d'Europe n° 1 : « Si je vous dis : Europe n° 1..., vous dites... ? » il fallait répondre : « C'est naturel ! » — bonne réponse, bravo, madame michu, vous avez gagné un crayon bille, une radio, un carambar... — nous passions des milieux de nuit à réveiller de braves gens pour leur dire : « Je vous dis Europe n° 1, vous répondez ? »

Avouons que c'était jeu d'adolescents stupides, mais nous avions cet âge indéfini.

Une nuit, je compose sournoisement le numéro des parents Herpin. Des gens adorables, une vraie famille, mais pour qui l'heure, c'était l'heure. Antoine aurait dû rentrer pour minuit, mais ce jeu nous prenait la tête.

Sitôt obtenue la sonnerie, je lui passe le téléphone et il ne reconnaît pas la voix endormie de son père (il est deux heures du matin). Antoine glapit sans dissimuler sa voix, ignorant tout de la victime : « Si je vous dis Europe n° 1, vous me dites, cher monsieur ? » Du coup, Herpin père se réveille brutalement et hurle : « Et moi je te dis de rentrer immédiatement, espèce de petit imbécile ! » Près de moi, Antoine sursaute douloureusement, il regarde l'appareil comme si la figure de son père allait se graver dans l'ébonite et crie : « Papa ! papa ? »

Puis, hébété, fauché dans sa verte jeunesse, il gémit : « Nicolas, c'est papa ! T'es con ! T'es vraiment con ! »

Il croyait encore que je m'étais trompé, faisant machinalement un numéro que je connaissais si bien. Bénéfice du doute extrêmement bref. J'étais trop violacé par l'envie d'éclater de rire. J'ai failli être étranglé sans jugement.

Il est rentré chez lui dare-dare, et le lendemain nous avons recommencé. Faut-il préciser que notre cursus scolaire n'était pas au premier plan de nos préoccupations ?

D'autant que nous n'étions pas de bois. Paris regorge de jolies filles. Nous faisions nos débuts avec ardeur et malheur.

J'ai pu me faire pardonner le coup du téléphone, « c'est naturel ». Il m'a suffi de voler une moto ! Une moto qui était encore à moi l'avant-veille puisque c'était ma chère 450 Honda, vendue en urgence au frère de ma petite amie du moment. Or ce frère qui avait payé cash, tant il était pressé de se prendre pour Agostini, le champion adulé de l'époque, n'avait pas encore réussi son permis. Donc la moto était immobilisée dans un garage de l'avenue Paul-Doumer.

Antoine, amoureux, comme on l'est à cet âge, de la fille d'un diplomate étranger, venait de se faire larguer par sa belle après un méchoui raté. Il rentrait seul à Paris sur sa mob essoufflée.

Je compatis, « remontai » ce malheureux, proposai de l'emmener chez la cruelle pour effacer ce simple malentendu. Mais nous étions à pied et elle habitait près de Pontoise.

Je vais chez ma douce, bisou rapide, je pique la clé du parking dans un tiroir tout en essayant de me montrer plus gentilhomme que je ne suis. Je m'arrache à ses bras, emballe la moto dans le garage, chope sur le trottoir

Antoine à qui je donne un bonnet de marin qui fait un casque. Direction Vauréal. Ah ! le beau moteur neuf ! Antoine se ratatine derrière moi, mais il est encore presque entier quand nous stoppons devant la résidence d'Inès. Malgré l'heure, je sonne, palabre, parlemente, souligne qu'on ne peut faire ça à un homme qui vient d'avoir un sérieux accident de mob (en rentrant du méchoui, fortement torturé par cette rupture). Pendant une demi-heure, Inès écoute mon plaidoyer, tandis qu'Antoine, planqué derrière la grosse moto, entend quelques mots couverts par les aboiements des chiens. Qu'est-ce que ça peut gueuler, un chien, la nuit ! Inès est convaincue, on rentre sereinement à Paris. Je retrouve ma douce, reprends la conversation tout en remettant la clé dans le tiroir. Ni vu ni connu.

Et huit jours plus tard Inès, attendrie, trouve mon Antoine (chez moi) transformé en momie : on n'avait pas lésiné sur les bandes Velpeau, les quatre membres étaient bandés serré. Seul le visage était intact. Leur histoire a repris sur ce grabat d'hôpital. Antoine roucoulait en portugais...

L'été, donc, les vacances ne pouvaient être qu'à Saint-Lunaire, haut lieu de l'amitié et de la fidélité.

Après mon travail au restaurant, entre deux parties de tracteur pour tirer des bateaux à la mer, je traquais les marmots pataugeant dans le sable, souvent les yeux mi-clos par la fatigue. Les journées commençaient à huit heures du matin alors que j'avais terminé de servir à sept heures. Avec Dominique, nous étions tellement crevés en quittant la pointe du Décollé qu'on s'endormait sur le chemin, dans la voiture. Je restais au volant du tracteur de huit heures à vingt heures ! De vingt heures à minuit, je faisais une sieste, et à une heure du matin je prenais mon service de gastronomie rapide, si rapide que je laissais souvent le plastique des croque-monsieur dans le moule. Personne n'a été malade... dans ce restau installé sous la Chaumière. Ce qui faisait des journées de vacances de vingt heures de travail, dans la belle humeur ! Jusqu'au jour où je me suis endormi sur le tracteur qui halait quatre touristes, dont une sorte de curé très constipé, et leur bateau. A l'époque, les tracteurs n'étaient pas équipés de coupe-circuit comme aujourd'hui, en m'endormant je restai le pied enfoncé sur la pédale d'accélérateur : nous sommes rentrés à pleine vitesse dans l'eau ! Ça piaillait dur derrière moi, mais je dormais comme un sonneur.

Chômeur, j'ai pu me consacrer davantage à la photo et à la restauration de nuit !

La spécialité de la Chaumière, c'est la bagarre d'œufs, qui permet un soutien discret mais constant aux producteurs locaux toujours brimés par les quotas. L'invention était d'une simplicité diabolique et d'une convivialité à bout portant. Les clients se servaient dans une coupe et balançaient les œufs comme des grenades, tir en cloche, ou comme des services de tennis, tir tendu. L'œuf n'étant pas très cher, le bombardement était intensif. Le jeu, pour nous, consistait à mélanger savamment les œufs durs et les œufs frais, dont le pouvoir couvrant est remarquable.

Les gens venaient de loin, avec des cirés !

C'était institutionnel, mais ça nous donnait des idées pour améliorer l'accueil chez les concurrents. Trop souvent, le restaurateur privilégie la limpidité de ses tapisseries, la souplesse de sa moquette, à la bonne humeur de sa clientèle. Pour remédier à cet ennui trop fréquent, alors que nous dînions avec une quinzaine d'amis tous formés à la Chaumière, nous avons improvisé avec du matériel de base de gagman amateur.

Nous n'avons jamais su qui a fiché un pétard dans le beurrier de François Roche, ce midi où nous déjeunions à une quinzaine dans un restaurant paisible de Saint-Malo. Exquis beurre demi-sel pour faire attendre le plateau de crustacés. Chaleur étouffante, le beurre avait des faiblesses. Bref, le pétard est planté devant le cigare de François qui ne voit rien. Comment la mèche a-t-elle été au contact du bout très incandescent ? L'enquête ne l'a jamais démontré. Ce qui est avéré, c'est que l'explosion du pétard a maculé les rideaux, le plafond, la tapisserie à petites fleurs. Le beurre s'avère très volatil par grande chaleur.

La serveuse surgit au moment où François, supposé coupable, tente de se mettre sur la table pour mieux nettoyer le plafond. Il n'a pas vu que ses godasses sont maculées de beurre et qu'il fusille la nappe. La serveuse le comprend très vite et, dès que l'acrobate récupère sa place assise, il prend le plus formidable aller et retour de la saison.

Ce n'était pas une tarte pour du beurre. Et, quand la maréchaussée se présente, brigadier en tête, alertée par des voisins qui ont cru à une explosion de gaz, les gendarmes éclatent de rire. Désormais Antoine ne peut plus voir un beurrier de grès sans être pris de fou rire. François est plus réservé : c'est la seule claque de sa vie.

C'est avec Yvon Queric que nous avons failli nous noyer pour la première fois.

Puisque c'est une bêtise, Antoine est avec nous. Malgré une mer bien formée qui devient une mer trop forte, on embarque dans le Boston Wheeler d'Yvon sous le prétexte de relever ses filets au large de Saint-Malo. Dans le bateau, surprise, deux filles que nous déposons à Cézembre, l'îlot satellite de la ville des corsaires. On revient avec des crustacés et les plus beaux poissons du monde.

On a failli ne jamais revenir. Près des Cailloux, un bout s'enroule autour du bras de l'hélice ; c'est radical, le moteur cale au moment précis où arrive un paquet de mer qui noie le tout — les moussaillons, les 200 chevaux du moteur et le bateau. Le vent qui s'était levé nous drosse sur les arêtes des Cailloux ; entre les récifs, les courants sont encore plus forts, plus vicieux. L'avenir est écrit : le bateau va se fracasser sur les récifs et nous avec. Dans les creux qui nous avalent, personne ne peut nous voir. Personne ne peut penser que de jeunes couillons sont dehors, en laissant deux sirènes sur la grève de Cézembre. Plutôt que de mourir fracassés, on choisit de mourir noyés. Je me jette par-dessus bord, retenu, pieds à l'intérieur, par la poigne de fer d'Antoine cramponné de l'autre à la barre qui ne sert à rien. L'un tenant l'autre, mon couteau de plongée taillade le chanvre. Heureusement qu'Yvon n'avait pas encore de cordage plastique, jamais je n'aurais pu tailladér des torons synthétiques.

Outre cet avertissement sans frais, qui marque bien qu'il n'est pas indispensable de franchir trois continents et deux océans pour risquer de trépasser, j'ai reçu une seconde leçon de circonspection.

A l'époque de l'apparition de la planche à voile, nous nous sommes lancés comme des otaries déchaînées sur ces planches moins navigantes qu'aujourd'hui, dans tous les jeux possibles, quel que soit le temps. Et les conditions météo peuvent changer très vite, surtout quand on ne prend pas la précaution de lever le nez vers les nuages et si on n'a pas la tête assez solide pour se rappeler que les vents de terre, ça existe.

C'était à Pâques, et nous étions trop jeunes, pas assez riches pour nous payer de belles combinaisons.

Pas de secours possible à Pâques, les canots sont sur le sable.

Il fait frisquet, pourtant une dizaine de planches croisent dans la houle. Subitement se lève un vent de terre, la plaie pour les véliplanchistes, et surtout pour cette jeune fille que j'avais croisée « incidemment » en tirant des bords, une relation de ma mère. Aussitôt, elle est en difficulté. A sa droite, les récifs armés de coquillages acérés de la pointe du Nick. Les vagues se creusent de plus en plus profond, tout le monde rentre. Sauf elle, que la vague prend, enroule ; elle tombe, ne peut plus remonter alors que le ressac la drosse sur les pointes aiguës des rochers abrasifs. C'est un hachoir pour peaux tendres. Bientôt, elle est ensanglantée, passée au papier de verre. Alors que j'essayais de rentrer depuis un moment, je tente d'approcher, mais j'ai froid. Fatigue, tension, énervement... Je réussis à revoir son corps à demi inanimé, maintenant elle est couverte de sang, elle s'abandonne (plus tard, au chaud, elle m'expliquera qu'elle avait cessé de lutter, ballottée, déchirée). Je n'ai jamais su comment j'ai pu la remonter sur ma planche déjà chancelante ! Avachie au pied du mât, elle gêne mes manœuvres scabreuses. Equilibre précaire, le vent ne faiblit pas, moi, si. Je prends gamelle sur gamelle ; heureusement elle se cramponne, malgré sa douleur. Ça dure une heure et demie sans que nous voyions le bout, puisque personne ne nous voyait. Quand on a été repérés, vraie planche de la *Méduse,* on s'échouait sur une plage entre Saint-Lunaire et Saint-Malo, ivres d'épuisement. Moribonds. Quand le premier bateau est arrivé, je la traînais sur le sable. Hôpital tous les deux, et l'histoire s'arrête.

Saint-Lunaire est beaucoup plus qu'une station balnéaire, c'est une réunion de famille typique d'un certain bon ton, modèle de la plage chic et de bon goût.

Ce côté coincé suscitait nos sarcasmes et des gags aggravés par le temps que je n'ose raconter ici. Cela dit, c'est un lieu de fidélité, un espace tribal qu'il m'est inconcevable de ne pas retrouver. Nous avons grandi ensemble, nos parents partageaient des tentes de plage voisines, la vie professionnelle nous sépare mais nous y revenons toujours : François vient d'y acheter une maison.

Et Saint-Lunaire a été un havre et un symbole d'espoir pour ma mère dans les années noires.

Les séductions de Saint-Lu résistent aux exaltations du Zambèze et de l'Okavango, aux plus hautes expériences polaires, c'est une patrie qui me fait défaut où que je sois. Je reste sous le charme, je n'ai jamais, malgré mes voyages, trompé ma plage... C'est là que repose l'esprit d'une famille anéantie.

J'ai pris goût à la photo. Désormais suréquipé, bardé d'objectifs tel un Apesteguy que je ne connais que d'images et pour qui j'ai énormément d'admiration[1], je m'investis dans mes premières vraies responsabilités. Plus de mariages bidouillés.

Je découvre non plus seulement un moyen de gagner

1. Un des plus grands photoreporters français.

ma vie, mais un moyen de vivre autrement, de vivre tout court. Renonçant aux couronnes d'oranger, je me faufile dans Paris, à l'affût des événements ; je fonce à moto, clic clac, et propose mes photos à droite et à gauche.

Après mes natures mortes au râteau et à l'étoile de mer, je me suis cru un « grrrand » photographe, que je n'étais pas, bien entendu, mais je me suis vraiment pris au jeu. Et que personne n'en veuille spontanément ne me gênait pas (alors que cela me terroriserait aujourd'hui, de me faire jeter) : j'allais les mettre directement sous le nez des rédacteurs en chef.

C'est ainsi que j'ai débuté dans une petite agence qui deviendra grosse, dirigée par un personnage hors du commun, Goksin Sipahioglu. Ce n'était pas un berger des Causses, mais un homme du Bosphore, un vrai descendant de Byzantin. Plus byzantin que ce Turc, tu meurs. Ce cerveau, un des plus grands journalistes français, a tissé une incroyable toile d'araignée autour du globe, dans laquelle se prennent toutes les informations.

Né reporter, maniant cinquante téléphones à la fois, faisant tout dans son agence, sans doute trop, puisqu'on a perdu des photos sur son bureau caravansérail couvert de sédiments, planches-contacts..., ce bordélique génial oublie parfois, ce dont se sont fâchés des camarades de photos, de payer des parutions dans des journaux du bout du monde. Mais comment éplucher chaque jour la *Gazette* de Béloutchistan oriental pour repérer ses petites images ? Sipahioglu, dit Sipa pour le registre du commerce, est le digne héros de *Front Page* dont le personnage truculent de Walther Matthau semble copier le sien. Malgré ses cheveux longs, sa silhouette étonnante, sa voix rocailleuse, ce dragueur à l'accent pas possible est adoré des femmes. Paternel, paternaliste ? Il a franchi la frontière ! On l'accuse d'avoir exploité la jeunesse, la verve et l'inconscience d'une poignée de gamins à qui il a, quand même, donné leur première chance !

Jamais il ne laisse tomber ses hommes. Pour mon premier Tour de France à moto, il m'a donné trois mille francs, sans illusion sur les vertus du sponsoring balbutiant.

Lors d'une arrivée de la Transat à Newport, je l'appelle parce que je ne pouvais même plus assurer mon café du lendemain matin. Il écoute (sans doute en parlant à trois personnes à la fois), et quelques heures plus tard débarque un inconnu d'une grosse Lincoln qui me tend sans explications une liasse de dollars.

Désormais, je ne sors plus sans mes appareils, presque aussi accro à l'événement que ce célébrissime photoreporter qui n'allait jamais aux w.-c. sans son transistor. Pour ne pas rater un scoop.

Un midi, place de la Madeleine, je suis bousculé par des pompiers, sirènes hurlantes. Ma fidèle moto me permet de suivre, direction la station de métro : premier accident depuis des lustres. Je suis arrivé le premier. Le lendemain, je fais la une de trois quotidiens. Ni la gloire (le fait divers !) ni la fortune (les relevés de Sipa !), mais la liberté d'entreprendre, la première approche journalistique du monde qui bouge. S'éloigner radicalement des encroûtés de la bourgeoisie frileuse et radoteuse. Poser un regard sur les choses, le mien. Autant je suis timide dans certaines circonstances, quand l'événement l'exige je suis capable de tous les trucs plus ou moins orthodoxes, me découvrant un culot insoupçonné. Fixer les événements, poser un œil neuf (et naïf) sur les choses, quelle aventure vraie !

4

De Tabarly au Guatemala

Mon copain Thierry Macheras appartient au clan de Saint-Lunaire. C'est un enfant du pays (adopté, bien sûr). J'ai même, un soir de déluge, après avoir souffert mille morts sous les trombes de la forêt d'Andaines, bivouaqué sur sa pelouse en plein mois de janvier, autour d'un feu qui a fait fondre mes chaussures et les gants de François Roche. Ce viol de propriété s'était aggravé de l'utilisation du bateau familial... comme bivouac de secours.

Macheras est un colosse qui a réussi à se faire embarquer comme équipier de Tabarly au lieu de peler des patates à Mourmelon pendant son service militaire. Tabarly a remporté la Transat devant Colas, il est très porteur. N'ayant jamais été féru de voile, en dépit d'une initiation précoce au dériveur qui a coûté cher à des plagistes de la Côte d'Azur, la course ne m'a jamais tenté mais je suis fasciné comme quelques millions de Français par ces coureurs de mer qui font escale dans des lieux pas possibles : Rio, Capetown, Sydney, Hobarth, Adélaïde... La voile paraît une évasion primordiale. Leurs exploits renouvellent mon imaginaire sous-développé par mon enfance « silencieuse ».

Si le monde s'est ouvert à moi, très tard, à dix-neuf ans je mets les « boosters », prends du recul avec mon passé qui va disparaître comme le sol sous une fusée qui s'arrache. Je vais récupérer mon retard. En prenant l'avion pour l'Afrique du Sud, j'avais la conviction de profiter d'une chance unique. Celle d'élargir mon espace mental. Une chance ne se représente jamais, il faut la prendre au vol, ou la perdre. J'allais mettre quatorze mille kilomètres entre moi et certains souvenirs, mon père, Gonzague...

Et Tabarly allait devenir mon fonds de commerce, puisque j'allais profiter du début de la course. Je ne sais plus qui a dit « J'ai toujours été dernier, mais je suis premier dans les concours de circonstance »...

Tout s'est joué quand j'ai entendu Macheras, cet heureux bidasse qui fait le tour du monde avec le meilleur marin, la vraie star hauturière, alors que je bachote comme un malheureux dans la grisaille. La fac me déçoit beaucoup, j'imaginais après le lycée un univers intellectuellement brillant, ouvert, et je découvre des super-potaches épuisés de compétition, nez vissé sur les polycopiés à régurgiter par cœur. Or j'avais passé mon bac « D » en frôlant la barre, reçu grâce à un seize en sciences naturelles, et médecin était le seul métier acceptable dans l'éventail exigu que l'on me proposait, sur décision des « loden-lacoste », encore puissants dans l'esprit de ma mère. Parfois je me voyais comme le bon Samaritain débarquant dans les familles voir si les mômes vont bien. Médecin de famille doté de deux armes, sa disponibilité et son stéthoscope. Sans doute une image issue des films éducatifs où Pierre Fresnay sauve les poitrinaires indigents. C'était mon humble vision, celle de l'homme qui sauve les hommes. Aujourd'hui, quand je vois mes copains exercer, je ne les envie pas. C'est un sacerdoce exigeant. Si on le fait par-dessus la jambe, mieux vaut choisir un autre métier. Comme la justice, la médecine ne supporte pas la médiocrité, et ne souffre pas d'imperfection mentale.

En écoutant Thierry Macheras, je me suis vu à l'autre bout du monde. Sans dépenser des trésors d'éloquence puisque je ne demandais qu'à le croire, il m'a rapidement expliqué l'Afrique du Sud, les filles dorées à point, trois mots sur l'apartheid qui n'était pas le sujet et dont j'ignorais tout. Qui connaissait Mandela en 1973 ? Moi, je ne savais rien du monde, mais alors rien de rien. C'est fou ce qu'on est cloisonné par son environnement immédiat quand on est étudiant ! L'apartheid ne figure pas au programme de première année de médecine.

Etudiant polarisé, je ne connais que mon programme. Mais de moins en moins polarisé en ces vacances de Pâques, alors que les filles superbes des plages à surf deviennent de plus en plus séduisantes. Le chant des sirènes sous-titré par Macheras ensorcelle ma chambre de bonne. Cédant d'autant plus facilement que j'ai de moins en moins le sentiment que je suis né pour être le médecin des pauvres ou le bras droit du professeur Jean Bernard !

D'un seul coup, Thierry faisait sauter les bornes de mon univers. A ma droite, il me présentait la télé couleur avec seize chaînes, prête à en recevoir encore une dizaine d'autres, la vie sur les cinq continents et les océans que domptait son maître Tabarly. A ma gauche, la télé en noir et blanc, chaîne unique à programme éducatif tendance tristouille.

Grâce à l'avance de Tabarly qui faisait escale à Paris avant de reprendre le large, j'ai entendu un discours musclé : « Viens avec nous ! »

Je n'attendais que ça !

Thierry n'a pas d'arguments, en revanche, pour ma mère qui supporte assez bien mes frasques de reporter à condition que ça ne m'empêche pas d'aller tous les matins à l'école.

Ma sœur Béatrice vient de se marier, ma mère peut donc se concentrer sur son petit dernier. Ça l'avait intriguée, de voir mes photos dans les journaux, ça pouvait ressembler à un métier. Mais il suffisait que les loden-lacoste fassent leur numéro de bourgeois repus pour que sa suspicion (légitime) se réveille. L'énergie de Macheras génère un enthousiasme inaltérable. Elle cède. Après tout, ce sont des vacances utilitaires. Peut-être aussi a-t-elle vu passer le fantôme de son mari, Philippe Hulot, chercheur d'or, aventurier d'une savane dont on ne sait rien.

Ce n'est pas avec mes pourboires de pompiste nuiteux

que je vais m'offrir le billet d'avion. Or je dois aussi prouver à ma mère que c'est réellement un métier, la photo, qu'il n'y a pas sur terre que des « directeurs » qui collectionnent les hideux trophées de chasse. Sipahioglou ne veut rien donner pour une si longue expédition, l'agence gère ses reporters attitrés, les « grands » reporters, moi, je ne suis qu'une sorte de tâcheron qui a l'avantage de rouler sur une grosse moto. Le sujet Tabarly ne branche pas le Turc.

Honnêtement, je dois reconnaître que je n'ai pas franchement de « sujet », pas d'angle. Le grand petit Breton sur son rafiot, ça fait une image et c'est tout. Et ce serait mieux sur fond d'iceberg, avec une baleine, ou l'idéal, en train d'éperonner un autre rafiot, et Tabarly debout sur la dunette refusant de quitter son navire.

Je n'insiste pas, et file chez la concurrence, puisque rien ne me stimule plus qu'un refus. Sygma a davantage le pied marin.

Je repars de la rue des Vignes avec une accréditation (on y certifie que je travaille, que je suis envoyé spécial...) et un pack de 24 films 24 × 36. Pas un centime pour le billet, c'est la règle. Je décide donc un loden-lacoste à m'avancer trois mille cinq cents francs, remboursables à ma descente d'avion.

Premier bonheur, Tabarly est dans le Boeing avec moi. Mon héros si près alors que la veille ça paraissait impossible de lui parler ! Il venait d'un autre monde, le héros du triangle atlantique, Portsmouth-Capetown-Portsmouth.

Heureusement que le voyage est long, je m'habitue au miracle. Au départ, c'est vrai que je n'avais pas de sujet, juste un copain et une envie. De mon enfance, peu encombrée par les héros littéraires, je n'ai pas acquis de références pour ce type de situation. Tabarly enfui sur des horizons sans fin paraît soudain accessible, sans être proche. Je me fais violence. Macheras fait les présentations, et je pose trois questions et demie pour mon « papier ».

J'espérais même dormir à bord du *Pen Duick,* mais il

est « full up », comme disent les Bretons. Dommage pour mes finances, mais la découverte des docks et de ces filles aussi belles que dans les souvenirs émus de Macheras compense largement. Très vite on peut apprendre où trouver les plus belles expressions de ces croisements anglo-hollandais. Les déferlantes européennes sur la pointe de l'Afrique ont fait des petits qui ne sont pas laids du tout. C'est le côté immédiat, californien : on vit beaucoup sur l'eau, golf, luxe, félicités, si bien qu'on ignore facilement les townships, les bidonvilles infâmes, dans le parfum des peaux bronzées toute l'année, livrées au caprice des vagues.

Je termine l'interview de Tabarly sur cassette, fixe l'équipage sur mes pellicules, impressionné et excité par la nouveauté. Puis je reste sur le quai !

Malgré ma naïveté, je comprends que mes trois photos des héros ne pourront ni rembourser mon billet, ni payer ma chambre chez l'habitant. L'hôtel est interdit au reporter balbutiant.

En dépit de l'inconscience du bizuth, j'ai appris qu'il y a un problème noir, une ségrégation. Je décide donc de faire un second sujet, sur ce « vague problème ». C'était aussi caricatural que ça, dans ma tête, à l'époque. Mon culot n'a d'explication que dans mon manque de connaissance. Aux innocents les mains pleines.

Traînant dans les bus et les bars réservés aux Noirs, je découvre avec stupeur que les w.-c. sont fermés de l'extérieur si on n'a pas la couleur exigée à l'entrée ! Parlant très mal l'anglais, modèle lycée français milieu du tableau, je me débrouille avec une agilité qui m'alarmerait aujourd'hui. Quadrillant les plages de Durban, les plus belles plantes sur les plus belles planches de l'océan Indien, j'entraîne une beauté blanche sur la plage des Noirs. Black only. Elle risque dix ans de prison[1]. Ce sera la légende de cette photo.

---

1. J'ai photographié aussi des enfants jouant au golf, avec des clubs que j'avais loués pour cette provocation, dans le ghetto de Soweito.

On n'apprend vraiment qu'en voyageant. Premier enseignement de ce premier périple africain : décor et envers du décor, mots et silences souvent plus chargés de sens. Situations. Odeurs. Scènes.

Le monde existe et je n'en savais rien.

Merci, Tabarly.

A mon retour, Sygma vend bien les photos. Je rembourse picsou-loden et retourne en fac. La récréation est finie. A moi la physiologie du quadriceps fémoral, les états d'âme du pneumogastrique.

Heureusement, veillait le cher Goksin Sipahioglou. Il découvre mes photos Sygma, fait semblant de s'étrangler au téléphone :

— Quoi ? Tu fais dans l'apartheid maintenant ?...

Il était tombé sur l'hebdo qui avait publié le sujet, avant même que je le reçoive.

— Tu te prends pour un vrai reporter ? (Il rigole.)

— Non, mais eux ils me font voyager. Je ne suis pas cantonné entre Pantin et Bezons. Z'ont pas les boules !

— Moi non plus. Rapplique rue de Berri !

Sipahioglou et un phénomène tellurique d'une détestable violence vont me donner ma deuxième chance. Cette fois, je sens (et ma mère avant moi !) que je vais faire des confetti avec mes polycopiés. Je ne serai jamais le docteur Hulot, jamais monsieur le Directeur, je n'aurai ni secrétaire, ni chasse en Sologne, ni loden assorti à mes Burlington.

Tremblement de terre au Guatemala, vingt mille morts.

Au téléphone, Sipa n'exulte pas, mais il constate.

Je ne sais pas où se trouve le Guatemala, j'achète une carte à Orly, et je plane, les poches pleines de pelloche, d'objectifs, de boîtiers « prêtés » par la maison Sipa. Panoplie complète du débutant incapable de choisir.

Je fonce chez l'ambassadeur du Guatemala malgré l'affolement du départ. L'excellent homme me reçoit en larmes et me donne des lettres pour sa famille, de l'argent pour les timbres et surtout l'adresse de son frère qui va m'héberger dans une belle villa située sur une hauteur.

Ce jour-là, avant de partir, j'ai fait un crochet par la rédaction de R.T.L. qui m'a autorisé à travailler pour eux. Eventuellement : « Appelle-nous ; si tu emmènes un nagra, fais-nous un bobino. »

J'ai dit oui d'autant plus spontanément que j'ignorais les mots « nagra » et « bobino ». Après renseignement, Candide s'offre un magnéto-cassette à Prisunic, rayon affaire du jour, puisqu'un magnétophone Nagra, la Rolls des professionnels, vaut trois appareils photo.

L'escale à New York a failli compromettre le reportage du siècle. Entre le taxi arnaqueur et le portier de l'hôtel, je me fais taxer des trois quarts des cinq cents francs d'ordre de mission.

Sautant dans le dernier avion pour Guatemala City, je suis l'un des premiers journaleux occidentaux sur place. Paumé. Comment circuler, que photographier ? Je me débrouille avec les militaires, qui m'embarquent dans un hélico, mon premier hélico, et je survole la faille, la fracture dantesque qui a englouti vingt mille personnes. Quelques villages bousillés attendent encore d'être secourus. On largue des boîtes de lait... Je découvre l'horreur quotidienne et l'impuissance des hommes devant la nature.

J'y suis, j'y reste, choqué, ahuri, courant d'un endroit à l'autre, sans conseils, sans repères. Mais les films arrivent à Paris grâce à la Croix-Rouge, les ventes de photos sont bonnes, ça marche...

Un jour, à l'ambassade de France qui sert de Q.G. aux journalistes, Paoli, de R.T.L., me téléphone : « On te prend en direct à la fin du journal de treize heures. » Angoisse terrible pour quelqu'un qui n'avait jamais pris la parole. Je savais juste appuyer sur un déclencheur, et rien sur la situation chiffrée, les dégâts. Une panique insidieuse me gagne puis me paralyse. Je vais raccrocher, dire que la ligne a été coupée, je suis prêt à inventer un nouveau tremblement de terre pour me cacher ! Pendant que je blêmis, et que le technicien fait des essais de voix, j'entends le retour son... Puis le journaliste : « Comme annoncé au début de ce journal, nous retrouvons à Guatemala City notre confrère Nicolas Hulot... » A ce moment précis, le

« confrère » a du béton dans la gorge, le souffle rare, la tension en flèche.

Heureusement, tandis que j'essayais de me décoller les lèvres, entre notre ambassadeur au Guatemala. Que Dieu le bénisse mille fois. Je lui saute dessus avant qu'il n'entre dans son bureau, après avoir bafouillé trois mots inaudibles qu'on peut mettre au compte de l'émotion, et je brame : « Le plus sûr est de demander à notre ambassadeur, qui arrive de la présidence, de faire un bilan provisoire. »

L'Excellence tombe des nues, mais pas de la dernière pluie ; il fait un topo précis, habile, un papier parfait. Ce qui me permet d'empocher ma première pige, cinq cents francs (j'ai gardé le bordereau fétiche).

Ma « carrière » démarre entre deux bulldozers au petit malheur la chance, mais sans doute pas par hasard. C'est dans la villa du frère de l'ambassadeur que j'assiste au second tremblement de terre. La radio hurle : « Sortez, ne fermez pas les portes ! » La secousse dure quelques secondes et fait à nouveau vingt mille morts !

Dans l'exaltation de l'événement, dans les horreurs du pillage qui fait tant ressembler la suite d'un séisme à une abominable guerre civile, je me sens curieusement à l'aise, comme si j'avais fait ça toute ma vie. Je fonctionne. J'ai des atouts : soif de connaître (un ton au-dessus des normes), de comprendre (deux tons au-dessus) ; connaître les autres, apprécier les différences, les diverses civilisations, découvrir l'histoire en marche... Le monde bouge. Que les conflits passionnent, ce n'est pas forcément malsain. Ce qui est malhonnête, c'est de fermer les yeux derrière des œillères, se boucher les oreilles, fonctionner par idées toutes faites, sur les schémas préconçus des loden-lacoste.

Cette soif d'interrogations majeures n'est pas incompatible avec mon hédonisme profond. Au contraire, cette recherche de ce qui possède une « valeur » se rapproche de ma haine du faux et du toc. La notion de grand reportage périlleux et exigeant me touche profondément, dès mes premiers pas. J'aime passionnément témoigner, tenter un regard sur les événements. A une seule condition : que nous ne soyons pas deux cents sur le coup.

Mes envies sont infiniment supérieures à ma technique. J'ai toujours eu des querelles avec la technique, depuis la plage de Saint-Lunaire, et j'en aurai toujours, sans doute. Cadrer, exposer, bloquer le coude pour ne pas faire flou, ça doit être un don, ça ne se travaille pas. Tant pis. La photo est une traque intéressante.

Le pont est franchi. Le processus est enclenché. L'émulation à l'agence fait le reste. Sans que je le décide froidement, sans que je contrôle réellement le système, je prends mes premiers chemins de traverse. Je ne sais pas où je vais (je ne le sais toujours pas), mais j'y vais d'un pas vif, sinon assuré.

La preuve, je fais ma première bourde. De Guatemala City, je rentre à Paris en passant par Pointe-à-Pitre, voir mon ami François Roche qui fait son service militaire dans la santé. Dans ma tête, puisque nous étions dans les eaux tropicales, j'espérais ramener un sujet sur les requins. Vieille combine des photoreporters, cumuler les sujets proches pour réduire les coûts. La radio m'invite à raconter ce que je viens de voir. Je me pointe au studio avec François, première erreur, puis, seconde erreur, je me lance dans une logorrhée très au-dessus de mes moyens… jusqu'à ce que je prononce cette phrase impérissable : « Seules les ruines incas sont intactes ! » Fou rire de François, contagieux…

Les ruines (intactes) déclenchent un cataclysme. Les techniciens s'écroulent sur les consoles, mon confrère pouffe sous la table, plus personne ne fonctionne au journal de treize heures !

Ces ruines incas m'ont laissé un excellent souvenir : la radio est un métier… Mais un métier dont on ne vit pas tout de suite, comme la photo : d'abord on rame. Et si on n'en vit pas, ou mal, on peut toujours en rire.

C'est vrai que, les comptes une fois apurés, le photoreporter ne gagne guère plus qu'un pompiste manipulateur. On vit déjà sur le prochain reportage. Evidemment, ce n'est pas cette pauvreté qui m'effraie quand je gamberge en revenant d'Afrique du Sud, c'est un reste de normalité et un zeste de piété filiale. Ma mère serait tellement heureuse que je fasse un vrai métier, comme ma sœur Béatrice, pharmacienne diplômée ! Surtout pas comme mon père, acculé à la faillite parce qu'il avait voulu vivre des fleurs, sa passion. Parfois, elle doit penser (sans oser le dire) que la photo c'est très bien le dimanche, en hobby.

L'avion est propice aux réflexions, surtout quand on traîne une envie persistante de piloter.

Rentré trop tard de Durban pour passer ma première année, j'ai imaginé de préparer un bac « C » tout l'été, au lieu de couler des jours peu tranquilles à Saint-Lunaire. Pour essayer d'intégrer l'Ecole nationale de l'aviation civile (l'E.N.A.C., ne pas oublier le C). Je m'enferme dans l'une de ces officines qui rassurent les parents des cancres. J'ai raté et mes vacances et le bac « C ». L'E.N.A.C., ce ne sera pas pour moi et il m'est impossible d'accepter une filière militaire. Pas question de porter un uniforme, jamais je ne pourrai faire ce sacrifice.

Non, merci, quand je vois mes copains de la Patrouille de France[1], ces merveilleux pilotes, poireauter dans leur Jaguar au Tchad en attendant de savoir sur qui ils vont balancer leurs bombes..., je ne regrette rien. Je volerai autrement.

Après cette ultime tentative pour suivre une voie normale, je pars définitivement sur les chemins de traverse. Je suis un homme d'action, un homme de terrain.

Je choisis la photo. Rien ne me prédestine à cette profession, je me jette dans ce milieu étranger à cent pour cent, si bien que chaque jour sera une découverte. J'ai eu tout de suite l'impression de vivre une expérience de rêve, et cette sensation ne m'a plus jamais quitté. Je jouis instantanément des privilèges, toujours un peu excessifs, des journalistes : vivre et témoigner de ce que les autres n'ont pas vu et ne pourront jamais voir ; rencontrer des

1. Un pilote ne peut rester plus de trois ans à la P.A.F. A la fin de cette période, il reprend sa place dans une escadrille, n'importe où.

hommes, dans des décors inédits, inaccessibles. Aujourd'hui encore je m'émerveille et ce sentiment de rareté, d'exceptionnel ira en s'amplifiant. Comparées à l'horizon grisâtre que j'avais en ligne de mire avant de faire le grand choix, les couleurs de mon avenir apparaissent plus riches et nuancées.

Je me levais sans savoir à quelle situation j'allais participer. Cette excitation était entretenue par l'émulation fantastique de l'agence. Ne pas être toujours en mouvement, c'était mourir professionnellement. On ne se voyait que sur la table lumineuse pour trier les diapos, échanger quelques indications, un vague tuyau pour passer une frontière pourrie, des nouvelles de l'un en prison, d'un autre, mort. Confidences qui alertaient la compassion du groupe une seconde avant le prochain avion. La compétition était dure puisque chacun avait ses territoires, ses spécialités. Très vite, il fallait se trouver une identité, définir son aire, marquer son territoire, s'installer dans son créneau. Par la force des choses, je me suis marqué deux domaines. La voile et l'Afrique australe.

Il a fallu que je me fasse passer pour un spécialiste de la mer, ce que je n'ai jamais été. Mes « relations » avec Tabarly étaient très exagérées, c'est Macheras qui assurait. Mais Tabarly faisait vendre, et c'était le maître mot, le sésame, le monde m'était ouvert et j'avais facilement un billet d'avion sans la démarche humiliante de devoir taper un picsou familial.

Conséquence de cette rencontre avec Tabarly à Capetown, j'étais devenu pour Sipa l'homme de l'Afrique australe. Là encore, j'avais tout à découvrir, partant d'un niveau d'information zéro. Le mythe du reporter photographe était alors en pleine élaboration. Mais c'est la plus contraignante des activités de presse. Alors qu'on peut raconter et écrire n'importe quoi (ou par simple ouï-dire), on ne peut témoigner en photo de ce qu'on n'a pas vu.

Cette difficulté essentielle est aggravée d'une frustration humiliante : la photo qui déclenche un reportage, qui ouvre des pages n'est pas signée « Hulot » mais Sipa. C'est l'entreprise qui triomphe alors que c'est le personnel qui va au charbon. Très souvent, le papier est signé d'un vague rewriter, en gros caractères naturellement puisqu'il surveille le bouclage de son journal ! Et cette signature unique donne l'impression que ce mec a tout fait, et ça m'irritait ! Je me rappelle ce rédacteur en chef adjoint de *Paris-Match* qui me suivait dans le couloir en répétant : « Du sang, surtout que ça saigne ! » Le photoreporter travaille toujours sur une frontière scabreuse : il ne doit pas provoquer l'événement mais ne peut en aucun cas être absent. Autrement dit, ne pas mettre le feu à la Provence pour vendre un reportage sur les Canadair, mais jouer avec le feu quand même.

L'engagement est total. On ne bidouille pas avec les faits.

5

Guerre en Rhodésie

Avec le pôle, l'Afrique australe a été l'un des deux grands chocs (positifs) de ma vie. Mais, dans les années 75, je ne connais du pôle que les dizaines de livres dont je me suis gorgé à retardement.

Promu Afrikaaner, je démarre par un gros mensonge pour partir en opération.

C'était une patrouille montée et j'avais prétendu savoir me tenir à cheval. C'est la seule unité montée opérationnelle au monde. Je ne voulais pas rater l'exclusivité, pour une histoire de selle et d'assiette. Cette colonne africaine du Sud patrouillait le long de la frontière rhodésienne, du côté de Messina, sur la rive droite du Limpopo. Le bush, la forêt-savane que les engins mécaniques ne peuvent violer. J'avais vingt ans.

D'un seul coup, me voilà déguisé en mercenaire de la nuit, tenue de combat, suie sur le visage et les avant-bras. Un soldat me jette une selle dans les mains, des courroies sur l'épaule et des lanières. Je venais d'arriver en jean, baskets et sac de voyage, au milieu de ces mecs qui font la guerre depuis des générations. Les centaures ont compris tout de suite que je n'avais jamais touché un cheval de ma vie, que je ne savais pas où étaient la tête et la queue. J'ai entendu une collection de noms d'oiseaux comme jamais un arbitre de foot n'a dégusté. Il tombait des sarcasmes sur les rives sauvages du Limpopo. Mais je me suis vite remis de ce chambrage militaire (moi qui ai toujours refusé l'uniforme, sous toutes ses coutures !).

J'ai le sens du contact. Tenue de camouflage psy. Inné chez moi : j'ai toujours su comment ne pas importuner. Ces bêtes de guerre sans nuances ont vite compris ma position. Pas de voyeurisme plus ou moins téléguidé par une idéologie (je les mets toutes dans le même panier), mais la vie, dans un camp, puis dans l'autre, pour témoigner d'une cause, sans porter de jugement.

J'étais à la fois inquiet, parce que déguisé en soldat-commando auprès duquel Rambo ferait miteux, et très excité parce que prendre part au jeu, à cet âge-là, c'est une émotion puissante, soutenue. Participer à la guerre sans la faire, mais sans être protégé, c'est un frisson. Inédit. Irremplaçable.

Et puis, dans cette sauvagerie latente, je découvre, et c'est le premier merveilleux choc, une nature prodigieuse, la plus exceptionnelle qui soit. Quand on chevauche dans l'apparent silence du bush, on perçoit tous les bruits de la faune et de la flore, on découvre des scènes inouïes. Les animaux ne sont pas dérangés (les terroristes pas davantage...). Je bascule dans un univers qui me déconnecte de mes origines.

Et, deux jours plus tard, je suis dans un bureau capharnaüm de la rue de Berri en train de légender mes photos Rambo.

Quel choc ! Mon entourage est trop éloigné de ce type de situation pour comprendre ce que je raconte (ma mère, mes amis et mes copines ont eux-mêmes du mal à me croire). Je commence, par réaction, à me marginaliser. Dans le bon sens du terme. On ne m'entend pas. Je suis perdu dans la tour de Babel des villages parisiens.

J'avais pourtant tellement de choses à dire ! Comme tout photographe, j'étais seul. Mes souvenirs sont restés en moi, parce que ce n'est jamais le photographe qui choisit ses photos, qui rédige les légendes telles qu'elles vont être publiées, qui définit la surface du reportage. Dans la beauté originelle d'un paradis terrestre passent des charrettes pleines de corps désarticulés, victimes des terroristes infiltrés et des forces de l'ordre. Dans l'horreur, les deux camps sont à égalité. Par la force des choses, la région n'intéressait alors pas grand monde, j'en suis devenu le spécialiste.

J'ai couvert l'indépendance de la Rhodésie qui allait redevenir le Zimbabwe le 18 avril 1980, après les accords de Lancaster House de décembre 79, au terme d'une guerre inexpiable qui a débouché sur un surprenant modus vivendi[1]. Loin de la caricature, souvent en retard d'une réalité, donnée par des journalistes et des analystes dictant des « papiers » rédigés à seize mille kilomètres des faits, forts de leurs « principes » et d'idées toutes faites.

La Rhodésie n'a pas d'importance stratégique : enclavée, sans accès à la mer, sans matières premières. L'Occident a pu, sans risque, faire les gros yeux et punir ces pauvres Blancs isolés. Mais, pour l'Afrique du Sud, il en allait — il en va — autrement. C'est un pays trop riche, avec ses mines, trop stratégique, à la corne sud de l'Afrique (premiers ports après des milliers de kilomètres de côtes sans abris). A Paris, on allait au concert zoulou mais on desserrait sournoisement l'embargo proclamé haut et fort, avec des trémolos dans la voix. J'y ai photographié des chasseurs à réaction français, interdits, Mirage III et IV récemment débarqués de leurs caisses, qui avaient fait une simple escale à Anvers. La photo Hulot sera publiée, mais sans légende !

Après le temps passé chez eux, je peux dire (qui se souvient de Ian Smith ?) que la mentalité des Rhodésiens est très différente de celle des Africains du Sud. Plus humbles, plus sympathiques dans la mesure où leur définition géopolitique « la terre appartient à ceux qui la cultivent » n'était pas juste mais loyale.

Ils respectaient les Noirs alors que les « Sudistes » les

1. En 1981, la Rhodésie est devenue le Zimbabwe-Rhodésie puis le Zimbabwe. N'Komo, basé en Zambie, et Mugabé, opérant à partir du Mozambique, étaient les principaux leaders noirs.

piétinent. Dignité dans leur combat d'arrière-garde, du plus jeune au plus vieux. Ils essayaient de vivre normalement. Les institutions fonctionnaient encore. Le gazon était vert, et les éléphants protégés. Pris de sympathie, avec du recul sur leur cause, j'étais, je suis, plus nuancé que les intellectuels français qui sont incapables de citer les cinq pays frontaliers.

Envoyé de *Paris-Match,* j'ai rencontré Ian Smith, individu universellement haï, et j'ai trouvé un autre homme qui ne ressemblait pas à ses caricatures. Plus sensible. Tout à l'opposé de cette brute de Vorster, qui est bien l'homme abominable décrit en Occident, redoutable néo-nazi au physique assorti : il ressemble à ses idées[1]. Tout en étant presque chétif, Smith est un terrien impressionnant de rusticité. Il m'attendait sur le perron de sa maison très ordinaire, et sa femme l'accompagnait. On était loin de la route de Nairobi !

J'arrivais avec un magnéto, des appareils photo et une abominable veste à carreaux achetée au supermarché de Salisbury, avec une cravate assortie, qui aurait rendu fou un caméléon égaré. C'était moi le péquenot, devant ce paysan tropical dont les yeux m'ont plu. Les yeux comptent beaucoup : ils trahissent tout. Or Smith souffrait de la situation. Foncièrement honnête, il développait sur des bases fausses un raisonnement simpliste, mais efficace, de terrien. Tout le contraire d'un soudard.

Il s'est trompé, ce qui ne le rend pas automatiquement « criminel ». Quand il évoquait la Seconde Guerre mondiale, qu'il avait faite dans la R.A.F., engagé volontaire parmi les merveilleux pilotes de Spitfire, sa tristesse était

1. Pourtant l'homme le plus haï du monde allait déchaîner une crise de fou rire. Avec Thierry Schimpf, nous nous étions concertés pour savoir comment l'appeler : « mister prime minister » ? On tire au sort celui qui va parler le premier, c'est moi. Caché derrière mon dos, donc invisible de Vorster qui nous reçoit sans lever son gros cul de son fauteuil, Thierry joue l'ingénieur du son. A ma première question, dans un anglais médiocre, Thierry pouffe d'autant plus facilement qu'il sait que je ris toujours quand il ne faut pas, y compris dans les cimetières. Stoïque, je pose ma deuxième question, re-fou rire... J'ai tenu bon... Vorster nous aurait jetés aux crocodiles, s'il avait su !

terrible, insoutenable. « Je me suis battu pour vous, contre la barbarie, et maintenant vous soutenez ceux qui bombardent nos fermes, nos écoles, qui massacrent nos enfants et nos parents. Pourquoi tous les moyens sont-ils bons contre nous ? »

Ian Smith, dont le regard était si peu « méchant » (certes, il y a des bourreaux aux yeux bleus !), était un vrai rebelle, il en a fait justement le titre de son livre *Anatomy of a rebell* qui est un joli coup de pied en direction du 10, Downing Street[1].

Plus tenace qu'un Anglais ? Un Rhodésien ! Je l'ai suivi dans sa campagne électorale. Ce petit homme timide et volontaire parcourait le pays pour mieux se faire comprendre. Isolé du monde, circulant dans une Peugeot 404 banale, avec deux gardes du corps trois fois plus hauts que lui, il était touchant. Homme politique qui voulait le bien général, tout en occultant certaines réalités sociopolitiques, il menait un combat qui n'était pas méprisable.

Installé sur l'unique canapé de sa maison, proposant à boire d'une voix douce et gentille — il n'avait rien d'un tribun — il parlait de la France, de la Résistance, de l'Algérie française. « L'installation des Blancs s'est faite dans un pays quasi vide, sans structure politique réelle. La terre est au laboureur. Quand nous sommes arrivés, les Noirs n'étaient pas installés partout. On n'a chassé personne, nous, de ces territoires vides. L'Afrique est un continent multiforme, pas une nation. Les terres que nous fertilisons étaient en friche. »

Et quand il évoquait les morts atroces, les mutilations, la bestialité, sa peine était immense. Il imposait le respect. On n'avait pas pitié de lui, on avait de la peine avec lui.

Fidèle à sa terre, fidèle à sa parole, intègre, honnête et courageux, c'est ainsi que je l'ai ressenti. Et j'emploie le mot courage avec parcimonie parce qu'on ne sait rien du courage tant qu'on n'a pas connu la guerre, ou la maladie fatale.

---

1. Résidence des Premiers ministres britanniques.

Je l'ai revu à Londres pendant les accords de Lancaster House, en décembre 1979. Il aurait pu fuir, tout ravager avant de partir, comme le souhaitaient les extrémistes de son armée, or il a assuré une passation de pouvoirs fantastique. Et il est resté sur sa terre, avec les nouveaux maîtres, si bien — et c'est unique au monde — qu'il est le seul député blanc dans un parlement noir. Il vit dans une capitale qui s'appelle Hararé au lieu de Salisbury. Mais il cultive sa terre de la même façon. Après avoir subi et contourné un blocus total.

Smith n'a rien à voir avec un Vorster, l'abominable homme du bush. Morgue. Arrogance. Regard terrible. Pontifiant. On a les jetons en Afrique du Sud, dans ce pays raciste, primaire. Si la souche anglaise était dominante, le « petit » apartheid serait supprimé depuis longtemps, mais les Afrikaaners sont intolérants, verrouillés dans leurs convictions, désagréables. Ces gens-là ne passeront jamais la main comme Smith : ce sera un bain de sang. Ils font peur. C'est le pays des interdits. Le maître mot, là-bas, c'est *verbotten !*

Alors qu'on est épié sans cesse en Afrique du Sud, la Rhodésie laissait les journalistes maîtres de leurs mouvements. Le service de presse était dirigé par un ancien Zaïrois, arrivé après l'indépendance, Jean Gonzalvez. C'est un bon copain qui a souffert de ma présence. Son poste de liaison lui évitait les périodes militaires. Certains jeunes passaient en effet deux cents jours par an sous l'uniforme. Mais, puisque je voulais aller où les autres n'allaient pas, il devait m'accompagner pour limiter lubies et caprices. Le chantage fonctionnait avec régularité : « Ou tu viens avec moi, ou je me casse seul, et ce sera pire. » Alors il quittait son bureau climatisé, je refusais les deux convois protégés qui ouvraient et fermaient les routes matin et soir et on prenait les petites routes, les chemins de traverse, encore. Armes sur les genoux, on filait à tombeau ouvert, dépassant des épaves fumantes qui venaient d'être rockettées. Tenant un Fal, je me suis surpris à penser à la trouille de mes cousins qui refusaient naguère qu'on approche un fusil de chasse à moins de dix mètres. Je n'avais pas vu d'autres armes que celles des loden-lacoste puisque j'ai échappé au service militaire de la manière la plus inattendue.

Sursitaire car étudiant, je me décide, puisqu'il faut y passer, à faire l'école des officiers de réserve ; s'il faut y aller, autant le faire bien. Mais pendant les « trois jours » je rencontre un psy à qui je ne cache rien. L'armée me casse les pieds, je viens de trouver un premier boulot et je suis soutien de famille. Il m'a dispensé. Encore un coup de pouce...

On avait vraiment peur parce que tout le pays était infiltré. Mais il me fallait des photos.

Surveillé d'une manière aussi franche, j'ai pu faire ce que je voulais. Un jour que nous frôlions la frontière du Mozambique indépendant et qui servait de base arrière aux rebelles, Jean était en train de m'expliquer qu'hélas ils n'avaient plus que quelques hélicoptères en mauvais état, des épaves qu'ils ne pouvaient plus entretenir, quand, le coupant dans sa phrase, une nuée d'Alouette II et III survolèrent la clairière où il tenait sa brillante conférence de presse. Je les comptai, un, deux, dix..., quinze. Flambant neufs. Visiblement, cette escadrille préparait un coup contre le Mozambique avec des armes sous embargo que la France n'avouait pas vendre.

Photo. Entre deux éclats de rire.

Cela dit, la mobilisation était totale, ils vivaient une guerre au quotidien dont personne ne savait quand elle finirait.

Quand je n'étais pas à Salisbury, je logeais chez l'habitant, dans de grandes chaumières où vivaient des fermiers têtus, dans une simplicité totale. Jamais ils n'ont essayé de nous intoxiquer. Ils s'étonnaient de notre « agression » alors qu'eux, ils donnaient du travail aux Noirs. « Notre expérience n'est pas transmissible en une journée. Regardez les pays libérés, qui sont tous dans la misère. C'est ce qu'on voulait, à Paris ? La ruine de leur pays ? Au profit de qui ? »

Les Rhodésiens plantaient des arbres. Malgré les troubles, ils faisaient en sorte que la machine tourne. Les fermes bastions tenaient l'agriculture. Chaque matin, les « koudou », véhicules blindés dont le fond était allongé en « V » pour éparpiller le souffle des mines, emmenaient les enfants à l'école. Les mères avaient remplacé les poussettes par des pistolets mitrailleurs, et les grand-mères montaient la garde. Personne ne rechignait devant la mobilisation. Ces assiégés de l'intérieur savaient oublier qu'ils étaient en guerre, ils parlaient météo comme tous les paysans du monde, semences, récoltes, hybrides. Alors que chaque famille déplorait au moins un mort, je n'ai jamais entendu un mot de lassitude. On pensait plus au pudding de Noël qu'aux clôtures piégées qui protégeaient les fermes, toutes reliées par radio.

Au pied du lit, un tableau électrique. Dès qu'un « terroriste » touchait une clôture, une lampe rouge s'allumait. Le fermier poussait un bouton et une grenade explosait à l'endroit menacé ; puis il se rendormait.

L'exode commençait doucement vers l'Australie et l'Afrique du Sud, mais le fatalisme de ceux qui restaient était « antique » : qui peut chasser Cincinnatus ? Dans ces guerres « civiles », lâches, où des bombes sont jetées dans les crèches et les grands magasins, où les représailles des « cellow scouts » traversent les frontières et massacrent comme les escadrons de la mort de Rio, les crimes de guerre sont trop bien partagés. La « special branch » de Salisbury ne comptait que de vraies terreurs.

Le miracle du Zimbabwe est que les ennemis d'hier se sont assis à la même table et travaillent ensemble, blessures oubliées à défaut d'être cicatrisées. Et que ce pays fonctionne pas trop mal, infiniment mieux que les autres, tel le Mozambique ravagé par les guerres « tribales ». Ne parlons pas du Burundi, dont les victimes, par centaines de milliers, sont totalement oubliées par les comptables moralisateurs de l'Occident.

Ma première image de ce pays brasier, je l'ai eue de ma chambre d'hôtel le jour de mon arrivée en Rhodésie. Je jetais un coup d'œil dans la rue, et l'immeuble en face s'est soudain affaissé ! Spectacle irréel d'une bâtisse victorienne minée, qui pliait tel un condamné venant de subir le coup de grâce.

Ma dernière image politique, ce fut pendant les élections. Le révérend Sithole est revenu en pleine nuit dans un stade bourré de 50 000 fidèles. Appuyé sur sa canne, il s'avança au milieu des siens, salué par ce mystérieux claquement de langue multiplié par 50 000 palais, comme seuls savent le faire les Africains. Puis, sans mot d'ordre, ils ont entonné ce chant que reprendra Paul Simon, un chant de combat mélodieux et sauvage. Tout passait par la musique, un chœur *a cappella* de 50 000 choristes unis comme jamais. Devant ce spectacle effarant et sublime, fastueux et belliqueux, nous étions trois photographes émus jusqu'aux larmes, abasourdis.

De sa petite maison, Ian Smith devait entendre cette houle puissante...

Le Zimbabwe chantait sa liberté. Dans quelque camp qu'on est, c'est bouleversant. Inoubliable.

Ce pays m'a aussi appris la nature, celle dont j'avais eu le pressentiment, lors de la première patrouille à cheval ! Le Zimbabwe compte deux frontières naturelles, le Limpopo avec l'Afrique du Sud, le Zambèze avec la Zambie. Ces fleuves sont deux des plus grands sanctuaires d'animaux au monde. La guerre a respecté la neutralité de la nature. Presque toujours, sauf ce jour de mai à Victoria Falls.

Le vieil hôtel colonial, dont le portier est l'être le plus décoré au monde, sous son chapeau haut de forme témoin des fastes d'avant 1940, accueillait toujours femmes et enfants en villégiature. Les chutes Victoria, pas encore débaptisées, sont un des plus beaux endroits au monde, folie géologique dans un éden que la parano meurtrière des hommes épargnait. Région virtuellement démilitarisée, pont neutralisé, parce que nécessaire à l'économie des paysans riverains. Guerre, oui ; famine, non. Cet accord tacite protégeait aussi le barrage hydroélectrique de Kariba qui alimente la Zambie et la Rhodésie.

Ce lieu sublime ressemble à la Suisse en 1942. Pas

étonnant d'y trouver un notable de la Croix-Rouge plastronnant devant femme et enfants, racontant ses hauts faits de guerre avec les accents de Tartarin. Alors qu'il est censé « secourir », il fait le paon devant des gamins, bouche bée. Mais c'est lui qui reste la bouche ouverte quand éclate la première roquette traçante. Sans doute tirée depuis la rive zambienne. J'ai rarement vu une panique pareille. Le héros a sauvagement piétiné femme et enfants pour s'enfuir le premier !

Une aile de l'hôtel s'est embrasée. Le héros était aux abris depuis longtemps. L'orchestre ressemblait à une scène de *Lucky Luke,* quand apparaissent les Dalton. Instruments jonchant le sol, à la place occupée par l'artiste. Dans l'image, on ne voit que les talons des musiciens...

Dans un cas pareil, mon premier réflexe, celui du journaliste, est de rester. Regarder. S'informer. Essayer de comprendre. Ça me ferait horreur de courir dans le même sens que tout le monde. Et d'être frappé dans le dos.

Dans les drames, désormais, ma nature profonde, fortifiée par les expériences, fait que je reste calme, alors que je perds mon sang-froid dans des circonstances futiles. Avec un gendarme, une contractuelle, un gardien de la Maison de la Radio...

Sur les rives du Zambèze, on patrouillait à cheval ou en canot. Sur le lac Kariba, les éléphants et les lions nageaient entre les canots transformés en nids de mitrailleuses. Les hommes armés traversaient l'arche de Noé. Parfois, la guerre frappait les animaux. Combien ai-je vu de cadavres éclatés d'éléphants, de buffles, de girafes même, qui avaient sauté sur des mines enfouies sur les rives où ils s'abreuvent depuis des millénaires !

Je me suis juré d'y revenir, sans armes.

6

Faux scoops et vrais directs

Le photoreportage, c'est surtout le fait divers. En dépit de ses mesquineries, cette traque souvent triviale, toujours patiente, est l'une des composantes du métier. La guerre, c'est l'exceptionnel.

Il faut passer des commandos barbouillés de suie qui se faufilent entre les grands fauves aux fines gâchettes du commissaire Broussard qui rampent entre les réverbères parisiens et les troènes des jardinets de banlieue.

Dans cette traque au scoop, j'ai plus souvent participé que gagné. Coubertin peut être fier de moi.

Le fait divers des années 70, c'est le rapt d'industriel. Oublié aujourd'hui, l'enlèvement de Lucchino Revelli-Beaumont le 13 avril 1977 allait tenir la France en haleine pendant quatre-vingt-neuf jours. Ce qui signifie presque trois mois de planque devant le domicile du patron de Fiat France, rue de la Pompe.

Radios, télévisions, journaux et agences ont veillé jour et nuit pour avoir le scoop, la victime harassée mais heureuse, rentrant chez elle. Ou une civière... Je ne détestais pas ces ambiances bizarres où l'on jouait au paparazzi, mot inventé par Fellini pour désigner ces photographes vibrionnant autour de l'événement comme des mouches autour de... Rue de la Pompe, on ne tourbillonnait pas, on battait la semelle. Vint un soir où, dînant avec mon ami Antoine (mes amis venaient volontiers me soutenir) et deux spécialistes, Houpline et Hesch, nous avons décidé au dessert d'ajouter une gâterie supplémentaire à cette énième nuit qui s'annonçait déjà interminable.

« On va déconner un peu. »

Principe du jeu, faire semblant d'avoir retrouvé Revelli-Beaumont ! L'industriel avait été enlevé dans une Fiat 131. Précisément, Antoine en convoyait une. Ça va « réveiller les poireaux qui planquent ». Je dois me cacher sous une couverture à l'arrière et jaillir devant « chez moi ». Je ne suis pas sûr qu'Antoine, amateur de canular, ait mesuré la gravité du délire. On fait un repérage soigneux, y compris le parking Foch et la sortie de l'autoroute.

Antoine arrive en souplesse, tous feux éteints. Les deux photographes flashent à mort dès que je me dresse à l'arrière, spectre émergeant d'une bâche. Les éclairs de flash réveillent tous les planqueurs. Je me jette dehors en criant « Avanti » (mon seul mot d'italien), puis je me replie dans la Fiat en criant à Antoine éberlué : « T'as intérêt à jouer les Lauda ! Si tu te fais choper, *ils* te passeront à tabac ! » Antoine déchaîne ses 1600 cc, prend la place Victor-Hugo à contresens, poursuivi par des motos, des voitures (deux caisses s'étaient bugnées dès le départ de l'action). Heureusement, Antoine est un bon. Stimulé par une saine trouille, il se jette dans le parking Foch, arrache ses pneus, risquant un an de suspension de permis alors que c'est son métier de conduire.

On cache la voiture et on revient à pied en sifflotant devant le domicile en ébullition. Les flics arrivent comme des carabiniers, et une radio balance un flash spécial.

Pour l'affaire Empain, à quelques pas et quelques mois plus tard, c'est le démon de midi qui m'a débauché. Le baron Empain avait été enlevé le 23 janvier 1978 ; donc en plein hiver. Et je planquais dans une Lancia, équipée d'une télé, quand même. Antoine, toujours lui, m'apportait de la nourriture, des douceurs, des journaux, et me faisait la conversation. Dans la plus grande discrétion. On n'a jamais retrouvé de coquilles d'œufs ni d'assiettes en carton autour de ma cachette. Précisons que le baron habitait avenue Foch et que les tentations ne manquaient pas. Stoïque, je restais sage et chaste. Jusqu'à cette nuit où, lassé d'attendre et ne sachant pas faire de la tapisserie comme Pénélope, une amie vient me débusquer. Je regarde les fenêtres Empain, éteintes, ma montre qui indique que le baron est disparu depuis quarante-six jours et ce ravissant minois aux yeux en amande. J'arrive à chasser l'image de Sipahioglu en Jiminy Criquet. Et je cède. Nous allons dîner, « rapidement ». Puis, comme c'est le grand froid de l'hiver et que j'ai envie d'être réchauffé, je cède encore.

C'est exactement quinze minutes après mon départ que Mme Empain sortit de chez elle pour aller chercher son mari, relâché place de l'Opéra !

Seule. La police n'était pas alertée.

Sipahioglu a ricané, sans remuer le fer dans la plaie.

— Hulot, t'as raté le scoop de ta vie et perdu vingt briques ! Et moi aussi !

Je venais de manquer la réfection de la toiture de ma future maison de Bretagne !

J'avais perdu la tête pour une amourette, comme dans la chanson !

Je faisais déjà de petits travaux à la radio et, me partageant entre la radio et la photo, je n'étais pas toujours assez concentré.

La première fois qu'Antoine et moi avons rencontré le terrible Broussard, c'était à Montmorency, où un casse banal dégénérait en prise d'otages, dans un pavillon planté dans un lotissement hideux.

Il fait nuit, mais le directeur d'un centre de redressement (!) nous guide à travers les jardins. Antoine porte fièrement le brassard « Presse » que je lui confie dans ces cas-là, pour que les tireurs d'élite évitent de le prendre pour le cousin de Roger Rabbit. On approche des lieux du crime. Nous distinguons les ombres des « bandits ». Mais pas celles des flics de Broussard, qui nous empoignent et nous évacuent avec une habileté prodigieuse. Nous nous sommes retrouvés le cul dans la rosée, après quelques mètres parcourus les pieds pédalant à dix centimètres du sol.

Le vrai photoreporter adore aller où ne vont pas les autres, faire les photos que les autres ne peuvent faire. Curiosité malsaine, nécessité d'être présent. On ne témoigne pas à distance.

J'employais les pires procédés.

Antoine est toujours là, nous allons dans un bistrot de l'avenue Bosquet où des gangsters tiennent des otages dans une banque. Je coche les téléphones de tous les habitants de l'immeuble. Une femme enfin craque devant ma conviction... et trois minutes plus tard une quadragénaire vient me chercher aux barrières métalliques et dit aux superflics : « C'est mon neveu, il arrive de Bretagne. » Heureusement, elle avait retenu mon signalement ! Je suis ma « tante », laissant Antoine en vigile. Tout se passe bien, je m'installe dans la cage d'escalier, surprends les négociations du procureur, à quatre pattes dans l'entresol, négociant par un soupirail. Hélas ! ma tante à la mode de Bretagne était tellement excitée par l'événement qu'elle fait trop de bruit. Je suis repéré et évacué comme un paquet de linge sale. J'arrive en looping aux pieds d'Antoine partagé entre le fou rire et l'inquiétude, suivi immédiatement de ce qui reste de mes appareils.

Troisième et dernière rencontre avec Broussard, au pied du cadavre de Mesrine. Je suis arrivé un des premiers, choqué par le triomphalisme affiché : « Mesrine avait dit qu'il nous aurait, c'est nous qui l'avons eu. » A trente contre un, ça ressemble à la chasse au perdreau domestique en Sologne. Ce qui m'a le plus choqué d'ailleurs, ce n'est pas tant le carnage et la pauvre Silvia Jeanjaquot amochée, éborgnée, que le carton dont le chien avait été victime. J'ai dit : « Mais il n'y peut rien, ce pauvre chien. » Et je suis parti sans faire de photos. Cela dit, cette violence me paraissait plus supportable que celles de la guerre, où tombent femmes et enfants innocents.

Pour me détendre entre ces cartons parisiens, je suivais une star au hasard. Marthe Keller m'avait tapé dans l'œil. J'ai tout essayé. Téléphone. Fleurs. J'ai quand même réussi à l'intriguer suffisamment par mon assiduité pour qu'elle me prenne longuement au téléphone. Elle promet même une exclusivité dans son chalet suisse. Naturellement, elle ne tient pas parole, alors je fonce, la course en avion, la rejoins dans son village... pour rien. Le scoop n'est pas mon truc. Jeux d'os pour jeune chien.

Et au bout de cinq années de photoreportage je mesure de plus en plus amèrement les insuffisances du genre.

Tandis que je me polarisais sur les affaires africaines si loin des préoccupations parisiennes, j'oubliais les nécessités du commerce des médias. Combien de fois *Match* m'a sucré mes papiers pour des fiançailles ou un divorce de princesse ! Ça m'agaçait de plus en plus profondément.

Au fil des reportages, je m'aperçois que la seule déontologie, c'est la vente. Hémoglobine ou scandale. Mieux vaut une image de gosse ensanglanté qu'un gamin heureux. Le système des valeurs est imposé par des hommes qui ne savent lire qu'une chose, les listings de vente. Sans doute, les lecteurs qui en redemandent sont aussi responsables, mais, avec leur « pouvoir » (ou « influence » ?), les gens de presse pourraient ouvrir leur sommaire et panacher. De l'hémoglobine. Du blanc virginal. Des larmes. Des rires.

Cinq cent mille morts en Ouganda, c'est moins important que la deuxième incisive du troisième bébé de Monaco, voire la nouvelle ceinture de la future maman. Caroline achète des poireaux avec son mari, on vire un reportage sur le Mozambique ou le Cambodge. Par ces phénomènes de mode (Walesa fait mieux vendre que les massacres Tutsi), on présensibilise l'opinion, qui ne peut plus recevoir d'autre drame. Pas de place pour les chiens écrasés si les bébés phoques font la une. Chacun son tour.

Je découvrais tout à la fois. Dans la plus grande incohérence. Les intérêts sordides, les limites de l'information soumises aux desiderata des commerciaux. Mon info était livrée à la censure économique. On ne va pas dire que l'embargo est bidon avec l'Afsud, car Pretoria nous fournit 100 % de notre lithium, qui joue un rôle primordial dans les aciers spéciaux. Le moindre frémissement dans les townships affole en revanche la presse, alors que les dizaines de milliers de massacrés et de torturés au Mozambique ne font pas une ligne, tout ça parce que 90 % de l'uranium de l'Occident provient de l'Afrique du Sud.

J'accumule dans des tiroirs des milliers de photos que personne ne verra jamais. Les vieux de la vieille m'ont fait la leçon de cynisme. C'est bien la seule leçon que j'aie entendue, alors que j'espérais des conseils. Les anciens nous voyaient d'un très mauvais œil. Clivage aigu entre les vieux cons et les jeunes branleurs. Cela m'a conforté dans mon isolement. Il faut apprendre seul.

Au début, j'étais un peu paumé. Je n'oublierai jamais cet immeuble qui s'effondre sous mes yeux, ni ma première charrette de cadavres mutilés, ni le large sourire de N'Komo à la télévision zambienne, annonçant après les images d'un Viscount abattu, aux rescapés découpés vivants à la machette : « Voilà le sort réservé à ces chiens de Blancs. »

Traumatisant. Ce n'est plus un jeu. Parti seul, vivant seul, le jeune reporter n'existe pour personne. Minuscule, invisible dans l'échiquier planétaire. S'il lui arrive la moindre chose, personne ne fait rien. J'ai un copain, Arnaud, disparu en Angola, dont les parents attendent toujours des nouvelles depuis dix ans. C'est à la fois effrayant et excitant, cette ambiance de grande solitude et de démerde totale.

Financièrement aux abois, on part avec des sommes ridicules, on compte à dix francs près, donc il faut rentabiliser, foncer, prendre des risques mal calculés : à cet âge on se croit invulnérable, à l'abri de tout. A l'épreuve des balles. Cette guerre n'est pas la mienne, on ne me tirera pas dessus !

Au premier tir qui m'est passé sur la tête, je creusais fébrilement une tranchée pour éviter la fosse commune et j'aurais donné n'importe quoi pour être englué dans un embouteillage parisien, ou m'ennuyer dans un dîner en ville.

Il y a des conneries que je ne ferai plus. Pour les avoir toutes faites. Je suis parti avec n'importe qui, pour avoir une photo (qu'un mariage à la mode risquait de jeter dans les oubliettes). Or les reporters sont des cibles idéales puisque rien ne les protège, surtout pas la patrouille qu'ils accompagnent.

Chaque fois, le même discours : « Ce sont mes hommes qui priment, c'est le quartier général qui vous impose, nous on demande rien. On ne s'embarrassera pas de vous et à la limite, si vous êtes blessé, on vous soignera pas. Place aux combattants. » Mais au fil des jours ce discours perdait de sa virulence, se faisait plus humain : le poids d'un homme devenait le prix d'un homme. Je passais sous leur protection après avoir signé une décharge morale. Déguisé en militaire, maquillé camouflage, le journaliste « bidon », dans ces cas-là, passe dans le lot des « criminels ». Ça m'inquiétait sans m'obséder, d'avoir éventuellement à me servir de mon arme. J'ai toujours essayé d'exclure cette hypothèse de ma tête en me disant que si j'étais attaqué j'aurais un centième de seconde pour réfléchir ! Aujourd'hui, je ne partirais plus. Je ne prendrais plus ce risque de tuer, d'être tué.

Même la nuit, j'étais sur tous les coups. On prend vite du plomb dans la cervelle si l'on n'en a pas dans la tête ! Mais quelle angoisse au premier blessé qui hurle dans le noir ! Et quelle abjection, cette charrette dégoulinant du sang des femmes et enfants débités à la hache ! Les horreurs du Guatemala n'étaient pas, elles, liées à la méchanceté des hommes.

Comment peut-on en arriver à une telle haine des deux côtés ? Quelle que soit la cause (toujours bonne !), comment massacrer des innocents ? Elevé dans le confort de la génération qui n'a pas connu la guerre d'Algérie, je voyais ma naïveté s'effondrer devant les excès des hommes.

Classique syndrome du retour à la vie civile : je ne supportais plus d'entendre les Parisiens se plaindre pour deux francs six sous, une ampoule provoquée par des escarpins à 1600 F. la paire (en 1976 !). J'enchaînais les reportages et je butais sur les mesquineries.

J'en étais écœuré, désemparé. J'en devenais irascible, de devoir affronter l'étroitesse d'esprit.

La seule personne que j'essayais de ménager, et j'ai bien peur de n'avoir pas réussi, c'est ma mère. Heureusement, du moins dans ses paroles, elle craignait surtout que je prenne froid pendant une patrouille de nuit, ou que je mange des saletés. Mon père lui avait sans doute fait des récits de brousse assez gratinés, naguère... Elle ne voyait pas le vrai danger. Je pense maintenant que c'était mieux ainsi. Elle a assez souffert pour ne pas avoir eu à porter cette croix supplémentaire.

J'avais pourtant envie de raconter ce qu'on n'osait pas dire dans les journaux. Je sentais que la photo n'allait pas me suffire. Alors j'ai commencé à écrire des papiers, notamment pour des revues nautiques. Puis j'ai publié un livre sur Tabarly, le noble « hauturier », mon premier sujet. Et, parce que ce qui m'avait le plus marqué dans les conflits, c'était la détresse des enfants, martyrs de toutes les violences au nom de toutes les causes, j'ai fait un livre-album sur *Ces enfants qui souffrent.* La souffrance brute, non comprise, de l'enfant grandi sous les bombes, réveillé au napalm, qui ne sait pas pourquoi il vit en enfer, est insupportable. Une photo va faire le tour du monde, qui illustre cette détresse universelle, celle d'un bébé biafrais (quelle guerre odieuse !) assis dans la poussière, les yeux dilatés par l'incompréhension. On sait qu'il va mourir... et cette image d'un condamné à mort de dix-huit mois est une abomination.

Par réflexe, plus que pour « alerter » une opinion qui se soucie davantage du prix de l'essence et de la durée des vacances, j'ai édité un album de mes photos et de celles des autres. C'est à cette occasion, parce que je cherchais un grand nom pour soutenir notre indignation, que j'ai rencontré un homme extraordinaire, le professeur Robert Debré. Je l'ai vu trois fois, rue Saint-Dominique, quasi sur son lit de mort.

Sa seule préoccupation, depuis un grand demi-siècle,

était les enfants. J'ai rarement été aussi impressionné. La manière dont il a reçu un petit journaliste qui avait la cuistrerie de faire un livre après trois minces années d'expérience : quelle gentillesse, quelle délicatesse ! Il avait toutes les qualités qui m'ont touché par la suite : une humilité fantastique, une générosité à l'échelle planétaire. Accordant sans réserve des minutes d'autant plus précieuses qu'il se savait au terme de sa vie, il posait des questions sur mes voyages, très encourageant, très touchant. Assis au pied de son lit, j'étais bouleversé.

Le professeur, sur son lit de mort, savait qu'un livre tiré à cinq mille exemplaires ne serait qu'une goutte d'eau dans le sable de l'indifférence, mais il espérait jusqu'à son dernier souffle, ne négligeait rien. Allant au bout de ses idées, fidèle à son comportement, cet homme droit approuvait ma colère, aidait de tout son renom ce réquisitoire, ce témoignage que les journaux n'osaient pas révéler. Il m'a offert trois fois deux heures que je n'oublierai jamais. Il avait quatre-vingt-douze ans et était membre de l'Académie des sciences. Le professeur Jean Bernard, qui en fait « le plus grand pédiatre du XXe siècle », raconte qu'il le surprit un après-midi sortant ulcéré d'une séance, et lui jetant, au passage : « Tous ces vieux jetons me fatiguent. » D'une certaine façon, il m'a donné un sursis, et l'envie de repartir. Pas pour très longtemps. La radio m'attirait de plus en plus, elle m'offrait d'autres possibilités, et la presse écrite me rebutait davantage après chaque reportage.

Contrairement à sa raison d'être, la presse n'est pas un milieu ouvert. Les médias devraient apprendre et faire savoir. Mais les « chefs », personnages impressionnants et antipathiques, n'acceptent trop souvent que les informations, ou les silences, qui les confortent dans leur blocage mental. Après avoir vaincu la suspicion légitime des « secouristes » et des « guerriers » de l'Afrique australe pour qui la France n'est qu'une chiure de mouche sur un planisphère, il fallait apprendre à se comporter dans les rédactions parisiennes aussi bien qu'à Salisbury, où la proportion de requins et de gens sympa est la même. Les petits chefs sont très suffisants. Placés à la confluence des modes, ils s'enorgueillissent d'être des créateurs alors qu'ils ne sont que des relais.

Conclusion appliquée : j'arrête le photoreportage.

Je repartirai sûrement un jour, caméra sur l'épaule... Je ne voulais plus être tributaire d'un système en chaîne qui triche et tronque. On tripote les légendes, on joue avec la mise en pages, on balade le sujet dans le sommaire...

Je me suis souvent fâché parce qu'on me faisait revenir en urgence pour légender un sujet, par avion spécial, et que le sujet sautait parce que Barclay épousait sa 69e femme ou qu'un Monaco avait une rage de dents.

C'est particulièrement humiliant. Je le supporte d'autant moins que je suis passé, parallèlement, à un autre média : la radio. Qui a cet avantage inestimable par rapport au bidouillage de l'écrit : le direct!

Le photoreportage m'a quand même donné de grands moments et m'a été une grande école. J'y ai appris à observer les gens, à tenter de les connaître. Cette aptitude, je ne peux la tenir que de mon père, qui était très à l'aise dans tous les milieux. Et qui aurait sûrement eu envie de partir avec moi...

Je sais depuis peu quelles ont été ses espérances, et souffre davantage de ne plus l'avoir à mes côtés. Comme celui du canular, le gène de l'aventure vient des Hulot.

Cinq ans après ma première escale à Capetown, je retrouve Thierry Macheras pour une tentative de record, en direct, qui deviendra un drôle de record parce que les marins sont soumis à un tyran pire qu'un rédacteur en chef : le vent.

Aucun milieu ne me rebute, sauf les loden-lacoste, et... la houle! Ce printemps 79 est celui du grand défi que se lancent multicoques et monocoques, à mon initiative. J'avais découvert le vieux record de Charlie Barr, imbattu et que l'on disait imbattable. Bonne raison de s'y attaquer! Les multicoques ne faisaient pas l'unanimité comme aujourd'hui.

Trois bateaux s'affrontent de New York au cap

Lizard : *Cardio-France,* monocoque barré par mon copain Macheras. Le sponsor fabricant de pacemakers s'est illustré, hélas ! par des combines crapuleuses qui l'ont coulé. Les commerciaux versaient des bakchichs pour que les médecins posent deux pacemakers plutôt qu'un... *Kawasaki-France,* multicoque barré par Gahinet-Riguidel. *Thalassa,* barré par Pierre English, concurrent de la dernière heure.

Ça a très mal commencé et encore plus mal fini.

Riguidel s'est retourné deux jours après le départ que nous avions attendu cinq semaines[1] ! Pas de vent. Puis la brise s'est levée, mais du mauvais pied, et nous avons finalement pulvérisé le record de lenteur qui doit dater de Christophe Colomb.

Première transocéanique, à reculons, avec des équipiers qui ne s'expriment que la nuit, sur le pont, dans les embruns, ou, mieux, sous les déferlantes, parce qu'ils ne commencent à vivre qu'à ces moments-là, quand l'Océan se déchaîne et rappelle au reporter-radio, tapi dans sa bannette, qu'il n'est qu'un fétu. Je le sais, merci.

C'est un univers tonique et terrible, les équipiers sont des bêtes. J'en avais eu un aperçu avec Tabarly, mais je rentrais au port chaque soir après les photos !

Constamment mal à l'aise, tiraillé entre mes devoirs d'équipier et mon boulot radio de journaliste qui tente une liaison avec Paris, j'étais de surcroît accablé par une forte tendance au mal de mer. Une liaison H.F. entre une coque de noix perdue dans quelques millions de kilomètres carrés et une antenne plantée (je n'ai jamais su où) quelque part dans Paris, à plus de cinq mille kilomètres, c'est de la sorcellerie pour un débutant qui n'est pas un technicien.

Les sadiques de Paris avaient, pour des raisons que je ne veux plus élucider, décidé que les branchements devaient se faire à fond de cale. Alors que ma grosse B.L.U. était installée sous ma couchette, à portée de main,

1. Riguidel et son équipage ont été sauvés par un hasard inouï. Leur multi a été repéré par un marin d'un cargo japonais qui flâne sur le pont. Le marin va aux w.-c. ; quand il revient, le multi a disparu, et il donne l'alerte !

je devais ramper dans la soute pour mettre en série des trucs montés en parallèle. Chaque fois que je voulais joindre Paris, je faisais une gymnastique immonde dans les relents de poissons pourris, de fuel, de graisse, je barbotais dans une sorte de mini-pétrolier dont les congélos seraient nases. Ça ne suffisait souvent pas puisqu'un petit voilier n'est jamais assez haut sur les vagues. On passe toujours après les mastars. Je devais attendre que les passagers du *Massalia,* du *Mermoz,* aient fini de papoter avec les amis restés à terre, puis poireauter encore jusqu'à ce que les marins du commerce aient fini de s'engueuler avec leurs femmes. Par suite d'encombrement, je renouvelais mon appel, agrippé à mon micro, le nez sur la cuvette parce que le bateau ça bouge tout le temps, surtout quand le vent est nul. Quand le vent était fort, les déferlantes me tombaient sur la tête. C'était la corde ou le poison. Pas le choix. Et, quand j'avais Paris, les techniciens ne savaient pas qui j'étais, me raccrochaient au nez ou demandaient qu'on recommence parce que le son n'était pas bon. Et un paquet de mer, un !

La plupart du temps, mes bobinos étaient perdus, oubliés. La rédaction avait autant de mal à récupérer ce « son » si coûteux que moi à l'émettre.

La voile m'a fait ramer.

C'était d'autant plus dur, et je pèse mes mots, qu'une fois achevée ma tâche de journaliste j'enfilais la salopette de l'équipier. Dès que je n'en avais plus besoin de ma bassine, naturellement. Macheras n'est pas un tyran !

Vingt et un jours, c'est longuet. On s'ennuie vite sur un bateau, surtout en équipier à mi-temps. C'est le skipper seul qui s'amuse. Et les conversations sont frustrantes. Par un curieux masochisme, les conversations des marins tournent exclusivement autour de deux thèmes : la bouffe et le cul.

Question cuisine, ça avait fort bien débuté, puisque Jean Dumonet, le patron de *Chez Joséphine,* aussi gourmet que marin notoire, avait juré de nous faire aussi bien dîner que dans son restaurant de la rue du Cherche-Midi. Mais personne n'avait prévu que le record de dix jours durerait trois semaines. Et quatorze marins, trois fois par jour, pendant vingt et un jours, ça fait 882 couverts.

La première semaine avait été royale, quatre étoiles, trois toques. En descendant du pont, le petit personnel se restaurait avec du foie gras, des confits de canard, arrosés de sauternes, de madiran. Jean assurait en toque blanche. Génial.

Puis les vivres vinrent à manquer... Jean, toujours en toque blanche mais le cœur serré, servait des choses moisies. Très antifongiques mais si peu gouleyantes ! Il assurait toujours avec classe, mais aussi avec désespoir.

On n'a même pas vu Terre-Neuve. On n'a rien vu. Il ne se passait rien. Je pataugeais dans la graisse pourrie pour débiter des banalités que personne n'entendrait.

Je devais alimenter ma chronique, broder autour de menus événements. Le moindre incident était taillé en scoop. Sous les yeux et les oreilles des douze équipiers dont j'étais l'unique divertissement, je bavochais des infos avec le maximum de conviction, même après le douzième jour. Je n'avais aucune facilité à parler devant un micro, ni talent, ni métier. Aujourd'hui, j'ai davantage de métier, disons moins d'inexpérience, mais pas plus de facilité. Je partais à l'aveuglette dans un flot de mots que j'accélérais pour ne pas faire un blanc, confondant « plein » et « vite ». Heureusement, je le savais depuis peu, la vraie force de la radio, c'est la spontanéité. Le reporter n'a pas intérêt à préparer, il faut s'adresser à quelqu'un, imaginer un interlocuteur, parler comme dans la vie avec le même enjouement, sans jouer la comédie.

J'essayais de m'adresser à ma mère, notamment, la seule de mes proches à s'intéresser à moi. Depuis qu'elle m'entendait dans le poste, elle était fière de moi, c'était plus évident que les photos. Rumeur valait notoriété à défaut de ceinture dorée. Et la plus fidèle de mes auditrices, même à quatre heures du matin, était plus sensible à la forme (mes fautes de français la choquaient) qu'au fond : prendre un ris ne pouvait « l'interpeller ». Naturellement, je faisais semblant de ne pas écouter ses critiques, mais j'y étais presque trop sensible. Elle suivait mon parcours avec autant d'orgueil maternel que d'intérêt d'auditrice. Ça la changeait de son univers amidonné. Pas plus que moi, elle ne savait où j'allais, mais elle me suivait de loin. Après lui avoir suscité tant d'inquiétudes, j'espère lui avoir procuré quelques joies.

Allongé sur mon éponge-couchette, j'essayais aussi d'oublier les moqueries de ces marins éprouvés.

J'ai même été carrément insulté par la femme d'un équipier, après que j'eus annoncé une voie d'eau ; en vérité, c'était un verre à dents qui s'était répandu. J'avais alerté Paris, enfin un événement ! Mais la pauvre femme avait cru qu'elle était en train de devenir veuve. Bref, on ne peut pas plaire à tout le monde et à sa mère.

Sur un bateau de course, l'équipier est un travailleur de force ramolli par l'humidité permanente, alangui dans le calme, matraqué par la tempête. On a le choix entre le bagne (à quatorze) ou l'ennui. Impossible de lire à cause du roulis. Rêvasser ? Difficile à cause des odeurs, de la fatigue sournoise.

J'ai essayé tous les trucs pour m'évader.

Je me suis remémoré notre première traversée Jersey-Dinard en planche double à voile, avec Thierry Macheras, skipper de ce voilier qui n'avançait pas.

Cette traversée, une première en planche et en radio, est remise à sa place aujourd'hui après les exploits de Beauchêne et Caroni [1], mais, alors, la planche n'était qu'un jeu de bord de mer.

Une vedette (avec François Roche) nous suivait, à moitié défoncée par les techniciens radio qui avaient essayé de planter des antennes sophistiquées avant de se résoudre à utiliser le matériel de bord ! Le micro était tendu au bout d'une gaffe doublée, telle une lance de chevalier. Nous avons mis vingt heures à rejoindre Dinard, renvoyés par la marée dont les renverses nous réexpédiaient à Jersey, vingt heures au lieu de huit ! La vedette a dû nous abandonner sur le plateau des Minquiers, faute de tirant d'eau, et dans

1. Beauchêne et Caroni ont traversé l'Atlantique Nord en planche à voile.

le couchant sublime, seuls sur l'eau noire, on s'est fait de petits frissons. Impressionnant à quinze nœuds !

Mais je me suis amusé ! Thierry est un vrai costaud, trop fort même parfois parce qu'il mettait autant d'énergie à cramponner son wishbone qu'à soulever un sac de ciment. Trois fois plus costaud que moi. Habitué à envoyer des spis d'une main tout en winchant une écoute de l'autre, il ne mesure pas sa force.

Dilapidant sa formidable vitalité, il a tétanisé très vite. Avant-bras bloqués, puisqu'on n'avait pas de harnais dans ces années folles. Cent fois plus fort, mais dix fois moins résistant, il s'est endormi ! Thierry piquait du nez devant moi (c'était lui le marin, il était à la proue), cramponné à son wishbone. Je lâchais sournoisement mon wishbone, m'approchais et lui tapais sur l'épaule. Ça ne ratait pas ! Il tombait à l'eau. Imparable !

L'huissier qui cautionnait le record a noté les gamelles : six[1].

Crevé, gavé de moisissures, je me demandais ce que je faisais là, constatant une fois de plus, après ma découverte du métier de photoreporter, que j'avais débuté en radio tout à fait par hasard, encore une fois grâce à un copain « pote d'un mec de la radio ».

C'est ainsi que j'ai connu Patrice Blanc-Francard, avec qui j'avais une passion commune, la moto. Avec Claude Villers, autre ténor de la radio, ils testaient en Bretagne une nouvelle émission quotidienne l'après-midi, « Viva ». France Inter se cherchait une nouvelle jeunesse, mais les jeunes étaient alors aussi rares parmi les auditeurs que chez les animateurs !

Patrice Blanc-Francard me fait faire des papiers sur les loisirs, sur la moto (pendant dix ans, des birgorneaux de la Maison de la Radio feront « Vroum, vroum » en me croisant dans les couloirs). Ne connaissant rien de cet outil de communication, j'ose proposer des reportages un peu

1. Je suis passé une seule fois sous la vedette et ses deux hélices dangereuses, parce que le « son » voulait s'approcher trop près et nous a fait « chavirer ».

fous, fidèle dès le début à mon envie de direct. Si j'apportais des idées un peu neuves, c'est que j'ignorais tout. Comme dans le photoreportage, je voulais être témoin autant qu'acteur (mais pas comédien !) si bien que les « chefs » hésitaient entre diffuser mes idées, pour faire jeune, et me faire enfermer, pour rester tranquilles entre gens de la même génération.

C'est ainsi que j'avais fait mon premier truc en direct, Jersey-Dinard. Depuis, on a fait cent fois mieux, mais c'était une nouveauté qui avait intrigué Pierre Wiehn, le patron d'alors.

Je ressemblais peu à mes parrains, Blanc-Francard et Bernard Lenoir. Blanc-Francard, animateur étonnant, baignait dans le rock, univers qui m'est étranger au dernier degré. Rien qu'en traversant la file des mecs qui attendaient devant l'entrée des Bains-Douches, j'étais malheureux en allant faire l'émission.

Mais j'avais découvert que la radio offrait des moyens et des audiences infiniment supérieurs à ceux de la maison Sipa et qu'un micro à la main je tirais plus de ficelles qu'avec l'Olympus ! Les portes s'ouvrent, on n'entend plus dire « non », les craintifs s'approchent...

La résistance venait de l'intérieur. Les journalistes de la rédaction ont tout fait pour me torpiller. Dédains actifs, protectionnisme forcené des jardins privés. On n'entre pas, sous peine de poursuites. Puisque je montais des coups qui faisaient (un peu) de bruit, les caciques se partageaient entre la jalousie et la colère.

Non seulement le débutant n'est pas aidé, mais on multiplie les crocs-en-jambe avec une hypocrisie sans nom. Sauf Lenoir, Blanc-Francard et Wiehn qui ont su me remettre dans le droit chemin, corriger mes faiblesses les plus criardes et m'indiquer mes limites en me faisant profiter de leurs expériences.

Si Pierre Wiehn est un petit bonhomme terrorisant, c'est un grand visionnaire de l'audiovisuel, une bête de presse que je respecte. Intelligent, autoritaire, mais son autorité est justifiée car il a souvent raison. Il a toujours su prendre le temps de m'engueuler. J'entrais dans son bureau pour me faire laver la tête, mais au bout d'une demi-heure on avait oublié le motif du « savon ».

Si l'on rencontre quand même quelques vrais talents, ils sont presque tous prisonniers du système, esclaves touchants et tristes d'un milieu qui n'épanouit pas, soumis à une telle précarité ! Pendant sept ans j'ai été payé à la petite semaine ! Le samedi on ne sait pas si on va travailler le lundi. Ce système bousille les nerfs. Tout récemment, j'ai vu un homme en larmes à la Maison de la Radio, viré à la seconde après vingt ans de maison. La radio casse, use les hommes. Un nouveau directeur se pointe avec ses idées reçues, protégé par une chapelle, défendu par une coterie. Et la petite secrétaire devient directeur adjoint. C'est ainsi que je me suis frotté un jour avec Nanteaux, la veille obscur réalisateur tremblant pour sa place et devenu le plus suffisant des « patrons » pendant quelques semaines. Alors que je lui proposais une émission nouvelle, il me brandit des sondages sous le nez en braillant : « Tu es inconnu ! » et pontifiant : « Il faut savoir faire des R5 et pas toujours des Ferrari ! »

C'est ça, la radio, et depuis toujours. On se demande si on existe vraiment. Enfermé dans une petite boîte avec une étiquette trop bien collée, je perçois vite ce danger, il faut décliner sur plusieurs registres pour survivre, échapper à l'esclavage. J'aime trop peser sur les choses pour me confiner dans le rôle de spectateur.

Comme la photo, la radio est corporatiste. C'est un milieu ambigu où souvent les gens ne savent rien faire d'autre et profitent parfois avidement de la personnalité invitée pour se croire dans l'aire de cette « star » et se parer des plumes du paon. Ce ne sont, au mieux, que des geais !

Je pense de plus en plus qu'il ne faut jamais être tributaire d'un seul média, au risque d'y laisser son identité. Si la radio n'avait pas marché, j'aurais repris mes appareils à temps complet. En dépit des contraintes du reportage en agence, qui vend dans soixante-dix pays sans qu'on puisse réellement contrôler les chiffres. Mal payé, et six mois après. Un scoop sur Caroline se faisant...

bronzer avec un tennisman velu vaut cent reportages sur la guerre du Zambèze.

... Cinq mille kilomètres sans voir le moindre récif ! Soyons honnête. J'ai connu trois grands moments pendant ma première et dernière transatlantique en équipage. Le plaisir de barrer un grand monocoque blanc sous la lune et sous spi gonflé dans la nuit, avec le baladeur entre les oreilles et la *Symphonie pastorale* partout. Un bonheur immense, et fugace.

Deuxième grand bonheur, quand le vent s'est levé enfin, la première des trois nuits, déchirant spi sur spi, à dix millions de centimes la voile. Après tant de journées de parking sur mer d'huile, on cramait les moteurs. En regardant bien, on aurait pu voir, dans les nuées, la tête effondrée du sponsor...

Enfin reste ce frisson de bien-être, de joie, quand, après vingt et un jours de bagne, la côte a émergé. Enfin un port !

Bilan bizarre. Bon essai technique de radio malgré le peu de matière. Intéressant pour Charlie Barr dont Macheras et ses « rivaux » ont revalorisé le vieux record. Après nous, une nuée de skippers va se ruer à l'assaut avec des fortunes diverses, de Tabarly, Pajot à Tapie qui n'a fait que battre un record déjà cinquante fois vaincu.

Et c'est beau, un port, le soir.

7

Gaffes et cascades

Quelle volupté de retrouver la terre ferme et l'Afrique ! Les houles de sable entre récifs de grès rouge sont plus accueillantes que les déferlantes : pour la radio, je fais le deuxième Paris-Dakar, le vrai, celui qui n'est pas encore pollué par des montagnes de fric et les sangsues du show-biz. Quand on s'arrêtait pour aider un copain, au lieu d'essayer de taper une pièce détachée dans son sommeil.

Début d'une légende, d'un rêve pluriel.

Climat de pionniers, d'entraide, de rigolade. Qu'il était beau, le Dakar de Sabine, quand mon mécanicien Etienne Batifoulier, spécialiste de Range Rover, se tapait une bière chaque fois qu'on passait un concurrent !

Au dernier moment, je me suis laissé imposer un journaliste de TF1. C'est toujours à cette heure ultime qu'on vous fourgue un emmerdeur. Le roi des teigneux, un mec épouvantable, abonné, je le saurai trop tard, des reportages sur le vif « tapés » dans les grands hôtels. Jean Yanne en a fait un sketch copié sur lui ! Un cow-boy de pacotille qui s'installe dans l'auto avec ses cartouches de cigarettes, le baladeur soudé sur les oreilles (mais rien entre les oreilles), une cargaison complète de caisses de whisky et les Ray-Ban de circonstance. Avec sa panoplie de frimeur mondain, il venait pour l'expérience de sa vie, de quoi alimenter ses dîners mondains pendant au moins cent ans.

Au début, j'ai pris sur moi. N'aimant ni le tabac ni l'alcool, j'apprécie de voir le regard des gens qui me côtoient, me croisent. Les Ray-Ban ont valsé dès le Massif Central, puisqu'en course j'ai la manie d'attaquer comme une bête, apprenant (à l'excès) au gré de mes accidents. Premier tête-à-queue dans un virage en fer à cheval, on tape un hurluberlu qui venait en face au lieu d'être tranquillement installé devant sa télé en train de regarder le Dakar. Ray-Ban explose, tout pâlichon. C'est bien parti pour ses dîners en ville, il aura de la matière, le cow-boy. Il n'aura même plus le temps de becqueter. Donc, il se sert un premier remontant. On va vite gagner du poids à cette allure, quelle descente !

Dans le désert, notre classement est honorable, dans les dix premiers des spéciales puisque le rallye ne compte pas encore ses Vaatanen. Pas de pros pour nous emmêler les classements.

Ça veut dire qu'on a doublé du monde, que les canettes ont été vidées plus vite que les bouteilles de whisky et que Ray-Ban a dû se faire une fracture du coccyx à force de serrer les fesses. Quand il parvenait à ouvrir la bouche, c'était pour protester, dans le vide. A chaque bivouac, il se couchait de plus en plus tard, car il mendiait une place dans une voiture paisible, mais les autres savaient, eux. Alors, il nous revenait, lunettes en berne.

Ça s'est carrément gâté pour la onzième spéciale. Mal parti mais déchaîné, je double Costa, le patron de *l'Auto-journal,* qui n'en revenait pas, fonce à la poursuite des frères Marreau, qui allaient remporter le Dakar et me faire d'autres misères sur les pistes africaines.

Etienne se cramponne à une canette vide, assuré que j'ai bouffé le dernier lion du désert. Ray-Ban serre les dents sur son goulot. Droit devant, la poussière des Marreau ! Je recrache leur sable, mais impossible de les doubler, alors je tente un coup foireux qui aurait été génial si... Je sors de la piste pour couper leur trajectoire, les prendre devant, mais une ornière plus profonde que les autres, surtout à 170 km/h, jette la Range en crabe, premier tonneau. Les Marreau nous ont vus passer sur le dos, les quatre roues en l'air, survoler leur bagnole, avant d'entamer le tonneau suivant. Trois soleils, tout ronds. Atterrissage sur le côté, quand même. Constat rapide. Les Ray-Ban ont giclé à dix mètres, étoilées comme un pare-brise qui a ramassé son comptant de gravillons.

Le whisky se répand dans le sable, polluant la nappe phréatique, le baladeur est entièrement désossé. Même le fils Sony ne le reconnaîtrait pas. Le grand reporter pleure sur son matos anéanti, ses provisions de bouche perdues, sauf pour les vipères des sables et le capitaine Haddock. Il sanglote sur sa pénurie tout en essayant de m'insulter, ce qui est périlleux, vocalement. Avec Etienne, on remet la Range sur ses pattes, puis en route.

Arrivée à Gao. Etienne prend le volant pour l'étape de transition. La piste est une digue de six mètres de haut qui longe la zone d'épandage du Niger, une sorte de marais à sec la plupart du temps. On roule tranquille à cent trente, cent quarante. Etienne s'amuse comme un fou. Je somnole et Ray-Ban lutte contre la soif. Soudain, sans doute la conséquence de l'accident, le capot se plaque brutalement contre le pare-brise. Etienne a le mauvais réflexe : au lieu de laisser filer, il freine des deux pieds, la pédale traverse le plancher. La Range fait donc un travers, mais nous sommes sur une digue : on plonge de six mètres. Comme il n'y a pas d'eau, la Range rebondit deux fois : deux soleils, deux.

Out.

La voiture n'a pas aimé du tout, dix ans après elle est encore sur le bord de la piste et Thierry Reverchon ne manque jamais de faire un léger commentaire quand il croise son épave préférée sur la route de l'aérodrome de Mopti.

Ray-Ban avait souffert de cette ultime sortie. Sans doute pour ne pas froisser sa belle chemisette sponsorisée, il s'attachait mal, préférant se cramponner au montant de la portière, alors qu'il faut scrupuleusement éviter de laisser passer un nez, un coude, tout ce qui est fragile et peut s'érafler au moindre contact : par exemple, ce genre de figure libre dont nul ne connaît la chute.

On ne mettrait pas une feuille de papier à cigarette entre mon harnais et ma peau. S'attacher très serré est indispensable, même si ça gêne quand on se rafraîchit. Il faut tout attacher dans la voiture. J'ai le souvenir de journalistes morts par manque de précaution. Eux avaient été assommés par du matériel non arrimé, dans une bagnole transformée en shaker. Un extincteur devient une massue à ces allures folles. Une boîte à outils se comporte facilement en boomerang.

En dépit de ses « blessures », Ray-Ban s'éjecte le premier de l'épave en nous piétinant sauvagement. Fuyant sans même un regard pour sa deuxième paire de lunettes brisée, hagard. Il a pris la première voiture qui passait, et court encore, je ne l'ai jamais revu sauf à la télévision où je somnole parfois devant ses reportages sur les coins chauds du monde, réalisés depuis les endroits les plus frais du bar des hôtels climatisés.

Moralité : j'avoue avoir trop allumé, mais Etienne et moi on s'est bien marrés.

Ray-Ban n'était pas notre unique élément de distraction. Je devais envoyer mes émissions malgré les difficultés des liaisons et la présence d'un chef de production. Un de ceux qui se croient habilités à donner des ordres aux techniciens. Celui-là les traitait comme des animaux alors que nos deux techniciens étaient adorables et compétents. Ils se donnaient un mal fou pour attraper Paris, se débrouillaient toujours pour utiliser la C.B. Trouver un cibiste dans le Tanezrouft, ce n'est pas évident. Alors que le « chef », qui faisait le parcours en avion, était immonde. Je l'ai viré. « Tu te pointes plus, fous le camp. »

Chaque jour Paris demandait des nouvelles du « chef », alors qu'il venait de sauter dans ses espadrilles. Je l'ai revu à Dakar, un mouchoir noué aux quatre coins sur sa tête de... comme faisaient jadis les paysans qui fanaient. Donnant l'impression, très exagérée, d'avoir terminé à pied les deux mille derniers kilomètres. Bien que, par manque d'expérience, et du Dakar qui débutait, et de la radio, je n'aie sûrement pas tiré tout ce qu'on pouvait attendre d'un tel événement, le résultat a cependant été jugé bon à France Inter. Les fatigues de la course et les liaisons périlleuses m'ont gêné, mais ce n'est pas une excuse.

Je n'ai pas refait d'autre Paris-Dakar, pour trois raisons.

Le rallye s'est étoffé, alourdi d'individus qui n'ont rien à y faire : je n'avais pas envie de buter sur les stars et starlettes que je fuyais par ailleurs. Leurs javas m'ont piqué trop de reportages pour que je les supporte !

La nouvelle formule prenait trop de temps, coûtait trop de fric, et Europe n° 1 avait mis la main sur le rallye.

Enfin, alors qu'il y a tant de choses à faire, pourquoi se répéter dans une ambiance dégradée ?

Thierry Sabine a réussi un truc extraordinaire, puis il a été prisonnier de ses sponsors et d'une logique boulimique. Je n'avais pas d'atomes crochus avec ce garçon qui ne me semblait pas posséder les vertus d'humilité que j'apprécie chez les êtres comme le professeur Debré ou Paul-Emile Victor et que je ne trouvais pas foncièrement sympa. Mais, ayant le désert et l'action dans le sang et les qualités de ses défauts, il avait la carrure d'un général de l'Afrika Korps. Allant toujours au bout de ses idées. Ce qu'il a fait est dingue. C'était un grand bonhomme.

En revanche, j'ai découvert un Africain et un pilote d'exception. René Metge est un virtuose du volant, un vrai spécialiste de l'Afrique. C'est lui qui m'a appris à préparer une voiture, enseigné (c'est si rare !) nombre de notions essentielles donc jamais évidentes. Il sait les attitudes à adopter. Sur son camion, j'avais beaucoup admiré cette force de la nature qui nourrit une vraie passion pour l'Afrique. Il a des amis partout et connaît le terrain avec une acuité fantastique. Et il sait les hommes. Respectant infiniment les Africains et les faisant respecter. Surtout des « Parisiens » débiles et sûrs d'eux qui, se permettant la moindre plaisanterie douteuse, se faisaient fusiller du regard. Metge n'aurait pas toléré de récidives : une attitude malpolie, et il serait intervenu. Physiquement.

J'ai eu le sentiment, et l'espoir, de faire quelque chose avec lui. Je ne savais pas quoi... mais il faudra attendre trois ans.

Morceau de bravoure, le Dakar laisse quand même 350 jours dans l'année pour se livrer à d'autres cascades, en principe plus calibrées. Le tonneau est volontaire, calculé. C'est du moins ce que je pensais avant de plonger dans ce milieu de la cascade qui véhicule une image que je n'aime pas trop et qui, pourtant, me colle à la peau. Je suis tout ce qu'on veut sauf un risque-tout, une tête brûlée. Si l'on excepte Remy Julienne (dont la perennité est la preuve de ce que j'avance), la cascade n'est vraiment pas une science exacte.

C'est plutôt, exactement, le contraire.

Et c'est encore plus hasardeux, en direct.

Dans certaines situations périlleuses, j'ai bouffé mon micro au sens propre du terme. C'est un métier qu'on ne peut pas faire du bout des dents. Mais on peut y perdre le nord, la tête, perdre conscience.

Devant le sublime panorama de Victoria Falls, je voulais faire un plan du reporter sautant en parachute, avant l'ouverture. Equipé d'un engin à aile rectangulaire. On m'a expliqué comment faire si un des caissons ne s'ouvre pas. « Comme ci, comme ça. » Ce n'est jamais un problème les pieds dans le gazon.

Première prise. Le cadreur qui me « suit » en parachute va plus vite que moi. Plan raté. C'est moi qui aurais pu le filmer, mais je constate la beauté du cadre, les geysers d'eau dans le fond, en dessous, partout, un univers exceptionnel.

Seconde prise. Le cadreur va bien cette fois, mais c'est mon parachute qui se met en spirale. J'essaie de jouer les tire-bouchons en secouant les suspentes, mais, avec deux caissons fermés, faut vraiment faire Orangina ! Je compte jusqu'a dix, c'est la consigne. Si le parachute n'est pas déployé à onze, tirer le secours. Ben voyons ! A dix mètres/seconde, ça va vite. Hélas ! le saut s'est prolongé et je suis déjà dans les turbulences des chutes, les tourbillons d'air me chahutent et je n'ai plus le temps d'ouvrir le ventral. Aucune chance. Je vais percuter l'eau !

Comme si le respect de la consigne allait me sauver, je compte quand même. Onze, douze, treize... L'eau en gros plan, les embruns. Transformé en projectile, je ne suis pas près d'oublier ces secondes. Supputant que mon ventral est une « aile », ce qui donne une certaine vitesse horizontale, je secoue comme un fou, j'ai l'impression d'avoir les pieds dans l'eau. Si le secours est un « hémisphérique », je n'aurai aucune vitesse salvatrice. Quatorze. Le saut doit durer au maximum vingt secondes. Je saurai dans six secondes si je suis mort ou vivant. Seize... Les caissons se libèrent enfin ! Je ne sais plus où je suis, mais je manœuvre, je ne pense qu'à ça. J'évolue près de l'eau, dérapant vers la berge où l'on m'attend.

C'est bien longtemps après que j'aurai les jambes coupées par l'émotion, comme dans la navrante affaire du passage à niveau. (Voir deux pages plus loin.)

En effet, je n'aurai aucune image de ce vol libre, la caméra s'est déclenchée par erreur dans l'avion, avant le saut, et le film ne donne que des images de carlingue et de godasses en gros plan !

A La Ferté-Alais, je devais récupérer un gars debout sur l'aile d'un avion. Pour que ce soit le moins simple possible, j'étais suspendu par les pieds sous un hélico. Un couple de trapézistes, quoi. Les pilotes ont mis du temps à s'aligner, si bien que j'ai fait le cochon pendu pendant vingt-cinq minutes... Un vrai supplice, parce que le pilote de l'hélico ne comprenait pas le signe dont nous étions convenus. Alors que je faisais des signaux de détresse, il a cru que je lui faisais des petits bonjours, et il me répondait : « Salut ! salut ! » Ç'aurait pu durer longtemps. Jusqu'à ce que je tombe dans les pommes, victime du voile noir. L'autre ne trouvait plus ma main, et pour cause, j'étais en train de sombrer dans le coma... à cinq cents mètres d'altitude au-dessus d'un petit aérodrome.

Autre gag, rarissime dans les annales du son. Au-dessus du périphérique, un hélico provoque un monstrueux embouteillage parce qu'il balade une pyramide humaine à l'envers. La pointe de la pyramide, c'est évidemment Hulot et son micro. Je parle..., je parle, toujours dans le naturel et la spontanéité, quand, du sommet de cette pyramide, donc la tête en bas, j'aperçois nos deux techniciens son qui se tapent dessus sur le gazon de l'héliport transformé en ring.

Plus personne à la console, alors que je m'égosillais. Plus tard, mon assistant préféré, Pascal Anciaux, m'expliquera qu'il s'agissait d'un simple différend technique — « faut faire comme ça, non, comme ça » — modèle cour de récréation. Avec un vieux contentieux derrière. Cascade entièrement perdue. Plus quelques milliers d'heures de travail paumées entre la Seine et la porte Brancion.

Inévitablement, il y a eu surenchère, car je me suis pris au jeu. Trouver mieux à chaque fois. Verrouiller (provisoirement) le clapet des cireurs de pompes (des autres) que ma survie intriguait. Qu'est-ce qu'il va inventer cette fois ? Les jeunes, évidemment, et les moins jeunes, ça leur plaisait si bien qu'on m'a gardé malgré mes défauts : parler trop vite, pénurie de vocabulaire (ma mère me l'a toujours dit, c'est parce que je ne lisais pas assez !).

Le direct m'est naturel et si je fais un reportage sur un cascadeur, il est impensable de ne pas le faire avec lui. C'est devenu une discipline, ce vocabulaire de l'action. J'ai appris des spécialités dont je n'avais pas idée, qui m'ont servi au Zambèze et, plus tard, au pôle. Les spécialistes m'enseignent les gestes qui sauvent, la maîtrise de soi, les solutions pour que la peur ne soit ni paralysante ni paniquante. Quand j'ai fait mes tonneaux au Paris-Dakar, je me suis correctement mis en boule, me contractant un peu, en me protégeant le visage. Des cabrioles, ça s'apprend. Et ça sert souvent.

A la limite, ce qui est dangereux, c'est de ne pas avoir peur. Je fuis les gens qui n'ont jamais peur. Un jour je me chamaille avec Pascal au retour d'une émission en province.

— T'as jamais eu peur ? Jamais ?

— Jamais, répond-il (et c'est presque vrai).

— On va voir.

Alors je fais, en BMW, une connerie noire, j'engage la voiture dans une bretelle d'autoroute en gueulant :

— J'accélère jusqu'à ce que tu cries.

A 160 km/h Pascal ne criait toujours pas. Mais j'étais aussi pâlichon que lui et j'ai failli arracher la glissière.

La peur est un garde-fou, elle rend lucide, il le faut.

Tout au début de mes prestations radio, je rentrais en Bretagne, chez moi, avec Antoine Herpin, prix du canular, cent fois nommé.

Passage à niveau fermé vers Saint-Domineuc. La veille, j'avais poireauté six minutes. Je n'hésite pas. Malheureusement, je prends le passage en chicane... juste au moment où surgit le train. La motrice est passée à dix centimètres du pare-chocs arrière. On n'a pas le droit de tenir le raisonnement que j'ai bricolé ! Débile ! Le souffle d'air, le vacarme nous ont assommés. Cette masse d'acier, je la verrai et l'entendrai toute ma vie. Jamais plus. La peur, rétrospective, a été salutaire. Deux kilomètres plus loin, décomposé, je me suis arrêté. Antoine a pris le volant. Pendant deux jours, je n'ai pas osé le regarder. Trop con de crever sous une motrice !

Toute peur comporte un enseignement et induit une action. Elle met en alerte, comme la douleur alerte sur une pathologie. On la maîtrise en ouvrant les yeux. A force de raisonnement, on fait avec pondération tout ce qui est pointu, sans précipiter les gestes. Pour les réflexes, on doit se conditionner. Analyser la peur, la minimiser, agir. Il faut une petite dizaine d'années de pratique assidue pour créer le réflexe amélioré. Et en trois semaines de pôle j'apprendrai plus qu'en dix ans.

Derrière un funambule à moto, au bout d'un parachute avec un Nagra de trois kilos en pendentif qui ne marche pas et m'oblige à recommencer.

Avec Jean-Pierre Vignaud, le jeté de la cascade. Empirique, totalement allumé. Dans sa Simca 1100, on a percuté deux DS 19, qu'on a traversées.

Très impressionnant bien qu'on soit harnaché et que les cibles aient été préparées par des amorces de ruptures.

C'est coton. Heureusement que j'avais un micro pour me cramponner ! Et un peu d'inconscience.

Après avoir débité les DS, Vignaud m'a fait le coup du rail horizontal placé entre deux voitures. Il suffit de passer sous le rail à vive allure et on décapite la voiture. En principe, on baisse la tête au dernier moment, mais... Vignaud, avant le départ, adore raconter des histoires comme celle du mec qui ne voulait pas de harnais, se contentant d'une ceinture trois points. On a mis plusieurs minutes avant de retrouver ce qui lui servait de cervelle.

Vignaud savait chauffer son public, et la presse. Négligemment, il laissait un casque intégral sur la lunette arrière. Quand la voiture suicide émergeait du rail, coupée en deux, un casque roulait vers le public, interdit. On se demandait à qui était la tête. A Vignaud ? A Hulot ?

Cette cascade avec le rail m'a sauvé la vie dans le Gers. Les routes de l'Armagnac sont sinueuses, étroites. Devant, un semi-remorque se met brusquement en travers. Route en lacets, impossible de contourner. Pas le temps de freiner, ça ne servirait à rien. J'avais trente mètres à 100 km/h pour me décider. La cascade de Vignaud est encore présente à mon esprit, et à jamais. Heureusement, je n'avais pas de passagère. Je me jette à droite, sous le tableau de bord. La voiture s'encastre sous la remorque ; décapitée à la hauteur du pavillon. Le fracas des tôles était encore pire que le vacarme du train de Saint-Domineuc ! Et j'émerge, assourdi, mais vivant, par le coffre arrière qui s'était ouvert sous le choc. L'avant reste coincé sous trente-cinq tonnes de ferrailles profilées. Si j'avais mis ma ceinture de sécurité, verrouillé à ma place, j'aurais été décapité !

La difficulté est de piloter et de parler en même temps. Ne pas oublier qu'on est à l'antenne. Au volant de mon rêve absolu de l'époque, la Ligier de Formule 1, sur le circuit du Petit Castellet, je fais un tour quasi normal. Au bord de la piste, Jarrier me donne des conseils et se marre. Pas J.-C. Guenard, le directeur technique (qui s'est tué avec Pironi), sûr que ça allait mal finir. Au début du second tour, je veux vraiment attaquer. Surtout pas faire ça en père tranquille, ça n'a pas de sens. Je néglige l'antenne et j'oublie aussi de passer ma troisième dans un virage, flottant dans un faux point mort. Ça ne rate pas. Entre mon levier et mon micro, j'ai cafouillé : tout droit !

Sans dégâts.

Pour le Bol d'Argent, j'avais embarqué un émetteur sur la moto, car je courais « pour de bon ». Idée folle parce que mon retour marchait si mal que les assistants ont dû crayonner de grands panneaux de carton sur le bord de la piste (Prost est mieux équipé aujourd'hui) : « A toi l'antenne dans trente secondes. » Alors je comptais, à 190 km/h de moyenne, c'est pas raisonnable, « 19..., 18..., 17..., 16..., 1 », et je commençais à parler dans le vide, sans rien savoir de l'émission. Trop concentré sur mon texte et pas assez sur le frein, je suis tombé dans un virage pendant le journal de treize heures. Après la grande ligne droite du Castellet, je n'avais pas vu un pif-paf[1]... On ne pouvait pas nous accuser de tricher. Ça décoiffait.

Le son ne pouvait pas toujours suivre. A cause des conditions techniques nouvelles et des réflexes anciens. D'une part, le matériel était conçu pour le classique « chers z'auditeurs » pépère, pas pour la F1 à 300 km/h. D'autre part, les techniciens ont fait la gueule parce que les habitudes ron-ron étaient bafouées. Au début, nous avons eu d'énormes accrochages. Le mélange flemme plus racisme antijeunes donnait : « Ça fait vingt ans que je suis dans la maison, coco, tu vas pas m'apprendre mon métier. »

Je n'admets pas la paresse suffisante et je n'ai pas de leçons à recevoir de gens qui, arrivant avec huit heures de retard, se permettent de t'engueuler en te traitant de farfelu. Heureusement, un noyau de jeunes pros a été ravi d'innover, de se renouveler, de tester de nouveaux matériels dans d'autres conditions. Ça les changeait du concert spirituel du dimanche matin où l'on « doit » mettre les micros au même endroit depuis quarante ans. Aujourd'hui,

1. Virage en S, très serré.

pour *Ushuaïa,* ils utilisent un matériel miniaturisé que la chaîne a acheté, et non loué, ce qui autorise une aisance dans l'innovation, formidable. Alors que dans Jersey-Dinard, dix ans plus tôt, la technique avait réclamé trois breaks CX chargés jusqu'à la gueule, pour finalement utiliser la V.H.F. de la vedette d'accompagnement.

J'ai essayé tout ce qui roulait avec deux, quatre ou trois roues, comme le side-car.

Le deux-roues liberté m'a appris la trajectoire et l'espace. Malgré l'expérience et la raison, c'est l'engin le plus apte à vous expédier à l'hôpital. Combien de fois, quand vous doublez une auto à bonne allure, le chauffard déboîte à gauche, sans clignotant, sans regarder dans un rétroviseur qui ne sert plus qu'à suspendre une poupée de foire ! Je ne prends plus de risques, mais la vitesse à moto est exceptionnellement grisante parce que le pilote est assis sur le moteur qui vibre de la puissance de ses 120 chevaux. Sensation privilégiée.

C'est vrai, j'ai adoré la moto qui m'a dévergonde, côtoyé les ténors tels Rigal, Alain Vial, Choukroune. Thierry Schimpf m'a entraîné dans ma première course, puis dans le Tour de France.

Il fallait prendre 5000 F chez les cirés Cotten, 5000 chez Damart pour avoir le droit de frôler ces types prêts à tout dès le premier virage après un départ farouche, entre cent casques intégraux, opaques. Le baston dès le départ. Tous les coups étaient permis, ce qui me gênait, ma crainte ayant toujours été de faire du tort aux autres, ce qui m'inhibe un peu. Pendant un certain temps. Mais, comme je ne me débrouillais pas trop mal, j'étais en confiance et j'attaquais pour finir au moins dans les dix premiers (ma mère conservait les coupures de *l'Equipe*).

Pourtant, malgré ma hargne libérée, je dois ma première victoire en côte à une erreur de navigation. Alain Vial faisait des reconnaissances minutieuses que, faute de temps et de méthode, je ne pouvais jamais m'offrir. Je pointais au dernier moment pour signer la feuille de départ. Un jour, Vial m'explique : « Gaffe ! Au troisième virage, t'as l'impression que tu peux passer à fond, mais ça se resserre, passe en quatrième. En revanche, au quatrième virage, c'est le contraire. Mets la gomme en cinquième, il donne l'impression de se fermer alors qu'il ouvre. » J'écoute, pieusement, et au bout de dix secondes je mélange tout, j'arrive dans le fameux troisième et, au lieu de rétrograder, j'enquille à fond, m'aperçois trop tard de ma connerie... et je gagne avec deux secondes d'avance sur le king des kings, Gilles Deheul !

Mes deux Tours de Corse m'ont procuré de fortes émotions et offert une surprise.

Bonne course du « jeune Hulot », disait *l'Equipe*. Ce qui manquait le plus, c'était la sagesse. Je suis souvent tombé par excès, avec ma Kawa 1000. Pour tenir un soixante de moyenne en Corse, entre les nids-de-poule, les virages ultra-serrés, les ravins, les cailloux et les... clous, c'était la course de tous les dangers.

Les clous manifestaient je ne sais quelle humeur chronique. Juste avant une épingle à cheveux, j'en prends une dizaine dans le pneu avant. Direction le ravin. Tout droit. Aucune manœuvre possible, surtout ne pas freiner. Et je serais encore en vrac dans cet abîme sans la présence providentielle d'un genévrier qui m'a reçu dans ses épines en m'épargnant une chute libre de quatre cents mètres. Ma mère en lut le récit dans *l'Equipe* et s'affola, tout en voyant dans cet arbre la preuve de l'existence de la Providence.

L'année suivante, en dépit des bestiaux qui traversent, des voitures arrêtées en plein virage pour faire la causette, j'essaie d'attaquer. Je me jette, une fois, deux fois, la troisième est la mauvaise. Un grand soleil se termine contre les rochers. Les premiers secours me découvrent inanimé, réclament l'hélicoptère. « Dos brisé, pauvre garçon ! »

Mais je me réveille dans la bulle de l'hélico. Hôpital d'Ajaccio. Je rouspète, furieux d'être privé de mon classement, et le pilote sympa me redépose près de ma moto. Je redémarre. Deux secondes après mon départ de l'hostau surgissait le docteur Yves Hulot, qui avait entendu à la radio l'accident et venait essayer de participer à mon sauvetage ou de me faire partir en douceur, sans souffrir, si j'avais la colonne brisée. On s'est heureusement retrouvé à la fin de l'étape.

C'était un cousin germain que je ne connaissais pas, fils du frère très aîné de mon père. Et sa fille Caroline était adorable. Dans une telle ambiance, il est difficile de ne pas renouer avec la vie de famille. Et je constatais une fois de plus que je ne savais rien de mon père, rien de sa famille. C'est à Ajaccio que j'ai appris sa joie de vivre, son aventurisme. Yves se rappelait son oncle, le petit dernier, sortant des pépites d'or de sa poche et les montrant aux gamins extasiés. Ils l'attendaient pour rire, pour élargir l'inévitable monotonie des jours. J'ai su qu'il avait huit frères et sœurs ! Mon père était excentré de l'univers bourgeois, et c'est par amour pour ma mère qu'il avait accepté, plus ou moins profondément, de mener une vie rangée.

Sans la moto et sans le Tour de Corse, j'aurais encore raté mon père.

Cette année-là, j'ai fini vivant et le plus gros danger a été au retour. Fatigué évidemment, d'autant que je faisais mon papier chaque soir, dans la minuscule chambre d'hôtel partagée entre François et Pierre, mes deux mécanos-assistants, et moi, qui parlais allongé sur un lit de camp. Le fil du téléphone leur chatouillait le nez.

Après Chalon-sur-Saône, la fatigue et l'ennui de l'autoroute m'engourdissent, je m'endors et lime la glissière. Réveil brutal, sursaut de mes deux complices. Après avoir liquidé la moto « Cotten », je bousille la voiture « Cotten » et je me retrouve devant le péage alors que nous sommes à deux cent cinquante kilomètres de Paris. S'approche alors un gendarme qui avait l'air de Coluche mais pas les paroles ! Il découvre la voiture rapetissée, la moto en miettes sur la remorque, quand je demande d'une voix si endormie qu'il reste pantois :

— Où on est ?

Finalement, au lieu de sortir des menottes ou son alcootest, il nous explique que nous sommes près de Dijon...

Dans mon demi-sommeil, j'avais raté la bonne bretelle vers Paris.

Je frôlais la glissière pour me repérer !

Du coup, on était très réveillé.

Prêt pour la prochaine cascade. Celle d'Alain Prieur qui débutait ses facéties, déjà spécialiste du saut à moto sur des bus ou des camions. Au Palais des Expo de Bordeaux, je devais sauter en direct au-dessus de huit voitures. Prieur me fait répéter : « Tu prends bien la ligne médiane du tremplin. Coupe jamais les gaz. N'accélère jamais non plus : régule, mec ! Sinon, tu t'écrases contre le tremplin et en général ça fait mal, ou tu percutes le mur du fond. »

Essai impeccable sans micro. Compteur bloqué à 80 km/h, je me réceptionne, telle une fleur.

Pour l'émission, il saute le premier, je filoche dans sa roue arrière, mais c'est le fameux stress du direct, j'essaie de fignoler mon débit, pas trop vite, si bien que je me déconcentre et accélère ma moto ! Compensation ? J'arrive à cent, juste assez pour arracher les verrières. Trop tard pour freiner, je gicle si fort que je ne frôle même pas le tremplin de réception. Je pique sur la roue avant sans lâcher le micro et j'entends vaguement Prieur qui hurle : « Il va percuter le mur ! Ce con ! »

Ma mère a raison. Mon ange gardien prend les choses en main, et, au lieu de faire une vilaine tache bariolée contre le ciment, je me réceptionne de traviole, certes, mais la glissade évite le pire.

Mais les plus grosses émotions sur roues, c'est Darniche et Alain Michel, le vice-champion du monde de side-car, qui me les ont données.

Prendre la route avec la Lancia Stratos, ça veut vraiment dire prendre *toute* la route. Entre les trains frôleurs, les glissières, les défonces au plancher, je me suis fait des frayeurs, plus ou moins inconscientes ou débiles. Mais celui qui n'a pas été le passager de Darniche ne sait pas ce que c'est de claquer les dents. Il se sert d'abord, tant pis s'il ne reste rien pour les utilisateurs normaux. Quand un individu se pointe en face, c'est le vrai frisson. Les cheveux se dressent. Pas un poil de sec. Ça passe au dixième de millimètre, ça passe toujours, sa précision est aussi extraordinaire que la trouille est élevée. Le rapport est clair !

Avec Alain Michel, je retrouve l'ersatz de moto à trois pattes. C'est ce qu'on fait de plus impressionnant sur circuit. L'engin méconnu est un concentré d'adrénaline. La sensation de vitesse est amplifiée quand on fait le singe [1], le nez à cinq centimètres du goudron qui défile à 160 km/h, pendant qu'on parle au micro de Radio-France et que le bruit des pneus surmenés, presque déchirés, bouffe le son. L'impression de faire du trois cents. Une fusée qui serait horizontale. Ahurissant. La connivence doit être totale avec le pilote, puisque la parole est inaudible. Avant chaque virage, Michel balance le side pour le « freiner » ; passe tout en trajectoire, pilote dans la continuité. Le freinage est atroce pour le singe, à l'horizontale, sensation d'être éjecté comme une feuille de salade dans une centrifugeuse. Le frein sur la troisième roue est un rétro-frein qui creuse le ventre ! Mais rien n'accélère autant qu'un side ! C'est le génie des sensations fortes. Si le singe lâche une prise, comme un grimpeur de falaise, il est éjecté aussi sec. A la moindre action, on sent la roue qui déleste. Pas le droit à la faute.

Avec Darniche, c'est la trouille passive ; avec Michel, c'est la grande peur qui exige une réaction.

Quand Alain Michel m'a proposé de courir avec lui parce que nous avions fait des temps à deux secondes des grands prix, j'étais assez fiérot.

Première en U.L.M., avec un fin pilote pourtant. Je me suis demandé comment ça pouvait voler, et je me le demande encore. Les auditeurs trouvaient ça drôle ou inquiétant. J'ai appris à choisir les gens, à analyser le matériel, parce que je passe follement d'une activité à l'autre, sans avoir le temps de tout revoir. Comme un môme qui fait la rentrée et dont le prof suppose sues les matières de l'année précédente, alors qu'on peut être

1. Le singe est le passager, qui doit sans cesse changer de position.

cancre en « cascade ». Même quand on a acquis une certaine maîtrise de soi, restent des impondérables, que précisément l'autre, le pro, doit évaluer, et que le matériel doit supporter. Je sais que j'ai déjà largement utilisé mon capital chance. Mais je ne choisis jamais mes expériences en fonction du risque, ce qui serait une démarche malsaine.

J'aurais *envie* de conquérir le pôle Nord, le vrai, pas de me crasher contre une falaise. Le danger de mort n'est pas un ingrédient indispensable à l'émotion et au plaisir. Loin de là ! Mais il se trouve que, dans la forme d'expression que j'ai choisie, le risque est plus grand que dans le tricot ou les échecs et cette expression (qui prend la mort en compte pour l'éliminer) est mon *épanouissement.*

Plus que tout, je tiens à la vie, et paradoxalement je l'éprouve mieux en la mettant en jeu. J'ai une peur folle de la mort, et plus encore du handicap, car nos risques, en U.L.M., à moto, etc., impliquent que nous mettions en péril implicite la colonne vertébrale, le bassin.

Gamin, je n'ai eu qu'une fracture, quelques foulures, entorses qu'on peut se faire en trébuchant sur des caillasses ou en glissant dans sa salle de bains.

Le risque du direct, de l'expédition extrême, n'est envisageable qu'en maîtrisant les paramètres. Le hasard interviendra toujours assez tôt, assez durement pour ne pas le provoquer !

C'est aussi pourquoi je ne ferai plus de cascades qu'avec Remy Julienne, qui sécrète la confiance même si ses méthodes paraissent encore empiriques, reposant plus sur l'expérience que sur les calculs. Je me rappelle Julienne calculant une cascade en faisant de grandes enjambées ! Je pensais que c'était plus scientifique que ça. Mais j'ai foncé avec lui qui coupait la route d'un camion-plateau transportant deux conteneurs séparés de la distance d'un conteneur, autrement dit, alors que le camion roule, on doit foncer dessus perpendiculairement, passer entre les deux cubes de fer, pour atterrir dans un matelas de cartons ondulés enrobés de cellophane. Finalement, en branchant mon micro, je me suis dit qu'il devait savoir combien mesure son pas, et qu'à cinquante balais il était toujours vivant, donc il devait y avoir une raison.

C'est vrai que mon image de casse-cou m'a un peu desservi, mais j'avais sans doute ce que je méritais. On me disait casse-cou avec une intention péjorative, évidemment ! Même si j'ai eu cette période un peu inconsciente, excessive en tout cas, aujourd'hui mes amis et complices sont étonnés par ma prudence.

Je puis risquer tout, mais je ne suis pas un risque-tout.

Je ne referai plus jamais d'inshore[1], par exemple. Pour les Six Heures de Paris, Pautrat, de *l'Express,* m'avait entraîné avec son écurie, pour diminuer la prise de risques. Le pilote doit s'occuper de deux choses en même temps, accélérateur au pied et manette de *tream* pour corriger l'assiette du bateau. Vu la légèreté de la coque propulsée par 300 chevaux sauvages, l'assiette, c'est capital. L'essentiel de l'entraînement, c'est donc le *tream.* Un câble est tendu devant le pilote et sert de repère. Cabré ou piqué ? Si on ne corrige pas l'angle, on risque d'enfourner ou de décoller. Pautrat explique tout, ça baigne.

Le matin de la course, vieille sensation toujours neuve. Quel que soit l'engin, voiture, moto, U.L.M., skidoo, je fonce. A la sortie de l'île aux Cygnes, je prends le vent de face, c'est le classique effet Venturi, un passage resserré accroît la force (le « débit » du vent). Or, sans qu'on m'en ait informé (voilà l'importance de bien placer sa confiance, mais on ne trouve pas des Reverchon ou des Chevigny partout !), mon réservoir a été déplacé et l'hélice changée, si bien que mes repères de la veille sont nases. J'étais en confiance, sur des essais, pensant être bien à plat, alors que j'étais déjà cabré un max. Il faut savoir qu'à l'intérieur on ne sent pas son angle d'attaque. Evidemment, j'ai décollé ! Plus tard, les plongeurs me diront n'avoir jamais vu un bateau monter aussi haut. J'ai flippé quand le bateau a commencé à se retourner, façon looping.

1. Le 6 novembre 1988, Philippe Rebulet s'est tué aux Six Heures de Paris et Ian de Vreng ne s'en remettra jamais.

Là, tout se passe au ralenti. Ça se grave dans les circuits de la mémoire... Je remonte les genoux, me ramasse sur moi-même, protège le visage, comme pour un tonneau en voiture. Pas de gestes, surtout pas, on se fait vite arracher un bras. Attendre que ça se passe. Ejecté.

Le bateau rebondit, ricoche et les spectateurs pensent qu'il me broie. Seul mon casque a un jeton.

Hôpital Bretonneau. Je récupère vite après mon K.-O. et une heure et demie de perte, sélective, de mémoire. Ne reconnaissant plus mes proches, je n'oubliais pas un détail de la course de la « fusée ». Et je revoyais sans cesse un type que j'avais vu à la télé dans la même situation, arraché les bras en croix de son bateau et complètement démantibulé. Se mettre en boule, en boule...

Mon bateau tournait toujours avec mon coéquipier ; moi aussi, donc, je reprends le volant quatre-vingt-dix minutes plus tard. En pleine ligne droite, je percute une épave (on ratisse avant la course, mais il en reste...), le bateau se braque sans me demander mon avis et nous fonçons à 100 km/h sur la voie express ! Plein pot sur le quai, le mur de pierre.

Ça y est, je vais prendre la voie Pompidou en sens unique ! Une seule chose à faire, arracher le coupe-circuit. Le bateau s'apaise et se pose le museau sur le quai.

Fin d'une brève carrière motonautique.

La Seine me fera encore des misères une semaine plus tard alors que je tente de refaire sur l'eau ce que Claude Lelouch avait fait en voiture : traverser Paris à fond la caisse, au petit matin, quand les radars sont démontés.

Caméra sur le bateau. Autorisation préfectorale en poche. Moteur ! Tout va bien. Retour au quai Jeanneau, sur le Front de Seine. Au moment d'accoster, j'entends des glouglous de grosse bouteille qui se vide ou se remplit. Ahurissant, le bateau coule en quelques secondes ! Décomposé, mais hyper-pro, le cadreur essayait de dévisser la caméra de son support fileté, soudé au mât. Il sautait dessus pour le débloquer tandis que s'enfonçait l'épave. Caméra et films perdus corps et biens. Le cadreur a quitté le bateau en héroïque capitaine.

Une épave avait percuté la coque, mais la vitesse avait momentanément colmaté la fuite. On allait trop vite pour l'eau. A quai, l'eau avait giclé à l'intérieur.

Ras le bol de la Seine !

Malgré ces avertissements, je devais être à la place de Giroux sur l'offshore de Pironi, pour une séquence d'*Ushuaïa.* Au dernier moment, mon agenda ne me le permet pas. Pied de nez à la mort... C'est exactement ce qu'on ne peut maîtriser. C'est le destin qui met l'ingrédient et la vie n'en a que plus de prix.

J'ai vu la mort, celle des miens, celle des copains (la moto !), j'ai trop vu son visage pour ne pas y penser et si j'en parle souvent c'est pour conjurer le sort. Morts « arrivées » dans mon entourage, Fabrice, Paul Delrieu. Morts « respectées » comme celles de Didier Pironi ou de Jacques de Roux, disparu dans l'océan Indien.

Le vrai courage, c'est dans la lutte quotidienne contre les graves avaries de santé que je l'ai rencontré... chez les autres. Chez ma mère ou chez Fabrice, que j'ai suivi pendant des années dans le chemin dont on ne revient pas. C'était un cousin de cousin qui m'avait vu à la télé quand je faisais dans les émissions « jeunes ». J'avais répondu à sa lettre et je l'avais invité sur le plateau.

Depuis sa naissance, il souffrait de défaillances de son système immunitaire. C'était sans issue et sa vie s'était partagée entre les séjours à l'hôpital, sous une « bulle » parce qu'il attrapait tout le mal qui passait sans avoir les moyens de se défendre contre les agressions les plus élémentaires. Luttant contre la mort depuis sa naissance, Fabrice paraissait douze ans à dix-huit. C'est l'une des situations les plus absurdement cruelles qui soient : faire semblant de vivre au quotidien, normaliser sinon banaliser les souffrances, le mal à vivre. A une échelle moindre, j'avais connu ce « scandale » chez mon frère, et, comme mon frère, Fabrice avait une mère fantastique qui réussissait à ne jamais craquer devant lui en multipliant les prodiges pour que tout paraisse « normal ». J'ai reçu d'elle des lettres, brèves, d'une émotion déchirante, d'un être qui s'épuise à maintenir l'enfant qui ne grandira jamais.

Ce petit cousin était devenu un ami précieux que je passais voir à l'hôpital Necker, tout proche de mon lieu de travail. Il collectionnait les coupures de presse, me questionnait sans cesse comme pour se donner des repères pour un avenir meilleur. J'espère lui avoir donné, moi aussi, quelques parcelles de cette force de vie qui peut suffire à un peu de bonheur, ou à ce qui lui ressemble de plus près, quand on souffre sans rémission…

Rien que pour le lui raconter, cela valait la peine de partir en expé, de rapporter des sourires, de lui être utile, de le faire rêver.

Quelques jours avant sa mort, alors qu'il ne parlait plus depuis des semaines, alors qu'il était déjà dans les limbes, il a trouvé la force de me dire trois mots et de m'offrir un sourire massacré qui me bouleversera toujours.

J'ai appris sa mort, un soir, en Bretagne. Redoutée depuis des années, cette fin, alors que tout souriait autour de moi, était un autre signe. Sa mort doit donner un sens à ma vie.

Quand on voit ce qu'il a souffert, il est impossible, inhumain, de perdre la plus fugace parcelle d'émotion.

Ma philosophie un peu morbide est tempérée par un optimisme volontariste. Mais comment réagir, comment décider, si je dois mourir demain ?

En partant pour notre deuxième expédition polaire, j'avais laissé un mot dans le tiroir de mon bureau. Pour la femme de ma vie, pour mes amis… *Si je meurs, c'est Molière qui meurt en scène, ne pleurez pas*. C'est si simple ! Le mot y est toujours. Il y restera jusqu'à ce qu'il soit de circonstance.

Cela dit, ne croyez surtout pas que le direct à la radio consistait à découvrir la meilleure façon de se planter, la manière la plus pittoresque de se bousiller.

Après la moto, la photo, je découvrais une autre planète, celle des cabots !

8

Dames et drames

Pendant dix ans, j'ai fait ce genre d'émissions en direct, made in *France Inter*, puis d'autres émissions ; parce que j'avais d'autres pôles d'intérêt que de faire le poirier sous une Alouette. En studio, je pouvais « cuisiner » des hommes intéressants, en faire sortir la substantifique moelle. Des « Fêlés », en été, jusqu'à « Ça va, le boulot ? » en passant par « Signe particulier » et « L'Agenda de... », j'ai parcouru la France et rencontré quelques personnages remarquables, pas forcément de grande notoriété. Au contraire.

Et j'ai vraiment quadrillé la France au sens le plus géographique du mot, puisque pour la tournée des plages, un de mes cauchemars, je refusais de suivre la caravane. Pour six minutes de chronique entre huit et neuf, je ne voulais pas m'intégrer à la colonie et préférais rentrer chaque soir dans « ma » villa louée à Saint-Lunaire, bien sûr.

Blanc-Francard me prenait pour un... fêlé, quand j'enfourchais ma Honda le soir, pour la reprendre le lendemain dans l'après-midi. Dinard-Dunkerque, ça fait de la route. Dinard-Cherbourg, 500 bornes ripous avec des tracteurs partout, des vaches qui déboîtent sans prévenir et qui bousent dans les virages difficiles, pire que de l'huile.

Deux excès de vitesse par jour pour ne pas rester dans cette ambiance de promotion, conserver un semblant d'allure de vacances.

J'avais honte des badges qu'ils portaient, parce qu'il fallait se faire voir. Les commerciaux stikaient tout ce qui bougeait. On s'affublait de blousons maison, on siglait les véhicules. Même si je crève la dalle, jamais je ne vendrai de cravates sur un marché, les techniques et les manies du V.R.P. m'angoissent. Pudique et discret chaque fois que je montais sur le podium, je suppliais Blanc-Francard : « Surtout, ne me fais pas applaudir. » Et lui n'a jamais raté le vanne, hurlait plus fort : « Et voici Nicolas Hulot » (je pensais… « le roi des camelots ») arrivant tout penaud avec une envie pressante de ressortir côté jardin. Rouge de confusion, je parlais en regardant mes baskets.

Sitôt achevé, je me carapatais en coulisses. Impression abominable de me prostituer… pendant trois ans de suite. Pas pris au dépourvu ! Alors ? Je me posais des questions sur mon métier, mais c'était mon métier, au milieu des épuisettes et des tronches rougies par le soleil. Pour les exciter un peu, on leur lançait des frizbee comme on agite une muleta devant un taureau endormi. Je trouvais ça désobligeant pour le public, humiliant pour moi, cette façon de les interpeller. J'avais une plus haute idée de la communication, mais j'apprenais le « métier », pas bien dans ma peau, sachant que je ne pouvais pas faire ce que je souhaitais, du jour au lendemain.

Il faut trimer avant de rêver et de faire rêver. Espèce de patience qui venait de mon éducation, rien sans peine. Joint à cette impression très puissante d'être là par hasard, et sûrement pas pour longtemps. Je ne fais que passer… Ainsi à Capetown, en Rhodésie, ou même en planquant devant la maison Empain. J'ai pris mes fameux chemins de traverse, mais je vais réintégrer la route principale. Je n'ai jamais su ce que signifie « définitif ».

Je ne sais pas, je ne saurai jamais parler, déclencher l'enthousiasme des foules. Ni tribun ni comédien, je suis journaliste. Précédé par Lucien Jeunesse, j'ai fait sur le car podium des interventions qui ont été la honte de ma vie. Si je n'en ai pas envie, je suis incapable de sourire.

En revanche, j'ai un besoin organique, urgent, essentiel, de rire. C'est pourquoi Dominique, capable de tous les humours, ne respectant rien, m'est indispensable. Une journée commencée par un petit déjeuner avec lui, du temps où le départ d'une femme trop mal aimée avait laissé mon appartement vide et sinistre, est le meilleur stimulant. Rire, éclater de rire n'importe où, n'importe quand. Le fou rire m'est aussi naturel que le direct.

A cet égard, la radio m'a autorisé quelques écarts. Soit naturels, soit provoqués. Si les occasions manquaient, on suscitait ce qu'il fallait. Forcément au détriment de quelqu'un.

Avec ou sans raison.

Avec raison à Jarama au soir du grand prix de moto. La jactance d'un confrère, T..., était telle pendant un dîner de journalistes où pourtant chacun faisait assaut de fatuité, qu'on n'entendait que lui.

— Mon papier pour le vingt heures..., mon papier...

On se regarde avec un confrère d'Europe 1 et on quitte la table. Vite d'accord sur le canular, ont fait appeler T...

— C'est la rédaction. On te sonne dans ta chambre. Dans cinq minutes, l'antenne !

L'autre quitte ses gambas, son verre de rioja, cavale, arrive essoufflé au moment où déjà on rappelle.

— Salut, T..., c'est la technique. On fait un bobino, au cas où t'es prêt ? Décompte !

T... fait son numéro :

— Ici Daniel T... à Jarama...

Alors qu'il n'avait rien préparé, et pour cause, il se lance dans une longue diatribe qui n'avait ni queue ni tête, ni oreille !

Toutes les dix secondes, je l'interromps :

— C'est bon, vachement bon, mais la voix passe pas, y'a un malaise, j' sais pas. Essaie plus haut..., plus bas...

En cinq minutes il a tout fait, du fausset à la basse russe enrhumée, de Klaus Nomi à Chaliapine.

— Ça va, simple précaution. On essaiera le direct pendant le journal. A't'a l'heure !

Retour à table, on le laisse mijoter, sans l'alerter. T... ne se posait plus par terre. Il allait causer dans le poste (il est vétéran de la presse écrite). A vingt heures précises, téléphone !

— Daniel ? On a un problème de retour, t'inquiète pas !

Fusil prend le relais et commence :

— Comme prévu en début de ce journal, on retrouve en direct notre envoyé spécial à Jarama. Daniel ? Vous m'entendez ?

— Oui..., parfaitement.

— Bien, Daniel, quelle est la situation économique en Espagne en cette fin d'été torride ?

Evidemment, on était à dix tours du grand prix moto ! Pourtant T... se lance dans un tunnel glaireux, on le laisse se planter dans les indicateurs économiques, glander dans la beauté des champs de tournesols grillés.

On ne le reprenait pas, derrière, on ne relançait pas. Il pataugeait dans la conjoncture, cherchait quasiment à traduire Dow Jones en espagnol.

On le laisse s'arracher à son ornière et on s'installe avant lui à table. Il se pointe en sifflotant, Hercule ayant vaincu l'hydre de Lerne, dégagé, roulant les mécaniques.

Quand il a su, il m'a piqué mon Nagra et menacé de sévices divers.

Sans être méchant, pour remettre les pendules à l'heure, je suis parfois allé très loin. Sans raison, sauf peut-être de savoir et faire savoir que le grand-duc est nu, avec Patrick Fourtiq, au cours d'une opération spéciale France Inter pour le grand prix U.L.M. de Meaux. Patrick gagnait pratiquement tout. C'était un peu casse-pieds aux débuts de l'U.L.M., qui connaissait la vogue des phénomènes de société. Avec Michel Pollaco, on met tout le monde dans le coup, de la technique aux spécialistes comme Henri Pescarolo, pour faire un faux journal, en direct avec le héros.

Je commence par des questions idiotes, sur la technique.

— Patrick, vous avez quatre ou cinq axes sur votre appareil ?

Il s'étonne poliment et explique avec bonhomie :

— Non, l'U.L.M. possède deux, ou trois axes... bla... bla...

Je ne lui laisse pas le temps de respirer :

— Patrick Fourtiq, d'après vos mécanos, vous auriez triché, en prenant un raccourci ? Expliquez-vous.

— Quoi ? Pas du tout. Qui peut dire des... pareilles ?

— Devoir de réserve, comprenez-le bien.

Il se défend, c'est l'honnêteté même, mais la pression augmente, les doses d'adrénaline croissent. Il se tortille sur son tabouret (la régie était installée sous une tente). Et j'achève :

— Sûrement, vous devez être au courant des rumeurs... — c'est délicat... — sur votre femme... Pendant que vous vous envoyez en l'air en ultra-léger, elle...

Le cauchemar s'aggrave, il rougit, répond quand même, s'énerve mais ne s'en va pas. Pas une seconde il n'a imaginé qu'on le bernait. Puissance terrible du média !

Des larmes de rire coulaient dans la barbe de Pescarolo !

Générique de fin.

— Merci et encore bravo, Patrick Fourtiq.

Quand il a su, très vite, après s'être levé, fumasse quand même, il nous a traités de salauds. Sans doute plus furieux contre lui d'avoir cédé à cette progression dans le délire que de la supercherie. Aujourd'hui, on en rigole encore.

C'est grâce à Romy Schneider qui avait demandé Gérard Klein pour tourner *la Passante du Sans-Souci* que j'ai pu faire à sa place « Ça va, le boulot ? » en 1981 qui deviendra « Signe particulier » et qui m'ont baladé dans toute la France dans des conditions et des circonstances souvent pittoresques.

A cause de ces cinq émissions par semaine, avec Pascal Anciaux nous dormions dans nos voitures. Mais pas toujours...

La première émission a démarré très fort. On a failli assommer le commissaire de police de Clermont-Ferrand. Motif de cette bavure, une algarade entre les techniciens des P.T.T. clermontois qui ont tiré cinq fils P.T.T., toujours trop de fils, et qui ne marchent pas. Colère du technicien radio qui balance ses piles, les P.T.T. se baissent à temps, mais pas le commissaire qui répondait benoîtement à nos questions.

Cette fois, nous étions les agresseurs. En revanche, chez un Vendéen farouche du pays de Mauge, j'ai failli laisser un bout d'épaule, ou pire. Notre hôte forgeait d'admirables copies d'armes blanches pour des musées, des collectionneurs, des particuliers qui se prennent pour Bayard ou Du Guesclin après le métro. Au début, il avait merdouillé, bafouillé, s'était un peu énervé en enfilant sa cotte de mailles. Le ton avait bizarrement monté sans que j'y prenne garde. Sitôt les micros fermés, le type nous lance deux épées larges en gueulant comme au cinéma dans *Pardaillan* :

— En garde, manants !

Et il me balance, coup de taille, un coup d'épée que j'esquive de justesse. Pascal, qui fait du tae kwan do, était déjà à la parade. L'autre rigolait plus du tout. On s'est... éclipsés à toute vitesse, poursuivis par ses provocations homériques. Heureusement, un homme mûr en cotte de mailles court moins vite que deux galopins en jean. Explication d'un psy : frustré de sa faiblesse à l'oral, il voulait prendre sa revanche sur le terrain où il était maître. Au prix d'une mutilation. Parano, pépère !

Parfois, le tandem Hulot-Anciaux était trop bien reçu. C'est fou comme la radio peut déchaîner les femmes : le direct les excite. Le fait d'avoir enfin la parole provoque chez certaines (pas toutes) un léger délire d'initiatives. L'irruption des Parisiens dans le calme d'une vie de province où il est si difficile de s'offrir des galipettes hors mariage fait monter la température.

Cette jeune femme qui tirait les cartes avec passion nous avait reçus avec une affabilité non feinte. Les petits plats dans les grands, quatre services, autant de vins...

L'émission l'avait comblée. Ses yeux brillaient de bonheur. Après le framboisier, des fruits du jardin cueillis de sa blanche main, elle lève un sourcil bien dessiné et dit à son mari :

— Gérard, mon Dieu, c'est horrible, nous n'avons pas de café ! J'ai complètement oublié !

Evidemment, on proteste en duo, jamais de café, ne brisons pas un repas si chaleureux. Elle insiste tant que le mari prend la voiture. L'épicerie du bled est fermée. Il doit se rendre jusqu'au chef-lieu de canton. Je n'ose même plus regarder notre cartomancienne, tant son regard est vif. « Quinze bornes aller-retour, comptons une bonne demi-heure », dit la belle hôtesse en se passant la langue sur les lèvres. « Vous êtes marié ? » demande-t-elle sans ambages. Non, pas question de lui expliquer ma situation relativement compliquée avec une femme aussi volage que j'étais jaloux, et de mauvaise foi en amour. Faites ce que je dis, pas ce que je fais... Capable de traverser la France en patins à roulettes pour dénicher une infidèle..., je ne savais pas résister à un minois qui me plaisait, un regard qui m'attirait. La séduction était un élément essentiel de mon art de vivre.

C'était aussi l'avis de cette cartomancienne qui soudain me caresse la main. Je la retire ? Elle prend l'autre. Je m'éloigne ? Elle se rapproche. Pascal adopte une attitude fair play. D'un ton dégagé mais l'œil fixé sur sa montre, il soupire : « Bon, je descends à la voiture, je vous laisse. » Cela allait sans dire. Mais cette précaution allait me sauver. La dame veut poursuivre l'interview de manière plus rapprochée, comment résister ? Je cède puisque mes principes d'alors m'interdisaient toute rébellion à la nouveauté.

J'entends claquer la portière de Pascal.

Je succombe. De la manière la plus expéditive puisque la porte de la chambre, fermée de l'intérieur, vole en éclats sous les coups de lattes du mari. Le colosse, genre déménageur taquinant le quintal, surgit en vociférant : « Un mot ! Et tu es mort ! »

En toutes circonstances, mes maîtres en cascades et expéditions diverses m'ont appris le geste qui sauve. Bien qu'à l'époque je fasse du karaté, je juge que je rends quarante kilos au cocu, handicap aggravé par ma mauvaise conscience. Donc, je bondis !

Vers la fenêtre ! Mon ange gardien avait décidé que l'appartement était au premier étage seulement. Si ç'avait été dans les tours du XIIIe... Je crie : « Pascal, démarre ! » Le moteur tournait quand je me suis reçu assez mal, puisque je tenais mes chaussures d'une main et l'essentiel de mes fringues de l'autre.

Le temps que le colosse prenne l'escalier, nous étions à l'abri. J'ose espérer que sa femme n'aura pas été châtiée pour moi. Compte tenu de sa stratégie, elle ne devait pas débuter dans l'adultère ultrarapide.

Pascal a été très digne. Il s'est retenu pendant dix bons kilomètres. Le temps de s'assurer que le mari ne nous coursait pas avec une GTI. Puis, sans me regarder, il a grommelé entre ses dents :

— Il a dû avoir un doute, non ?

Avec nous, tout finit par des fous rires.

Une autre créature nous fera rater le début d'une émission, je peux l'avouer six ans après, alors que notre invité était un historien passionnant qui avait préparé son topo depuis un mois.

Cette dame était plus rapide que la précédente ! Une sorte de Circé qui lisait dans les astres et avait dit : « Vos perspectives professionnelles sont radieuses, mais vous le paierez en amour. On ne peut pas tout avoir. Les femmes vous compliqueront la vie. »

Merci, c'est déjà fait.

Sous le moindre prétexte, elle expédie son mari en cuisine, me pelote, batifole, roucoule, s'installe sur mes genoux. Tout en bisouillant Pascal au passage. Rien ne se perd. Le mari fait le service, la femme fait la bonne hôtesse « qui remue du cul, qui remue des fesses », comme le chantent les carabins en bizutage.

Nous passions la semaine en Bretagne. J'invite donc le couple chez moi, à Saint-Lunaire, puisque le week-end de la Pentecôte approchait. Elément essentiel de ma stratégie, se concilier le mari, jouer la carte du couple. La méthode avait donné d'excellents résultats avec Nathalie, puisque nous vivions ensemble, après la traditionnelle altercation avec le titulaire licencié sans préavis.

Evitant soigneusement le regard de Mme Circé, j'interroge le mari, j'insiste. Sa femme insiste. Viens, Roger. Oui, Roger, venez, ça nous ferait tellement plaisir ! Pascal décrit les charmes de Dinard avec une émotion non feinte. Pas sans toi, Roger, tes clients attendront. « Faut prendre le temps de vivre », en chœur. Roger est inflexible. Le devoir d'abord. Sa femme a dû être rosière il y a si longtemps que le souvenir s'en est perdu.

Elle part avec nous ! Dodo dans ma nouvelle cambuse. Et elle repart le lendemain. Légèrement hystérique. Elle a failli nous détruire quand, devant nous, sur une route fort bombée, une CX qui allait aussi vite que nous double un tracteur. Je suis passé entre deux arbres, mais les ongles de la fille dans ma joue droite sont restés plantés. Si ç'avait été *Ushuaïa,* je présentais l'émission de dos ! Arrivée en sang et dans la désolation. Navré de faire attendre un invité aussi exquis.

Les épilogues n'étaient pas toujours aussi dramatiques. Que ce soit cette relation publique d'un grand hôtel si bon genre qui s'est mis à nous offrir une samba digne de Salomé, à ceci près qu'elle n'avait pas sept voiles à ôter. Ou ce salon de massage marseillais où j'offris la tournée à Pascal pour me faire pardonner un vilain geste dans cette même ville. Nous dînions de part et d'autre d'une ravissante avocate, et Pascal joue les trouble-fête. Brune, piquante, intelligente, vive, drôle : la femme de loi allait m'échapper. Grognon, je ne laisse même pas le temps à Pascal de finir son dessert et l'expédie à Paris pour une mission urgente ! Résultat de la course, j'ai tout perdu.

Mais il n'y a pas que les dames qui soient allumées par la radio. Pascal a eu toutes les peines du monde à échapper à un chaussonnier qui ne travaillait que pour les jeunes danseurs. Et cet acteur à la retraite qui m'a remis d'un lumbago, grâce à des massages qui en disaient long sur son expérience. Je calmais le jeu pendant que Pascal se marrait, me proposant de partir en catastrophe à Paris.

Les dégustations de produits locaux prenaient quand même une allure le plus souvent gastronomique. Occasions idéales de gaffes. Après avoir vanté et fait vanter les mérites du tout-miel chez un apiculteur du Rhône, pendant une heure, on passe à table et on me donne un petit verre rempli d'une liqueur épaisse. Je recrache ce que j'avale : « C'est dégueulasse ! » Pascal me donne un coup de Santiag sous la table : « C'est de l'hydromel, con ! » dont j'avais loué la saveur. Pour ma pénitence, j'ai tout absorbé pour effacer cette mauvaise impression.

En revanche, je me suis régalé sans façon d'un foie gras du Périgord tellement savoureux que nous y sommes retournés deux fois. La chambre avait un surprenant plancher de verre qui permettait de découvrir le ruisseau qui alimentait ce vieux moulin, les bruits d'eau offrant une discrétion rare.

A six cents kilomètres de là, une dégustation en pâtisserie avait tourné au délire parce que Pascal, pris soudain d'une crise d'éternuements ouragan, avait projeté de la farine partout. Sur les micros, les techniciens, le pâtissier, le reporter. Impossible de continuer. La régie a dû envoyer trois disques pour nous laisser le temps de retrouver notre calme.

Calme que j'ai failli perdre chez un taxidermiste, autrement dit un empailleur d'animaux. Ils préparent n'importe quoi, y compris des espèces protégées, comme ce type qui avait deux têtes de gorilles chez lui, alors qu'il n'en reste que quelques dizaines en Afrique ; et d'autres sauvagines théoriquement protégées. On a dressé un simple constat, il est en liberté ! Et ses clients tuent toujours.

Je hais la chasse. En 1900, on pouvait admettre, les tueurs n'avaient pas conscience de ce qu'ils faisaient. Aujourd'hui, on sait ; pas d'excuses ! Et la petite chasse, encore, en 1989, est pardonnable, tradition trop enracinée puisque les paysans avaient été privés de gibier et pendus s'ils braconnaient. Je pardonne, mais je ne partage pas.

Mais la chasse en Sologne, avec cent rabatteurs qui poussent quelques bestioles effrayées devant les « orgues de Staline », ou du gibier lâché la veille, des faisans qui s'approchent des hommes qui, hier, leur donnaient à becqueter, c'est hideux. Et cette parade pseudo-militaire, en grands uniformes, fusils cassés sur l'avant-bras, et cette morgue des Tartarins du petit matin, c'est odieux et ridicule. Le soir venu, les serviteurs étalent le gibier assassiné devant la demeure du maître, et chacun choisit sa dépouille. Celui qui abat un chevreuil abattra un jour un homme sans beaucoup hésiter. Il suffit d'appuyer sur une détente, une simple pression du doigt, et vous décidez de la mort. Récemment, en Gironde, on a vu un patron de bistrot poursuivre en voiture des jeunes qui lui avaient siphonné quatre litres d'essence dans sa BMW bien-aimée. Il a tiré à travers les vitres...

Devant ces martres, ces putois, ces espèces en voie avancée de disparition, j'ai eu la gerbe ! Quand on voit le cirque que font les éleveurs pour quatre lynx dans le haut Doubs ! Si on les écoute, ce sont les moutons qui sont en voie de disparition. Idem dans les Pyrénées, dont la vingtaine d'ours échappés aux barbares sont accusés de génocides ovins. L'abattage clandestin a bon dos ! Une brebis « disparue » finit plus souvent sur une table garnie que dans l'estomac d'un ours brun.

Qu'on ne me parle pas d'égalité dans la chasse à l'ours telle qu'on la pratique dans le parc de Bugojno, en Bosnie. Des richards allemands sont installés dans des cabines (on ne peut pas appeler ça des cabanes) suspendues à cinq mètres au-dessus du sol. Le tueur est assis dans un fauteuil de bureau. Les « guides » ont essayé d'appâter les ours en répandant une demi-tonne de viande faisandée et d'abats avancés. Parce qu'il est nul, il a fallu entraîner le chasseur sur des cibles, pour l'habituer à viser le cœur les yeux fermés. Malgré cet entraînement, en dépit de la position de planqué et bien qu'ils aient une arme sophistiquée à lunettes contre un ours qui passe à moins de quarante mètres, les chasseurs ratent souvent leur coup. Ce qui fait grimper l'addition.

Le maladroit doit payer une amende de 20 000 F s'il le rate, parce qu'il faut payer des guides qui vont essayer de débusquer la pauvre bête pour l'achever.

L'ours vaut 60000 F, la peau de l'ours frôle les 100000 F en plus !

Un crâne d'ours et l'os pénien (très long !) assorti valent 20000 F supplémentaires. Autrement dit, l'ours yougoslave vaut 220000 F et l'organisateur refuse du monde malgré ses tarifs repoussants. Enfin, pour dire vrai sur ces « chasseurs », quand ils ne voient pas d'ours, quand ils sont sûrs de perdre leur honteuse mise de fonds, ils se mettent à tirer sur tout ce qui bouge, chamois, loup, ourson ! C'est l'instinct de mort dans toute son abjection, rien à voir avec un prétendu « équilibre » de la nature. Dans cette réserve, on massacre un tiers des effectifs chaque année, soit une quarantaine d'animaux adultes.

Je ne sais pas comment j'ai pu terminer l'émission.

Même chose chez un médecin du Midi qui élevait deux tigres dans son jardin. Il faisait un numéro de Tarzan à Q.I. très supérieur à la moyenne, pensait-il. Des tigres abrutis entre deux massifs de lauriers-roses, c'est révoltant. Grands ou minuscules, les zoos sont des prisons. On n'a même pas l'excuse, très ancienne, très usée, d'emmener les enfants faire leur éducation. A la télévision, ils peuvent *tout* voir des animaux en *liberté,* dans leur aire.

Même chose chez la fourreuse, à l'époque où l'on massacrait les phoques pour réchauffer les mémères.

Mais combien d'émotions vraies, de moments inattendus ! Tel ce patron de coopérative ouvrière qui n'embauche que des ex-taulards dans son entreprise de palettes, pour les réinsérer. Tout le monde en parle, personne ne le fait, c'est un thème chéri des « dames patronnesses » qui en papotent avec des frémissements, tout en rudoyant leur personnel domestique. J'ai vu ça !

Eh bien, ce costaud si rude, et si bon, avait une faiblesse, Johnny Hallyday. Le sachant, nous avions prévenu Johnny, qui l'appelle en plein milieu de l'émission. Rarement j'ai vu un être aussi comblé. Johnny, en direct, avait assuré !

Entre le feuilleton et la rencontre rare, on organisait des moments de détente. Par exemple, l'émission du 4 janvier 1981, date précise pour une fois, s'intitulait

« Opération surprise ». Et pour cause, nous avions installé nos tréteaux dans les couloirs de la Maison de la Radio, demandant aux différentes catégories de personnel ce qu'elles pensaient de leur sort. Pas triste.

Et ce représentant en autoradios, formidable imitateur et qui, à la fin de « Signe particulier », imite à la perfection Valéry Giscard d'Estaing, en direct au journal de douze heures, semant la panique dans la rédaction.

J'ai reçu une note de service furibarde de la direction, enfin, d'une direction ! Cette émission chère (même si nous étions nourris le midi !), menée par les deux plus jeunes de la station, faisait des jaloux.

Et puis des gens adorables comme ce charpentier de marine, Max Maiola, qui, installé à trente bornes de la première eau courante, charpentait des barques admirables, à trois ou quatre unités l'an pour ne pas « gâcher le métier » : artiste surréaliste qui œuvrait à Laplume, dans le Lot-et-Garonne... Et cet autre artiste, taxi dans le civil, baryton dans le cœur et dans la tête et qui chantait toute la journée dans sa Mercedes bleue. Pour écouter ses opéras, il avait besoin d'une grosse caisse, disait-il. Il entonnait *Rigoletto* dans les embouteillages et charmait ses clients. Quand il chantait « l'Air du catalogue » de *Don Giovanni,* fenêtres ouvertes, c'est lui qui provoquait les embouteillages. Voulant se produire sur scène, cet Italien magnifique a finalement trouvé des engagements. La dernière fois que je l'ai vu, c'était à trois heures du matin, et il est venu nous récupérer pour nous déposer à Roissy. Son nom est déjà celui d'un héros d'opéra : Lorenzo di Giovanni !

Moments plus tragiques quand nous avons programmé une semaine en Corse. Cinq émissions construites sur le courrier reçu. Il faut le dire parce que le F.N.L.C., furieux, nous téléphone en protestant : « Vos Corses ne sont pas des Corses, ils s'appellent Dupont... On va vous faire sauter ! »

Rien de tel pour me déchaîner. On y va plutôt deux fois qu'une. Des flics nous escortent partout. Première émission dans une clinique : terrorisée, l'infirmière qui nous avait écrit ne desserre pas les lèvres. Le silence, meublé par des chansons, se prolonge. Elle a peur. Elle a reçu des menaces. A distance, elle me fait « non, non »... Ça a duré dix minutes, puis un « délégué » est arrivé et l'a autorisée à parler.

La semaine s'est terminée dans le bonheur. Autour d'une des plus remarquables soupes de poissons que j'aie dégustées. Composée par le gardien du phare de l'île des Sanguinaires. Après avoir été fouillé et notre bateau quasi démonté pour chercher des bombes, j'étais loin de tout, dans la plus tonique des solitudes.

Paris est une ville rare, un mal nécessaire dans notre métier, mais, pour y survivre, il faut savoir la quitter, se préserver du stress, du béton, de l'air raréfié, des autres. Revenir. Partir. Multiplier les sensations. Dans ce phare du bout du monde, attablé avec un homme qui n'avait jamais eu de regards que pour la mer, dont la mission exclusive était de protéger les autres, il m'a donné une part de son rêve. De ce rêve que j'aime faire partager, qui est devenu l'une de mes motivations majeures. Le bonheur du reporter, c'est de s'entendre dire par l'homme ou la femme « visitée » : « Vous m'avez fait aller à des profondeurs que je ne soupçonnais pas, vous m'avez emmené... » Parce que c'est eux, rares et passionnés, qui nous transportent. Ce soir-là, face à la mer, devant cet homme de la mer, au péril de la mer, j'ai trouvé des forces pour repartir, pour « patienter » encore un peu.

Une année de surprises, de tout calibre. Que ce soit la découverte d'un écrivain majeur comme Mika Waltari grâce à une psychologue qui avait lu dix fois *Sinouhé l'Egyptien.* Ou celle d'un patron de cirque tel que Francis Schoeller, tout le contraire d'un zoomane, que j'écoutais avec tant d'attention que j'ai oublié un lion, de l'autre côté du filet (pas de cages ! c'est bien...), qui s'apprêtait à me décoiffer d'un coup de patte. Pascal m'a renversé juste à temps dans la sciure. Première leçon de vie sauvage qui sera complétée assez vite, par l'étude sur le terrain.

Mais le meilleur souvenir, que je me garde pour la fin, c'était réellement la fin de l'année 1981, au soir du 24 décembre, le plus beau de mes Noëls, d'autant mieux venu qu'il fallait de grandes choses pour oublier ce Noël où nous avions découvert la sépulture tragique de mon frère. C'était à Bagnères-de-Bigorre. Cédant pour une fois, je portais un uniforme, le costume de père Noël, santa Claus ! Prénom prédestiné. Emergeant, barbe blanche, robe rouge, hotte garnie, d'un hélicoptère qui faisait le point fixe, je descendais les barreaux étroits d'une instable échelle de corde. En m'aidant, on a failli perdre Pascal, qui se penchait trop ! J'arrivais devant la porte ouverte évidemment, puisque le bruit alertait les habitants de la ferme choisie. Ça changeait du traditionnel traîneau tiré par des rennes. Pataugeant dans la poudreuse, le micro d'une main, les paquets de l'autre, je surprenais des familles déjà isolées depuis des semaines par la neige. On trinquait, naturellement, pas moyen de refuser. Si bien que j'avais de plus en plus de mal à remonter l'échelle que le vent balançait.

La quatrième famille était un cas. L'homme était paralysé depuis vingt-cinq ans par une attaque de polio qui l'avait fusillé à l'adolescence. Il ne pouvait plus descendre dans la vallée. Le plus isolé de tous les Pyrénéens. Le plus affable aussi. Etonné comme l'enfant qu'il n'avait pas oublié d'être. Dans sa tête, il sautait de joie. Il a mis du temps à s'en remettre. Je n'arrivais plus à les quitter parce qu'un bonheur authentique, une vraie surprise dans notre univers gavé, c'est une aventure.

Mon plus beau Noël s'est terminé comme l'émission le devait. Par un gag. Devant la dernière ferme, je saute dans une mince couche de neige. C'était de la poudreuse vraiment poudrante. Je m'enfonce jusqu'aux oreilles ! Privé de ma hotte à cause d'un alcootest positif, Pascal devait me balancer les cadeaux, rien n'avait donc arrêté le père Noël transformé en trépan. Après un dernier gorgeon, Pascal a dû me treuiller, sinon j'aurais attendu tranquillement la fonte des neiges.

Après « Signe particulier », je ferai « L'agenda de... », recevant des aventuriers, dont Kurbiel, qui se mettent à table. Petit à petit, ce milieu de l'aventure, rendez-vous de chaque samedi, devient mon milieu privé.

Puis mon aire, puisque je pratique certaines des activités développées à l'antenne. Alors je pars de plus en plus souvent sur certaines expéditions. Encore une époque de transition riche en sensations, en approches, en rencontres. La radio me donne quelques millions d'auditeurs avec qui partager ce que m'offrent quelques dizaines d'êtres d'exception — ce qui ne veut pas forcément dire « admirables ». Puis cette époque de trois ans sécrétera de nouvelles envies, c'est tout l'intérêt des chemins de traverse, il n'y a pas de ligne d'arrivée. Pas de limites. Le ticket est toujours valable.

Après avoir épuisé le champ du possible chez les autres, j'en aurai marre d'être tributaire des idées d'autrui et je me mettrai à mon compte.

Mais le moment n'est pas venu. Après le choc Zambèze, je vais rencontrer la banquise. Un coup de foudre dont on ne se remet pas.

9

Le choc de la banquise

Engoncé dans ma combinaison, je m'approche de la porte arrière du Twin Otter, l'avion du pôle, le seul qui fonctionne et se pose. Dehors, il fait moins quarante-cinq degrés...

Calfeutrés dans leur cockpit, les deux pilotes sont déjà loin de moi. Je n'ai pas un poil à l'air. Masqué, enrobé de duvet, je suis tout seul à guetter quelques points noirs sur la banquise. Je n'ai que cinq sauts en parachute à mon « passif », avec un instructeur qui rassure quand même. A Paris, un copain m'avait griffonné quelques consignes vitales, au cas où mon parachute ne s'ouvrirait pas. Mais j'ai paumé le bout de papier dans l'avion Paris-Montréal. Depuis deux heures, je gamberge.

Je vais me balancer dans le froid mortel, moins soixante-dix degrés, avec l'effet aggravant du vent. Le pilote me fait signe, on arrive sur zone (de largage).

Bien que je ne sois pas prudent, dirait l'ami Reverchon, je demande un passage bas pour balancer un leurre et savoir ainsi d'où vient le vent.

Les pilotes ont distingué les points noirs, relativement mobiles, qui sont l'expédition Kurbiel. Tout le monde est exact au rendez-vous. L'avion se rapproche et je trouve que mes futurs copains ont de drôles de tronches. Puisque ce sont des morses ! Sans hésiter, les pilotes m'auraient balancé sur un troupeau de morses ravis de cette chair fraîche, enveloppée dans un duvet très léger pour leurs énormes canines.

En fait, Kurbiel et ses skidoos sont encore à cinq kilomètres. Je distingue leurs signaux. Ce n'est pas du morse ! Ce sont des hommes, ou peu s'en faut. Rassuré, je sens l'avion qui ralentit. Je me pousse tout seul dans l'air coupant. Le bruit de l'avion qui s'éloigne très vite, puis le silence absolu, puis le sifflement du vent et de l'air sur les suspentes du parachute déployé après une courte chute libre. Ma toile est donc bien ouverte. Le para olympique hémisphérique, doté de deux fentes, possède un système de libération rapide, essentielle avec le vent balayant la banquise. Pas question de me faire traîner pendant des dizaines de mètres sur les aiguilles de glace.

A vingt mètres au-dessus de la banquise, j'ai déjà le doigt sur le système d'ouverture. Le sol s'est rapproché, en tanguant à peine. Bon atterrissage face au vent : quel que soit l'appareil, se poser face au vent, ce qui permet de soustraire les deux vitesses, celle du vent et celle, horizontale, de l'homme ou de l'avion/U.L.M. Exemple, vent à 35 km/h, parachutiste à 20 km/h = 15 km/h, on se pose tel un papillon.

Le sol remonte brusquement vers moi. Je ripe à peine sur la glace. Bonne réception sur cette surface inédite. Après tout, je n'en suis qu'à mon quatrième saut en chute libre, avec cette manie de brûler les étapes quand je suis bien entouré. A ma troisième plongée avec bouteilles, j'ai fait moins soixante mètres.

Sauter en parachute est le geste le plus simple du monde. Si un problème s'amorce à l'ouverture, faudrait être le dernier des poireaux pour ne pas tirer sur la manette du ventral.

Je n'aurais pas été plus ému de sauter sur la Lune, et Dieu sait si j'envie les cosmonautes !

La banquise est un grand choc. Ce n'est pas tout blanc. Son vrai aspect est plus subtil, c'est un enchevêtrement de glaces, une palette de blancs, de bleu émeraude, dont les reflets amorcent un peu de vert franc. Un délire de formes jamais identiques ciselées par un sculpteur allumé qui ne prendrait nul repos. La glace ne cesse jamais de se comprimer, de se déformer, de se briser, de se ressouder. C'est une profusion d'images, un océan apparemment figé mais qui travaille toujours, subissant marées et courants. La glace crie en se fracturant et se reformant. Cette géologie en mouvement incessant est imperceptible comme la création du monde. Un show permanent que l'été boréal amène aux limites dépassées de l'imagination. La lumière, rasante, ne s'éteint jamais et donne une définition incomparable aux formes et aux multiples visages de cette matière sublime et mortelle.

Air cristallin. On oublie le froid. D'ailleurs, il ne faut jamais avoir froid. Ça paraît idiot, mais le froid est si intense que la moindre infraction est mortelle. Je savoure mon premier contact avec cette banquise qui, dans quatre ans, m'apportera ma plus grande joie d'homme.

Des silhouettes accourent de partout. Elles n'ont pas de défenses, ce sont donc bien des hommes. Les équipiers de Kurbiel vont au pôle magnétique en skidoo, scooter des neiges (marque déposée !), soi-disant à des fins scientifiques, vaste supercherie, mais démarche sportive intéressante.

Supercherie, parce que le pôle magnétique est plus près du confort, de mille deux cents kilomètres, que le vrai pôle (le géographique) et ce n'est pas l'endroit le plus inaccessible. Bien équipé, chacun peut s'y promener. La preuve, des enfants y vont.

Evitant mal les séracs, je progresse lentement vers les skidoos. Dans la neige s'élargit une tache rouge. Un ours tué, me dit-on, six heures avant mon arrivée. Les gens sont encore un peu traumatisés et je suis tout de suite dans l'ambiance, parce que l'ours était entré dans une tente ! Alléché par des restes de viande de caribou. C'est une erreur de stocker au pôle.

Le fusil de Kurbiel, mal graissé, n'est pas parti. L'autre tente est intervenue, la femelle avait hurlé avec ses trois petits. Et il avait fallu trois balles à bout portant pour tuer ce grand mâle de six cents kilos : c'est dire le respect et la méfiance qu'il faut éprouver. L'ours polaire n'est pas une peluche, c'est l'un des rares animaux sauvages totalement imprévisibles.

Ce drame jette dans l'action. Plus vite que le froid. Il faut toujours se mettre dans une configuration où l'on se protège. Porter des vêtements adéquats. Si les vêtements sont mouillés, construire un igloo, dresser la tente.

On a seulement le « droit » d'avoir un peu froid aux oreilles et aux ongles, mais pas longtemps. Ne jamais grelotter : sinon, on meurt. Moyennant ces précautions vitales, le froid doit devenir un faux problème. C'est *avant* qu'il faut l'appréhender. Le froid sec est supportable, on peut garder le visage à l'air immobile par moins cinquante. Ce qui est intenable, c'est le vent, facteur d'aggravation. A moins vingt, si le vent souffle à 30 km/h, ce qui n'est pas grand-chose au pôle, la température réelle est de moins quarante.

Première nuit sur la banquise. Accueil sympa, mais les types sont en expédition depuis des semaines, ils sont hirsutes, et moi, je me sens trop parisien. Je débarque, rasé de frais, propret. Les spécialistes racontent des histoires horribles, sur le froid, les ours, les glaces. Ils ont toujours tendance, quel que soit le milieu, à en rajouter pour ne pas minimiser leur univers.

J'apprends à m'installer. Il faut se déshabiller entièrement avant de s'enfiler dans le duvet, très efficace, lui-même installé sur une peau de caribou étalée directement sur la glace. Une vague lampe à huile amène la température de la tente à moins quinze ou vingt. Au chaud dans un congélo. Les fringues sèchent, car la transpiration produit de l'eau qui gèle. Ça se transforme en une armure de glace vive.

Etonné de reposer aussi bien dans des conditions pareilles, je dors comme un seigneur et commets ma première bêtise. Dehors hurle un husky, un de ces merveilleux chiens sibériens aux yeux bleus et au poil totalement imperméable. Si amicaux.

Mes chiens ne sont jamais attachés, et je ne supporte

pas de l'entendre, car un chien jeune aboie facilement au piquet, si bien qu'on n'y fait plus attention. C'est pourquoi, suivant la vieille fable, personne n'a réagi à ses aboiements quand il signalait l'approche de l'ours. Je le détache et l'abrite dans ma tente. L'Esquimau m'engueule comme du flétan pourri et récupère violemment son bien. Quoique choqué que ce jeune chien serve d'appât telle une chèvre au piquet pour attirer le tigre, je m'incline.

Au pôle, c'est le sentiment du néant de l'individu qui prédomine dès les premières heures, malgré les moments de bonheur que génère la liberté de l'action. Ces « flashes » inoubliables sont d'autant plus intenses qu'à aucun moment ne disparaît un fond d'inquiétude. Le soupçon veille quoi qu'on fasse. La précarité des choses est omniprésente. Je suis un *intrus,* que la nature tolère à peine. A tout moment elle peut reprendre ses prérogatives, faire valoir ses droits. Il ne restera rien de l'intrus, évacué à la seconde, sans préavis. Tout peut arriver à chaque instant, un ours, une faille sous les pas, la glace se referme à vue d'œil, ensevelissant quelques bulles d'air dérisoires, sans que nul ne puisse intervenir. Mort instantanée. Même pas besoin de tempête pour déraciner le roseau pensant. Alors, on reste sur ses gardes. Jamais de sérénité à cent pour cent, ni à un pour cent. On n'est pas là pour faire du zen. Cette peur qui s'installe, qui arrive à me réveiller, est permanente quand on passe des glaces inconnues en skidoo. Impossible de nager (seul Jean-Louis Etienne se sortira d'une chute dans l'eau sans aide, puisque solitaire : incroyable ! mais quand on connaît le bonhomme...).

C'est une peur nouvelle. Je connaissais celle du « civil » sous le feu des rebelles au Zimbabwe. Les coups de feu, on subit. Sur la banquise, la peur peut susciter une sorte de lucidité. Il faut penser à ceci, faire cela, elle n'inhibe pas. Tandis que sous le feu on devient un protozoaire. On voudrait bien !

C'est une nouvelle peur. Active.

Je connais la « paralysante », la « résignée », la « rétrospective », la « viscérale ».

On se pose mille questions. L'inconnu fait inexorablement douter. Vais-je tenir ? Suis-je capable, physiquement, humainement, techniquement ? Sans aucun point de repère ! A moto, je sais ; en cascade, j'ai appris. La banquise dénude le citadin démuni. J'ai toujours peur de gêner les autres, que ce soit au départ d'une course moto ou au fil des heures égales dans la lumière polaire qui interdit toute référence. Etre un poids serait la suprême humiliation. L'aventure, c'est d'abord sa propre découverte et je me découvre, au fil des situations, des faiblesses et une volonté. Le refus de subir. Se taire quand ça ne va pas. Je suis resté le petit scout croulant sous son sac à dos, toujours content, toujours allant, refusant le coup de patte d'un Jean-Pierre Couriaut. Il faut aller jusqu'au bout, ou aller nulle part.

La radio se révèle un outil plus commode que l'image. Quel que soit le « white out », ce brouillard menteur qui abuse sur tout, on peut faire son émission. L'armée française, avec un Transall, est dans le coup.

On s'habitue même au caribou faisandé. Et le vent se lève. Entre duvet et chair, on charrie de la glace parce qu'on transpire à pousser la mécanique enrouée. Leçon...

Autre leçon, la conduite du « chef » et la composition humaine d'une bande. Je comprends, sans toujours l'appliquer plus tard avec la rigueur indispensable, que, quelles que soient les compétences, il faut tenir compte des affinités. La charnière qui grippe doit être renforcée et non enfoncée. Le maillon le plus faible de la chaîne doit être chouchouté et non martelé. Choisir ses compagnons, ne pas se faire piétiner par les exigences des médias et du fric. Une règle : tenir son rôle et se faire plaisir. Kurbiel m'a démontré ce qu'il ne fallait pas faire. Très vite, il s'est isolé avec sa femme du reste de la bande. C'est un personnage étrange, ce Polonais que j'avais reçu naguère à mon émission. Excellent marin, familier des eaux les plus septentrionales du monde, courageux : il veut forcer le passage du Nord-Ouest[1].

1. Il réussira en 1988, bravo !

Humainement, je n'en reprendrai pas. Mais je lui sais gré de m'avoir fait découvrir l'Arctique. Sans lui, jamais je n'aurais accédé à cet univers dont on ne se remet pas. Qui nourrit l'esprit, accroît et affine la réflexion.

Je connaissais les livres de Kurbiel, mais pas le bonhomme. A Paris, il affiche une épaisse barbe et une bonhomie joviale, soignant son look de héros de Jack London ou de Conrad, mais sur le terrain il est toujours pressé, bougonnant sans cesse jusqu'à ce que cette humeur maussade dégénère en vraies colères. Il met une sale ambiance en trois coups de gueule. Quand je suis arrivé, les autres ne lui parlaient plus. Ma présence a fait diversion un temps, et raccommodé certaines déchirures. Bricolage.

C'est idiot d'aller dans des endroits pareils pour se faire la gueule. Pour retrouver les ignobles et mesquines querelles citadines. Pas le droit d'afficher la tronche de rat dans ce lieu exceptionnel. Laisser le « vieil homme » à Paris, y a des poubelles pour ça. Il faut donc apporter un soin maniaque au choix de ses équipiers.

On termine le trajet, du vent plein les gencives, le cœur au freezer. Je redescends de la « lune » sans problème. Toujours content de retrouver Paris que je ne fuis pas. Paris m'arrive, ville rare quand bien même elle est étouffante. C'est une base où j'ai mes amis, mes copains, mes chiens, où je retrouve Nathalie avec laquelle tout baigne encore malgré des coups de foudre pour des « ombres » de passage pour lesquelles je me suis déballé aussi vite que je m'étais emballé. Ma ville, celle de mes proches, en dépit de l'asphyxie du béton.

Je ne m'exilerai pas : ce serait repousser le problème sur un autre méridien. Quand je choisirai une base permanente dans la nature, il n'y a aucune raison pour que ça ne soit pas en France.

Paris est un abrasif fantastique. Immédiatement, je suis happé par le stress, la rapidité des événements, ma vie à gérer, les contraintes.

Tout bascule à la seconde vers d'autres activités. On

passe à autre chose. Ne pas rester accroché à ses souvenirs. Plutôt que de radoter sur la banquise, y revenir, autrement.

Je retrouve la radio, le métier. Et certaines têtes d'andouilles qui n'ont fait que prospérer. Témoin cette scène, la vénalité d'un boutiquier. On est en France. Et même en Vendée.

J'ai oublié l'endroit mais pas la bobine du patron ni celles des clients qui ont profité d'un sketch non prévu. J'avais envie d'un homard grillé, Pascal aussi. Pour accompagner — notion de convenances qui m'agace, on boit ce qu'on aime — je commande, d'accord avec mon complice, un rouge léger. Le patron se dérange avec sa toque pour nous faire la morale. Du rouge avec du homard, plutôt perdre un client que d'accepter d'être complice d'un sacrilège. Pis, un crime contre la glotte, le palais, les papilles. On ne savait qui on torturait le plus, le homard ou le patron ! En temps normal, j'aurais eu tendance à lui faire bouffer son menu, avec ou sans rouge, la suffisance m'est insupportable. Je préfère lui tendre un piège. Très bien, dis-je en contemplant la carte de trois kilos, choisissez pour nous, pommard 1957, domaine-de-beauregard ou cuvée du patron, en blanc ? Immaculé, le blanc ?

Deux minutes plus tard, toute honte bue, le « sommelier » intransigeant revient avec un pommard, donc *rouge,* mais à 1245 F le flacon, plutôt qu'un blanc, ersatz de muscadet, à 35 F. Tant pis pour le homard. Le sacrilège n'a jamais goût de bouchon.

Les gens pas aimables, je ne supporte pas. Un mec désagréable, qui que ce soit, je me le fais. Tant pis pour les conséquences. Des gens qui m'auraient été utiles sont repartis avec un saladier sur la tête ; une tarte écrasée dans la main, serrée au dernier moment. Un serveur qui n'écoute pas ce qu'on lui commande, qui râle pour une chaise de travers, des pieds dans le passage.

Par principe, j'ai horreur qu'on m'engueule. A Paris, et c'est encore plus sensible quand on revient d'expé, les gens sont agressifs et l'agression gratuite me rend agressif. C'est le cercle vicieux parfait. L'escalade permanente : je rentre dans le chou des sales gueules — dans ce cas, c'est un délit ! Bien élevé, très poli et aimable, disant sans faute merci et au revoir, si on ne me renvoie pas la politesse, je deviens pire que tout.

Sur les clous, je laisse passer, avec ou sans drapeau blanc, mais, si on ne me dit pas merci, je klaxonne de rage et j'accélère. Paradoxe de mes emportements. Je fais des scènes de ménage souvent pour des broutilles alors que mes grandes décisions sont calmes.

La violence me terrorise, les émeutes où les gens s'empoignent sauvagement (je sais où sont mes peurs), mais j'ai allumé un soir des alcoolos tellement pétés qu'ils ne pouvaient pas mettre la clé dans la portière et ils voulaient conduire dans cet état-là.

Incapable de me retenir de dire à une contractuelle : « Il y a deux sortes de femmes qui font le trottoir et je préfère les putes qui prennent de l'argent, et plutôt moins, pour soulager des tensions au lieu d'en créer. » Révolte excessive, quasi débile, mais je ne m'amende pas.

Comment garder son calme, à la poste, devant cette pauvre petite vieille qui vient chercher un pli pour son mari invalide. Elle ne pouvait pas remonter dans sa chambre au sixième sans ascenseur pour ramener une carte d'identité réclamée d'un ton haineux qui aurait mérité deux baffes. Méprisant, indifférent, le rond-de-cuir ne veut rien entendre. Alors je bondis derrière le guichet (depuis, on a installé des grilles, avec passe-plat pour la nourriture), prends la lettre recommandée, le registre, donne le tout à la vieille abasourdie : « Signez là, madame ! »

Je prendrai peut-être une balle bêtement, je ne suis pas justicier, mais les abus de pouvoir, le terrorisme du pouvoir et de la bêtise réunis sur les mêmes têtes me révoltent. Quand j'éclate, je ne peux plus me retenir. Et je suis malheureux quand je me suis tu alors que j'aurais pu l'ouvrir. Partout, flics, amis, bistrots, il faut que je joue les redresseurs de torts. Excessif dans mon intolérance contre les intolérants, j'ai souvent quitté des tables où les convives tenaient des discours complètement agaçants, truffés de jugements tout faits, à la loden-lacoste. Je me lève et dis : « Tes amis ne sont pas les miens. Merci de m'avoir invité, je me casse. »

Au cours d'une soirée très mondaine où j'étais le hooligan de service, en Bretagne, je me heurte à un grossium qui pétait plus haut que son cul. Profitant de ses allées et venues à la piscine, je charge son verre d'un mélange détonant, de quoi assommer un bœuf. Il le liquide cul sec, et aux dernières nouvelles il est encore en vie, ce qui prouve combien il était vénéneux !

Et je regrette encore, pour le prix que j'ai payé, soit huit mois de suspension de permis, de m'être écrasé au tribunal de Saint-Malo. La presse locale titre vertueusement : *Un journaliste parisien refuse de montrer ses papiers et insulte un gendarme.* Vu comme ça, je ne l'avais pas volé, alors que la vérité est qu'un gendarme est venu polluer un tournage. Modèle Cruchot, trois fois dans le même après-midi, il a contrôlé nos papiers, ceux des participants de l'émission, ceux de l'hélico. Trois fois ! La seconde, j'avais seulement demandé : « Pourquoi tant d'acharnement ? » Je fais ce que je veux, avait répliqué Pandore. La troisième fois, le képi frôle les genêts en fleur. Je suis prêt. « Monsieur l'agent, nos papiers, vous les connaissez par cœur. C'est moi qui vais vous emmerder. » Et je lui tends les carnets de santé de mes deux setters, absents lors de l'altercation !

C'est tout le contraire d'une assurance de soi, cette manie de redresser les torts et de corriger les cons. Encore moins du parisianisme. C'est une notion de respect, fondamentale.

Je ne supporte pas les gens méprisants et je m'en mêle même si je ne suis pas concerné.

Ça va être dur, à la télévision, où je commence à mettre le nez à mon retour d'Arctique.

Par curiosité. Je savais qu'on n'avait pas besoin de moi. Je ne me suis jamais trouvé télégénique. Et enfin, troisième raison de ne rien faire, je ne voyais pas trop ce que j'allais y commettre. Conclusion, je prends une pile de journaux TV chez mon kiosquier, m'enferme éplucher les programmes. Et je téléphone aux responsables d'émissions pour dire qui j'étais. C'est-à-dire rien. La plupart ignoraient tout de ma petite personne. J'arrachais un rendez-vous après des bagarres homériques. Quelques-uns (1 %) m'ont reçu très gentiment, tel Christophe Izard. Sabatier, qui présentait son émission jeunesse, venait de partir pour « Avis de recherche ». Izard « recherchait » un animateur.

Hélas ! les tests étaient obligatoires.

Détestable. Déshabillé devant tout le monde. Chacun voyait en gros plan mes défauts, mes tares, le négatif. Quand je m'entends et me regarde, je me trouve à gerber. Pas d'autre mot. Nonobstant, j'ai tenu le jardin d'enfants pendant trois ans. C'est très particulier, les mômes. Il faut avoir des talents que je n'ai pas. Amuser, chanter, séduire, danser, ce n'est pas mon truc, je faisais autre chose... je ne sais plus quoi, mais ça m'a appris l'outil télé, ses règles, ses limites.

Quand je quitte TF 1, je refuse certaines propositions, sauf une. J'avais besoin de sous pour refaire la toiture et l'isolation de ma maison en Bretagne. Ma mère était souffrante et méritait un confort minimum.

C'était un jeu débile, un des plus ringards qu'ait commis la télé. « Ouvrez l'œil » a été la honte de ma vie, infiniment pire que les podiums d'été qui me paraissaient, rétrospectivement, des chefs-d'œuvre d'élégance et de discrétion. Je priais pour que les gens ne regardent pas. Comme j'ai souffert, avant d'être exaucé, assez vite ! J'officiais en veste dans cette énième copie du jeu des Sept Erreurs (j'en connaissais une autre !) mais sans cravate. Aussi à l'aise qu'une nonne déguisée en pute. Le vrai truc V.R.P., arbitrage entre deux familles. Le moins con, ou le plus con, a gagné. Quelle leçon, cet exhibitionnisme ordinaire ! Il faut toujours faire ce qu'on sait faire. Etre ce qu'on est. Sinon, on risque de se détruire. Mieux vaut être contractuel et refuser des propositions mirobolantes. Exhibé = catalogué : on en prend pour vingt ans, à la télé.

La couleuvre avalée, j'ai eu moins froid dans ma maison, merci, Bernadac.

La télé est un outil pervers et dangereux pour ceux qui

s'en servent ou croient savoir s'en servir. Double action néfaste : effriter une personnalité ; faire croire à une personnalité.

Il faut l'utiliser avec prudence, en gardant ses distances.

Comme dans la vie, l'essentiel est de bien gérer les abîmes et les cimes. Plus dur de gérer les cimes. Quand on est porté au pinacle, c'est forcément de manière excessive, puisqu'on ne peut qu'être démoli. Corollaire : ne pas se prendre pour ce qu'on n'est pas, et bien se rappeler que c'est un outil amusant, une chance, un privilège. Ne pas oublier qu'à quelques exceptions près (Pivot en est une) cent types peuvent faire ce que l'un accomplit. Les apprentis sorciers sont interchangeables, eux qui sont prêts à tout, à montrer leurs fesses à l'antenne, faire un strip, proposer une émission littéraire même s'ils ne savent pas lire. On déroule des tapis rouges, on paie des fortunes qui ne sont pas méritées.

Il faut en profiter, c'est l'essentiel. Combien de gens nés de la télé, nés à la télé se sont forgé un personnage comme on achète un costard ? Débutants gauches, ayant passé de dures années à déchirer des télex de leurs longues dents, à s'emmerder dans les conférences où ils regardaient leurs pompes plus souvent qu'à leur tour, et qui deux ans après se pavanent cigare au bec, l'air suffisant. Coléreux et capricieux. Jugeant de tout sur tout. Ceux-là sont accros, et ce seront les plus malheureux quand leur émission sera décalée, repoussée, supprimée. Ils vont mourir, car, quand les lumières s'éteignent, c'est le noir total. La star n'est plus rien. Pas même une ombre. Exit. On rembobine. Même si on veut rallumer, on s'aperçoit qu'on ne prend plus la lumière. Machine cassée.

Quand ça marche, il faut en profiter pour aller au bout de sa passion en sachant que l'outil peut détruire son utilisateur, qui n'est jamais le maître de l'outil. Un mec insignifiant, mais à la voix chaude, peut prendre un volume excessif. Insipide dans la vie, il est esclave de cet outil qui fait tout.

Et c'est dur, tout de suite, de refuser une émission

quand on gagne peu de fric à la radio. C'est tentant, un plateau à soi. Mais je ne déroge pas à ma ligne de conduite. Trois fois, j'ai démissionné pour maintenir des exigences qui ne sont pas caprices mais des nécessités professionnelles de qualité. J'ai horreur du toc, des fleurs artificielles, du bidon, des imitations.

Pour se protéger de cet effet de loupe, il faut cultiver son jardin secret. Vivre, avoir vécu, pour se sentir d'attaque.

Mon jardin secret, récemment agrandi de la banquise (timidement), c'est le bush. Le Zambèze. Les grands espaces de liberté du Zimbabwe.

10

Zambèze : la vie sauvage

On ne sait jamais si l'on va s'en sortir, ni dans quel état on émergera de cet ouragan d'eau douce : c'est terriblement long, un « rapide », même si ce passage infernal ne dure jamais plus d'une centaine de secondes.

C'est épuisant physiquement et psychologiquement.

Physiquement, parce que la force du fleuve est phénoménale, cosmique : rien ne l'arrête, c'est un raz de marée permanent qui disloque les roches depuis quelques millions d'années et qui n'a aucune pitié de nos canoës. Un rapide, c'est une sorte de turbine naturelle qui projette et engloutit n'importe quoi. L'eau peut vous aspirer, j'ai failli y rester un jour que mon raft pris dans un tourbillon a été entraîné par le fond, ce qui signifie que le passager n'a pas eu le temps de prendre une inspiration avant d'être attiré dans l'abysse. Le crâne cogné, martelant le dessous du bateau, j'ai eu le temps de penser au syndrome Dieuleveult. Ce jour-là, je n'étais pas attaché. (Les deux écoles, harnais or not harnais, s'affrontent. Dieuleveult s'est noyé avec ses compagnons, sans harnais ; Renaud Lavergne a réussi sur les mêmes rapides d'Inga, avec harnais, c'est tout ce que je peux dire : toute action extrême porte en elle un germe de mort, nous le savons.)

Sous l'eau, l'homme a trente secondes pour mourir ou

remonter à la surface. Sans doute, j'ai dû faire le geste qu'il fallait, mais cette technique n'est jamais suffisante, si elle est nécessaire. C'est l'eau qui a décidé de m'expulser vers le haut, vers la lumière. La décision aurait pu être contraire.

L'eau est tyrannique, elle a tous les moyens, y compris celui de bloquer au fond d'un tourbillon un corps noyé, pendant des années, jusqu'à ce que le débit de l'eau se modifiant change ses rapports avec la roche et déplace ou atténue sa force prodigieuse.

Cette sensation est omniprésente quand on est coincé dans quelques planches de bois et que cette force destructrice de l'eau peut vous jeter sur une des centaines de roches qui affleurent, canines acérées d'une énorme mâchoire géologique.

Cette furia est le visage du Zambèze, le seigneur des grands fleuves, après les chutes Victoria, le plus beau site d'Afrique d'après un monsieur qui s'y connaissait, le célèbre docteur Livingstone. Pendant deux cents kilomètres, le fleuve se resserre et rue entre les parois de pierre qui décuplent sa vitesse.

Pourtant, un rapide, ça s'apprend, et ça s'apprend chaque fois. A la seconde où l'on entre dans l'écume, les ponts avec le normal sont coupés. Il est impossible de s'arrêter dans ces tourbillons qui trimbalent dans un gymkhana extrême l'esquif transformé en ludion, de roche en roche. L'homme « avant » doit faire le moteur en pagayant sans arrêt, ce qui donne motricité et mobilité. Derrière lui, l'homme « arrière » fait le volant, il doit contrer les « S » en donnant des coups de pagaie non pas pour avancer, mais pour éviter les chocs en prenant appui sur les rochers.

Les Rhodésiens crient sans cesse dans ces maelströms, ce qui crée une ambiance euphorisante sous le regard des fauves... Qui vous attendent à la sortie en eau morte.

Dès que l'eau s'apaise et que se calment les tumultes, les crocos et les hippos barbotent.

Traditionnellement, à Victoria Falls, un baroudeur de service vous raconte une histoire épouvantable, celle de ce pêcheur qui fut attrapé par un croco mais qui connaissait les habitudes du mangeur d'hommes. Le croco, malgré ses dents puissantes, préfère la viande faisandée. En général, il ne dîne pas tout de suite, traîne sa prise sous l'eau et la stocke dans un creux, sous une banquette de la rive, à l'abri de ses congénères. Plus tard, il reviendra manger. Ce pêcheur fut donc traîné par le tueur et fit le mort pour que la bête ne soit pas tentée de l'achever. Non sans avoir pris une belle goulée d'air frais. Il se sauva dès que le croco repartit à la chasse !

On a tous vu, à la télé, des corps d'Africains mutilés par les mâchoires géantes des hippopotames, ainsi que des fragments de canots broyés aussi férocement par ces herbivores dégénérés qui sont finalement aussi dangereux que des requins.

C'est ce que les Grecs appelaient tomber de Charybde en Scylla. Sitôt franchies les dents géologiques, se méfier des dents en ivoire véritable des sauriens et des hippos.

C'est un danger constant, une tension qui ajoute à la fatigue provoquée par la tétanisation.

Amandine a failli y laisser sa peau délicate et chaque sortie de rapide nous angoissait. Un midi qu'elle nageait seule dans l'eau fraîche et transparente (c'était notre eau potable), notre guide Raymond Stocker dit d'une voix neutre : « Amandine, sors. »

J'étais tout près et le calme parfait de Raymond cachait un danger imminent. Amandine n'hésita pas, en trois battements de pieds elle fut sur la grève, dont elle s'écarta en deux bonds. Raymond me fit un signe. A l'endroit où elle barbotait, un croco rampait au ras de l'eau, ses yeux globuleux à peine visibles (sauf pour un Raymond !), torpille acérée glissant sans provoquer la moindre ridule.

Comme quoi les histoires de pêcheurs ne sont pas toujours des vantardises.

Nous sommes partis dans cette expédition sans armes. Et quatre années plus tard, alors que je tourne une série d'émissions au Botswana, pendant l'été 1988, les types se souvenaient de notre folie et quand on m'a présenté ils ont souri un peu jaune : « Ah ! le crazy French... qui fait le Zambèze sans armes... Crazy ! »

C'était fou, je ne pouvais pas savoir à quel point, en organisant cette descente du Zambèze, depuis Paris, malgré toutes les informations qui incitent à la prudence et au port d'armes !

C'était mon choix. Les mains nues, désarmé dans une des natures les plus sauvages qui soient. Le Zambèze est une source d'émotions aussi inépuisables que ses eaux abondantes, tumultueuses, riantes. C'est le sud de mon jardin où je vais plusieurs fois par an, où j'ai emmené tous ceux qui ont compté dans ma vie, c'est un signe de ralliement. Alors, si, comme le disait mon père, « on n'a rien sans rien », je n'ai pas eu le Zambèze pour rien. Car pendant six semaines cette vulnérabilité finit par peser très lourd. Trois fois on se sort d'une situation tragique, en se disant que la quatrième sera la bonne ! Entre un croco et un hippo, un rapide et une charge d'éléphants furieux d'être dérangés, on se sent tout nu. Nous n'avons ni radio ni moyen de prévenir un hélicoptère, la trousse de secours est dérisoire alors que nous pagayons dans un sanctuaire animal. Et le danger n'est pas une légende, une hâblerie. Cet été, Hubert a dû sauver d'urgence, en hélico, un touriste encorné par un buffle et un photographe allemand a été dévoré sous sa tente, pendant son sommeil, par un lion. On a retrouvé ses os que des vautours achevaient de nettoyer.

On n'a même pas un arbre pour grimper en cas d'alerte. C'est le dénuement total. Loin de tout, totalement désarmés, nous allons passer quarante-deux jours et autant de nuits exceptionnellement denses dans un mélange de sérénité et de tension qui donnera tout son prix à cette descente pratiquement jamais faite dans ces conditions primitives.

Nous sommes redevenus des Pygmées, sans leur savoir ancestral. Et, pour compliquer les choses, j'ai emmené Amandine, une femme, en expédition, pour la première et dernière fois ! Les crocos en savent déjà quelque chose.

Issue d'un milieu bourgeois d'un grand classicisme à qui le Zambèze était encore moins familier que la planète Mars, Amandine était la gentillesse même, la fraîcheur, la bonne éducation ; elle était l'antithèse de Nathalie, avec laquelle nous nous déchirions. C'était l'aventure dans l'aventure et je m'étais décidé sur un coup de folie à en faire soi-disant mon « assistante », alors qu'il ne s'était rien passé entre nous. Elle avait cru partir pour une partie de canotage au pays du doux soleil perpétuel. La vie au grand air demande un grand art...

J'emportais aussi une lettre de Nathalie, une très jolie lettre d'intention, d'amour toujours, de promesses de bonheur perpétuel dès mon retour. Alors qu'elle était aussi sensible à la séduction des autres que je l'étais moi-même.

Je me trouvais dans une période sentimentale exténuante : sans aucun doute, je n'apportais pas à Nathalie cette sécurité dont elle avait besoin, mais, comme toutes les femmes qui aiment tant les certitudes, elle était séduite par la fantaisie.

Par la force des choses, et la faiblesse de mes inconstances, elle allait voir si l'herbe était plus croquante ailleurs, telle la chèvre de M. Seguin. Puisque mes absences laissaient du champ libre à mon rival, elle franchissait de nouveau la barrière virtuelle. Ses incartades réitérées, symétriques aux miennes, ont donné lieu à des scènes violentes. Je tombais des nues, à la fois étonné d'être trompé et surpris qu'elle soit peinée de l'être. Marivaux n'aurait pas reconnu les siens dans ces inconstances qui ne me servirent jamais de leçon. Nous avions conservé nos vieilles habitudes de séduction, c'était bien la dernière chose que nous ayons en commun.

Les tromperies suivies de ruptures précédant d'éternels retours et d'immuables grandes résolutions ont créé des périodes de déchirures qui ont mis notre vie en charpie. Et ce jour où, retour de reportage, j'avais retrouvé vide notre appartement a été l'un des cauchemars de ma vie : l'invisible échafaudage sur lequel tout reposait s'était effondré en un instant, bouffé par les termites de la jalousie.

A cause d'Amandine, nous sommes partis pendant les vacances scolaires. Jamais Amandine n'a raté de cours. Sa beauté me rassurait, mais j'étais trop préoccupé par

Nathalie pour penser à la bagatelle avec une autre. Apaisé de l'avoir près de moi (égoïste !) en sachant qu'elle serait un lourd fardeau. Ce n'était pas un safari papillon kényen, protégé par des meutes de gardes-chasse.

A Hararé, je retrouve mes amis « rhodésiens », devenus rangers dans les parcs, et Robert, cadreur de FR3 Reims, qui couvre certaines expéditions et sait vaincre ses peurs. Il doit tourner un 52 minutes pour les « Carnets de l'aventure ».

Amandine a vraiment eu du cran. Seule fille parmi des mecs estampillés aventuriers, avec un type qu'elle connaît à peine pour avoir fait avec lui de la planche à Saint-Lunaire, un coureur de jupons. De ce point de vue, elle est momentanément protégée, la belle Amandine. L'esprit ailleurs, et cinq broussards trop près ! Ça ficherait la pagaille. Elle assure. Nuit dans la cage aux lions, au bord du fleuve. Nos trois canoës sont tirés au sec. Duvets posés à même le sol. Nuit assez fraîche, on récupère. Thé avec l'eau du fleuve. Poissons du jour au court-bouillon. Conserves. Couchés tôt parce qu'on se lève à cinq heures pour essayer de parcourir entre quarante et soixante kilomètres par jour. On descend le courant, mais, dès que le fleuve se resserre, le courant augmente et le vent de face annule cette accélération (effet Venturi, comme sur la Seine !). Si on cesse de pagayer, on recule. Bien qu'on ait mis Amandine avec le plus costaud, elle en a bavé avec sa pagaie à deux pelles. D'autant qu'elle sent l'hostilité des hommes qui se demandent ce qu'elle fait là ! Même pas la « fiancée » du capitaine...

Et ce n'est pas rien de franchir un rapide, dix centimètres au-dessus de l'eau bouillonnante ! Il faut conjuguer les contraintes sportives et l'appréhension de cette nature qui s'exprime puissamment à chaque courbe, méandre, défilé. Chaque coup de pagaie révèle quelque chose dans le « silence » des eaux vives. Pour nous, visiteurs de passage, c'est l'approche la plus exceptionnelle qui soit : on ne dérange pas. Précisément, les animaux sont là, omniprésents, affolants. Quand on bute sur un éléphant à cinq mètres du bord, dos au fleuve infesté de crocodiles, il faut savoir prendre sur soi. Et c'est une source de fatigue, cette tension. Jointe à la fatigue strictement mécanique du franchissement des rapides : chacun d'eux ne dure qu'une minute, mais c'est long quand on tétanise.

Amandine grignote de bon appétit, avale discrètement des cachets pour dormir, bien qu'elle soit éreintée.

Robert dort aussi, mais en ronflant, ce qui doit effrayer les lions. Le feu brasille encore, n'éclairant plus le camp. Ça ne sert à rien de monter la garde, il faut seulement éviter les passages habituels des fauves. Car le fleuve est nourricier, cette fonction a disparu en Europe. Et ce qui vit dans la brousse vient y boire. Et ce qui vit dans le fleuve vient manger dans la brousse. C'est de ce double flux que le danger peut surgir en permanence. Il impose de savoir où poser ses duvets si on ne veut pas servir de descente de lit. Un pisteur sait reconnaître ces passages précis, il identifie les traces, étudie le sol, écoute et enregistre les bruits.

L'éléphant demande une habileté d'oreille ahurissante, car rien n'est moins bruyant que cette grosse bête. Elle émet un son presque aussi doux qu'un roucoulement, assez sourd, mais c'est une tourterelle de quatre tonnes. Et son chant se confond avec l'orchestre de la savane qui donne son concert général nocturne. Alors que le sol est sec et bruyant même sous le pas léger d'Amandine, l'éléphant possède un don incroyable pour se déplacer en groupe, silencieusement. Un troupeau peut se rapprocher à cinquante mètres de nos duvets sans être repéré.

Amandine dort près de moi.

Robert a construit une fortification symbolique, un rempart de sacs à dos, d'objets divers, spectacle belliciste à mourir de rire. Le plus drôle reste à venir : il s'endort comme un nourrisson, dans son « donjon », comme si une pile de Tupperware allait gêner un buffle et sa famille. Souvent son propre ronflement le réveille et il se dresse, en alerte, persuadé qu'un lion vient de rentrer dans son fortin.

Trop excité pour dormir aussitôt malgré mon aptitude au dodo régulier, étendu près d'un arbre déraciné, j'écoute. La densité de la nuit est sans pareille. C'est un autre monde qui naît.

Un bruit. Je lève la tête, sans brusquerie, et découvre une grande ombre qui se déplace. La silhouette noire, dans la nuit sans lune, semble très proche, mais l'obscurité altère l'appréciation des distances. Je veux prévenir Raymond Stocker sans réveiller tout le monde, mais je pince le duvet de Robert endormi. Il jaillit à la verticale, pensant déjà qu'il a les jambes dans la gueule d'un croco.

Je lui fais signe de se calmer, de ne pas alerter les autres, mais il ne cesse d'émettre :

— Que se passe-t-il, bordel ?

En s'agitant, il ne réveille pas Amandine mais fait peur à l'animal, qui fonce sur nous.

Robert, coincé entre ses sacs et son duvet, cherche ses pompes :

— Ça va comme ça, les conneries, je rentre à Reims !

La réflexion me fait rire encore. Pas cette nuit... Le fauve était sans doute un buffle aussi effrayé que nous. *A priori,* les animaux sont souvent surpris, donc inquiets. Et cette inquiétude provoque les accidents. Un hippo dérangé qui regagne son habitat aquatique ne fait pas attention à l'endroit où il pose ses pattes. Qu'importe si un dormeur se trouve entre lui et le fleuve. Il se fait embarquer irrémédiablement.

Stocker braque une lampe sur le fleuve immense, où brillent des centaines d'yeux de crocos.

— Robert, tu ne vas pas rentrer à la nage ?

Quand les muscles sont durcis, quand ils ne réagissent plus et que les tendons font mal, quand le cœur a battu la chamade au sortir des rapides, juste avant la nuit brune où toutes les ombres peuvent être mortelles, quand nous sommes autour du feu à boire du thé, nous passons des moments radieux. Le soleil incandescent qui plonge dans les brasiers de l'horizon, les grands oiseaux qui remontent vers le couchant...

Après Kariba, Raymond Stocker nous sauvera d'un sale tour, mais les éléphants ne sont pas encore là... Sur les rives étroites qui tentent de domestiquer le fleuve, Raymond fait son petit saint François d'Assise qui parlait aux oiseaux. Ce broussard sait imiter les cris de soixante oiseaux ! Il n'a pas son pareil pour capter l'orgueilleux aigle pêcheur, feindre son gloussement rauque puis déchirant, l'obliger à prendre son royal envol pour dominer la situation et attaquer ce rival dont on ne voit pas les plumes. L'aigle prend de la hauteur, Raymond fait son numéro de soliste époustouflant de Menuhin du bush et il balance au dernier moment un poisson, un *tiger fish* qu'il a préparé. C'est un éclair dans le couchant. L'aigle fuse sur sa proie et disparaît dans son repaire à grands claquements d'ailes ondulantes.

C'est le temps de bonheur parfait où la sérénité chasse la tension des efforts et des pièges, en attendant que cette tension fasse ses ravages nocturnes.

On a payé le prix, nous nous régalons. Raymond peut faire le *carmin bee-eater*, autrement dit le guêpier carmin aux splendeurs de vins fins, à la tête turquoise éclatante, au bec acéré d'une courbe parfaite. Ces guêpiers, dont on trouve une variété européenne si difficile à étudier quand on ne connaît ses routes à travers les vallées, volent ici par milliers ! Nichés dans des terriers qui trouent les rives, ces troglodytes rutilants sont l'embrasement du soir. Jamais je n'ai pu me lasser de les regarder en attendant l'heure où les grands fauves vont boire.

Débauches de couleurs, inventions des formes, concert vespéral de plus de quatre cents espèces d'oiseaux dont je ne connais que quelques noms. Ces martins-pêcheurs noir et blanc, d'une éblouissante sobriété, font du sur place à je ne sais combien de tours/minute et piquent sur des petits poissons couleur de mercure qu'ils vont rapporter à leur nichée cachée dans une touffe d'herbes. Le subtil *jacana* qui colonise les feuilles de nénuphar donne l'impression de marcher sur les eaux de ses pattes grêles qui le font paraître suspendu sur le miroir lisse où le guette pourtant le croco. Et le plus intelligent de tous, ce *ployer crowned*, pond ses œufs dans le sol, les laissant dans un dénuement proche du nôtre ? Pas du tout : dès qu'un prédateur surgit, qu'une ombre de danger le menace, le

« couronné » fait face hardiment puis fait semblant d'être blessé et donne le change en claudiquant pour attirer le nuisible (souvent l'homme) loin de ses œufs...

Et celui qui, avant la pariade, le flirt avant l'amour, offre à la femelle une feuille de nénuphar pour lui prouver ses bonnes intentions !

L'enchantement dans l'orgie des couleurs, des situations, le sentiment d'une abondance, d'une plénitude, d'une radieuse réussite est notre récompense. C'est de l'affection qu'on éprouve pour cette voie royale, ce fleuve en majesté.

Quarante-deux spectacles jamais identiques nous seront offerts au bord du fleuve qui nous nourrit, dans la plus fragile des conditions humaines. A notre tour, nous sommes immergés dans ce fleuve de vie qui autorise toutes les folies biologiques : plus nous approchons du lac Kariba, immense retenue d'eau de deux cent cinquante kilomètres, plus la faune est dense et multiple. Sauf le gorille et le tigre, tous les animaux tropicaux et équatoriaux sont réunis sur la rive droite, la rive zimbabwéenne. En regard de notre campement, la rive zambienne, pays braconnier, est moins animale. La différence est spectaculaire et tellement démonstrative ! La Zambie tire sur tout ce qui bouge alors que le Zimbabwe, héritier d'une intelligente tradition de préservation, tire du haut de ses hélicoptères (et c'est cher de l'heure !) sur les braconniers venus infester leurs parcs édéniques. Pour sauver les derniers rhinocéros blancs[1] des barbares zambiens, on les transporte en lieux sûrs, loin des rives, après les avoir endormis. Les Chinois n'ont qu'à prendre de la cantharide pour redonner du nerf à leur mollesse, et non pas de la poudre de corne de rhino, et ils sont déjà plus d'un milliard... et deux cents millions, ils n'arrivent plus à se compter ! alors qu'il ne reste que 250 rhinos.

En réalité, Kariba n'est pas simplement un lac, c'est un

1. Le rhinocéros blanc a un mufle plus large qui lui permet de brouter, alors que le rhinocéros noir broute rarement avec sa lèvre pointue, laquelle lui permet d'arracher l'écorce des arbres et de se nourrir de feuilles.

archipel qui dissémine des centaines d'îles et d'îlots, dernières parties émergées des terres englouties que nous allons découvrir dans la chaleur du soleil et des émotions les plus fortes...

Dans les années 50, la construction du barrage de Kariba avait exigé une opération « Noah » pour sauver les animaux chassés par la montée des eaux et qui ne savent pas tous nager. Ils s'étaient réfugiés sur les sommets, qui devenaient autant de petites îles. Kariba est devenu un archipel et la nature a repris ses droits. Les animaux se baladent. Rien n'est plus spectaculaire qu'un troupeau d'éléphants faisant du water-polo ! C'est le monstre du loch Ness, parce que seules dépassent les trompes émergées, tels des tubas ou des périscopes ! Trente trompes à la queue leu leu, ça fait trente anneaux... d'un monstrueux serpent d'eau douce, un anaconda de cent vingt mètres, indéfiniment reconstitué... Sur certaines de ces îles dont la surface « habitable » varie en peau de chagrin, suivant la hauteur des eaux, peuvent vivre mille cinq cents buffles.

Endroit sublime, même s'il est dur de pagayer en l'absence quasi totale de courant. Lumière fantastique qui éclaire un horizon mouvant se confondant avec le ciel. Soleil de plomb, ambiance torride. Peu de vent. L'eau est lisse comme une « peau d'eau ». Emergent seulement de ce miroir brûlant des troncs pétrifiés, les mopanis, telles des sentinelles dorées dans le soleil !

Sur la planète Kariba, on navigue d'île en île, où l'on bivouaque. Quand on s'approche des îles, les animaux, surtout les éléphants, à l'aise dans ces eaux peu profondes, peuvent charger les bateaux.

La première fois, on les filmait du canoë, eux pâturant sur l'île. On était confiant, bien à l'abri de leurs charges d'intimidation. Mais ils ont continué à galoper dans l'eau ! Rien n'est plus véloce qu'un pachyderme affranchi de la résistance de l'eau alors que nous, coincés dans les canoës, brisions l'eau à coups de pagaie, plus rageurs qu'efficaces. Et pourtant, ça urgeait.

En arrière toute, du lever au coucher du soleil. Amandine avait les os qui lui faisaient mal. On s'est fait de vraies frayeurs, ne comptant plus les charges des mâles qui veillent, et même des femelles qui peuvent être les pires. Charges terminées par miracle soit par le geste qui sauve, s'imposer, soit par la distance exacte, la limite du « point de fuite » au-delà de laquelle l'animal ne se sent plus en danger.

Les éléphants de Kariba sont vraiment méticuleux. Un soir, nous installons nos duvets sur une sorte de grève, en fait un hyper-zoo libre. Près de quatre cents éléphants. Cinq cents buffles qui rôdaillent entre cinquante et deux cents mètres, avec des rhinos. A gauche, un « banc » d'hippos clabaudeurs qui tentent d'avaler la lune. Ça n'a pas arrêté de la nuit. Robert Poli, planqué derrière ses murailles, soupire : « Nicolas, t'aurais pu trouver un hôtel plus tranquille ! » Trois mâles s'installent au milieu des sacs de couchage. Je subodore que Poli pense : « C'est encore loin, Paris ? »

Abrité derrière un énorme tronc, je le sens bouger. C'est pas les termites, c'est pas le vent. Qui peut faire gigoter un tronc de plusieurs tonnes, dans le noir, qui ne soit pas un bulldozer ?

La trompe apparaît, me lâche du sable ! Personne n'ose bouger. Je sens que nos limites territoriales sont bafouées par ce gros Babar. Ce n'est pas le moment de le vexer. Sans qu'une consigne ait été donnée, chacun ôte son tee-shirt blanc, trop voyant dans les ténèbres. Un vrai catadioptre pour le croissant de lune.

Tranquille, l'éléphant contourne le tronc qui me servait de pare-chocs. Si Babar avait bousculé ce tronc, je serais mort écrasé. Alors Raymond a fait un truc étonnant : il s'est planté entre nous et la bête. Tapant bruyamment sur ses avant-bras, lui parlant en dialecte babar, il marche sur lui sans s'arrêter ! L'éléphant fait demi-tour puis revient. Raymond recommence son intimidation. L'éléphant disparaît.

Tous cachés dans son dos, on a beaucoup admiré sa technique et son sang-froid. Contents qu'il soit des nôtres, Raymond ! Collée contre moi, Amandine n'a pas eu un geste de panique, aucune crise. Elle fondait en larmes, toujours *après* le danger, ne l'aggravant pas.

Cette intimité n'était pas une surprise, mais c'est toujours un choc. Avant le dîner, j'avais vu, à la jumelle amplificatrice, des dizaines de pachydermes trotter vers le fleuve. Yeux soudés sur les oculaires, je ne comptais plus. Ça n'arrêtait pas, cette autoroute à éléphants, alors que l'instant d'avant, sans les jumelles, je n'avais distingué aucune présence.

Pour ne pas affoler les autres qui préparent le dîner — fishes sans chips ! — j'appelle discrètement Raymond et, sans rien dire, nous nous rapprochons tous les deux, pour assister à un spectacle époustouflant.

Cette nuit, sur la rive droite du Zambèze le nourricier, est l'un des plus forts moments de ma vie, de ceux qu'on apprend à faire durer parce que rien ne se répète, la nature ignore l'éternel recommencement.

Des centaines d'éléphants prennent possession de l'eau dans le fracas épouvantable des branches arrachées, les douches bruyantes, les bains de boue qui tuent la vermine installée dans les sillons profonds de cette peau épaisse, les charges contre les crocodiles qui essaient toujours d'attraper la patte d'un éléphanteau naïf pour lui faire le coup de la baignoire.

Quatre tonnes d'éléphante, c'est la mère qui fait la police et charge, dans un mètre d'eau, un croco transformé en sous-marin pour ne pas être réduit en bouillie, c'est impressionnant ! L'image ne peut s'éteindre sur la rétine de cette force brute qui ignore le prédateur. Les masses grises, brunies de boue, les trompes enchevêtrées sur les éclairs de l'ivoire, les oreilles en pavillon faseyant dans la brise du soir, ce tumulte vital est la bande sonore d'une fresque immense qui couvre l'horizon encore marqué par les derniers feux. C'est indescriptible, de majesté, de grandeur et de drôlerie. Devant un tel troupeau, on se sent paumé avec son jean et ses jumelles, avec l'humour pour seule arme défensive, et l'envie, sans doute dangereuse, de ne rien perdre du cortège.

Nous dînons, et la tumultueuse java des éléphants paraît s'apaiser en suivant on ne saura jamais quel signe.

Le calme revenu, très convenables, encore émus par

cette démonstration de souveraineté, nous achevons de croquer nos sablés. Depuis que nous sommes en canoë, plus large que le kayak et capable de stocker des friandises, nos desserts se sont améliorés.

Ce n'est pourtant pas le croquement des blanches quenottes d'Amandine qui a couvert les pas des trois éléphants qui apparaissent soudain dans notre champ de vision. Raymond me fait un imperceptible clin d'œil, parce que les autres n'ont rien vu, heureusement. J'ai failli répondre par un fou rire puisque même l'abominable Vorster ne m'avait pas empêché de rire, mais je me suis retenu en pensant que ce trio précède de quelques trompes une armée de blindés de quatre tonnes qui déambulent dans leur jardin, eux ! Nous sommes encerclés par un formidable troupeau.

Inutile de reprendre les embarcations puisqu'ils sont aussi sur le fleuve, bourré de crocodiles ! Aucune issue.

Nos compagnons s'endorment assez vite, Amandine pas très loin de moi, le duvet sur la tête et son calmant miracle sur ses neurones. Robert est enfoui dans son donjon bricolé et je prie pour que son sommeil soit aussi profond que son ronflement. Il fait une concurrence déloyale aux barrissements, notre cadreur ! et deux éléphants passent au ras des créneaux de Robert, lui frôlant les pieds.

Dans la nuit noire, le cœur se serre, la tragédie serait naturelle : personne ne peut rien faire pour personne. Nous sommes piégés au milieu d'un troupeau de plusieurs centaines de bêtes, et sous mon duvet de six cents grammes je me sens mal protégé contre quatre mille kilos d'éléphant.

C'est toute la magie du Zambèze de procurer à la fois cette crainte ancestrale et l'excitation de participer à une fête sauvage de la nuit de l'humanité, bien avant que naisse l'homme de Neandertal.

Pendant toute cette nuit fabuleuse, nous avons été perpétuellement en danger de mort, l'éléphant qui m'aurait piétiné ne se serait aperçu de rien ! Les vautours et les petits carnassiers auraient bouffé du Hulot au lever du soleil !

Ne rien faire qui puisse affoler les grosses bêtes. Et depuis ce soir de Noël tragique, où j'ai décidé de ne me priver d'aucun temps fort, je dispose de tous mes sens en éveil. Je savoure, tout en me sentant minuscule dans le duvet, tellement dérisoire sous ces ombres chinoises, ces silhouettes agrandies par les ténèbres, qui défilent vers la rive, regagnent dans l'autre sens les pâturages sauvages où, depuis des millions d'années, se perpétue l'espèce.

Extraordinaire.

J'avais l'impression d'assister à la naissance du monde. Le Zambèze me donnera d'autres nuits avec d'autres saveurs, mais plus cette parade sublime.

Au petit matin, me réveillant d'un court somme, parce qu'il faut payer son tribut à la fatigue musculaire, même si l'on ne veut rien manquer, le troupeau a disparu. Par enchantement. Et par intelligence. Les éléphants ont appris à vivre la nuit, pour échapper aux braconniers.

Nous sommes seuls dans les frémissements de l'aube. Les oiseaux reprennent possession du ciel.

Et Robert ronfle à tue-tête.

Jusqu'à Kanyemba, à la frontière, nos douze dernières nuits ont été plus longues que nos jours. J'aurais tant aimé les partager avec mon père !

Il avait connu la brousse dans des conditions que j'ai mal élucidées, mais il était le vrai « promeneur » type, et il aurait humé les plus savoureuses des fleurs dans les senteurs poivrées des couchers de soleil.

J'aurais voulu partager cet infini avec lui. Et, on a beau verrouiller le passé, il n'est pas de lieu, pas de circonstance où il ne vous serre la gorge...

C'est ainsi qu'on commence à comprendre la notion de territoire. Quand on contemple, à l'infini, car la satiété n'existe pas, la beauté incomparable des couchers de soleil, des joutes d'hippopotames, ce spectacle originel : la vie des premiers temps de l'homme, on se dit parfois qu'on a perdu des années en se privant de ça.

Le fleuve résonne dans la nuit, de sons pas tous

identifiables. Et les hippos s'amusent. On les regarde d'autant plus volontiers de la berge qu'ils sont des milliers, écueils mobiles et dangereux dans la journée, à frôler nos canoës si légers. Le raffut de l'hippo est caractéristique et impressionnant. Presque indispensable à connaître. Ils font gicler des geysers, ce sont de vraies terreurs, leurs gueules se croisent, en jeux brutaux d'intimidation, puis les corps retombent dans un grand bruit d'eau.

Dans l'eau, on est chez eux.

Sur terre, on est chez l'éléphant. Mais sur terre, à l'intérieur du campement, l'intrus est (presque) chez lui. Vulnérable dans le bush, l'homme récupère un brin de puissance. L'homme peut imposer son territoire d'homme puisque l'éléphant qui pénètre, sans penser à mal, dans le bivouac est moins audacieux que s'il surprend le visiteur dans ses herbes. Pour marquer son nouveau territoire, il faut faire face.

Raymond nous l'a expliqué, mais c'est plus facile à écouter qu'à exécuter. Même s'il frôle « ton » duvet, l'éléphant pèse des tonnes, armé de belles défenses puisqu-'on ne braconne pas au Zimbabwe. Si le mastar fait mine de charger, chargez-le ! Ça paraît débonnaire chez Gruss, un éléphant, mais, dans son pays, c'est un blindé. Ne jamais lui tourner le dos en détalant. Il rattrape le fuyard, le chope avec sa défense. En revanche, si l'homme fait face, la bête mahousse fait demi-tour. En principe...

Pour décider de son sort, au sol, sous l'eau, en l'air, il faut donc cultiver son sang-froid.

Raymond et les autres, pourtant pas des pipelettes, n'étaient jamais à court d'histoires épouvantables. Nous, on faisait la part des choses, les spécialistes chargent toujours un peu pour revaloriser leur aire...

L'hippo est un voyou. Sournois. Rien ne le signale la plupart du temps. Sauf quand il respire, car ce tas de viande est apnéiste. Alors on peut mater deux oreilles ridicules et le museau qui engoule de l'air. Alerte aux oreilles, le reste est sous l'eau. Ses yeux globuleux sondent l'eau plate, épaisse. Sale gueule.

Teigneux. Pour se distraire, il peut attaquer des

embarcations. L'Afrique est pleine d'éclopés débités par cet herbivore. Bête (et méchant), quand il se jette à l'eau, il peut aussi bien couper un canoë en deux.

Sadique. Il joue avec les nerfs des piroguiers. C'est le danger qu'on ne voit pas mais qu'on redoute tout le temps, une oppression constante, la pire ! On comprend pourquoi, bercée par les atrocités de l'hippo, Amandine prenait un léger somnifère.

Un peu affolé, on suit les oreilles, qui donnent la direction du sous-marin. Un bon conseil, taper vigoureusement sur le franc-bord du canoë, pour l'éloigner. Dans ce cas, il sonde, mais on ne sait jamais s'il va remonter à droite ou à gauche.

L'oppression de l'hippo est permanente. En pagayant le jour, on se remémore les trouilles nocturnes. Sortant la nuit, parce que leur peau craint la chaleur et les coups de soleil, l'hippo ne fait pas dans la finesse ni la légèreté. Quand il court, on le voit enfin tout entier ! Sous les oreilles, y'a du monde ! Enorme. Implicitement dangereux. On va m'accuser de faire du racisme anti-hippo ! Comme chez l'homme, la population hippo compte autant de fumiers que de braves gens (maladroits).

Parfois, porté par le courant, on ramasse les « pelles » et on se laisse dériver à la paresseuse, pour soulager les muscles endoloris. Amandine se détend, se prélasse quelques minutes, derrière son costaud silencieux. Avachis, nous sommes bien, dans le grand calme de l'eau qui va. Les trois canots sont attachés à couple, formant une espèce de radeau. Paradisiaque, le Zambèze sans effort, sans croco, sans éléphant joueur. L'air est doux. Des oiseaux déchirent le ciel et un aigle pêcheur nous ravit. Il décrit de longs orbes lents et larges, comme s'il pensait à tout autre chose qu'à son repas. On croit qu'il s'éloigne, mais il ramasse ses ailes, pique droit vers l'eau, parachute en torche et se rétablit, serres ouvertes. Les pattes griffent l'eau. Une forme brillante se tortille dans la lumière. Les ailes battent à claquements réguliers. L'aigle emporte dans son nid un « capitaine »...

Egoïstement, on n'a pas envie de faire de photos. On se le garde, le rapace cinglant.

Le nez en l'air, nous n'avons rien vu venir. Soudain, en pleine rêverie, le canoë du milieu se soulève, mû par une force prodigieuse. Amandine se dresse en sursaut. Le canoë monte, monte, jusqu'à un mètre cinquante au-dessus de l'eau.

C'est peut-être la « peur de ma vie ». Au ras du plat-bord, une gueule d'hippo, grande comme un four, avec des ratiches à broyer des bambous, des meules grosses comme le poing. Le canoë se lève encore, il va basculer, et ses deux occupants vont être broyés dès que la bête aura fini son bol d'air. Un bruit rauque... sort de ce trou noir, auquel répondent des claquettements agressifs des congénères qu'on ne voit pas.

Même Raymond, Rhodésien patenté, est pâlot. Je n'ose pas le regarder. Amandine se cramponne, trop effrayée pour crier. Heureusement. Je pense à Raymond qui nous a certifié qu'il est inutile de faire du feu, c'est bon pour les romans coloniaux, il est toujours temps de réagir et Raymond me cite cet exemple : contre un lion qui flairait son voisin endormi, il a débranché le flexible de sa bouteille à gaz pour en faire un chalumeau.

Contre l'hippo émergé, pas de chalumeau, comment faire face ? Il est chez lui et le canoë est sur sa tête.

Je suis liquéfié.

Si l'hippo éternue, s'il change de direction (le courant nous emporte lentement), Amandine est morte ! Et d'une sale mort. Ou mutilée. La trousse de secours pèse une livre... et nous n'avons pas de radio. Cet hippo-là n'est pas le plus con du Zambèze. Il sonde à l'endroit d'où il a émergé. Si bien que le canoë bascule, retombe sur le côté, se remplit d'eau. Mais Amandine reste à bord... Je n'aurai pas à aller chez son père, pour lui rapporter quelques menus effets, sa montre, sa bague. Elle ne répond pas à ma question idiote :

— Ça va ?

Elle me bricole un petit sourire de ginguois, très crâne, puis elle éclate en sanglots !

C'est sa thérapie préférée. Et c'est bien ainsi. Une demi-heure plus tard, requinquée, alors qu'on a écopé le canoë sans s'arrêter, elle rame énergiquement.

Je la regarde de plus en plus... « attentivement ». L'avant-veille, j'avais profité d'une vraie cabine téléphonique, près d'un ravitaillement, pour tenter de joindre Nathalie dont le spectre flottait sur les rives ensoleillées dès que la nature me laissait quelques secondes de répit. Ça s'était très mal passé. Non que des mots désagréables eussent été dits, non, pire, des silences, des gênes. Elle me cachait quelque chose malgré ses paroles lénifiantes. Entre les « blancs », je devinais plus de mensonges qu'il n'y avait d'hippos dans un méandre du Zambèze. Je n'ai jamais su contrôler ma jalousie, j'ai donc réagi, elle aussi. Brusquement, on était à Paris entre deux ruptures. J'ai raccroché pour mettre fin à cette ridicule scène de ménage.

Que la nature reprenne ses droits !

La fréquence des situations ne les banalisait pas. Quand on a entendu rugir un lion, en fermant son duvet, on a le sommeil léger. *Tout bruit est suspect.* Et tout fait du bruit. Pas envie de me réveiller avec un gros félin sur les genoux. Parce que je crains mes réactions. Eveillé au danger, on agit calmement. Mais, quand on est surpris en ouvrant les yeux, on peut faire une bêtise (définitive) au lieu de se maîtriser.

Toutes les dix minutes, je braquais ma torche, balayant les 360 degrés, et des yeux non identifiés brillaient. Toutes les espèces, hyènes, léopards, rongeurs ardents, dont ces *honey-badger* qui sont venus fouiller dans nos affaires. Pourtant le matin nous trouvait alertes. J'attendais notre royal cortège. Les plus gracieuses sont les antilopes, dont on peut s'approcher assez près (elles ne sont jamais chassées). C'est l'un des plus touchants spectacles de la nature que ces antilopes dorées ou presque roses bondissant à la manière des dauphins en nous suivant sur la rive. Amandine aurait voulu en rapporter une. Et cette émotion indicible est la condamnation des zoos ; ça, ou rien.

L'éléphant est trop intelligent pour ne pas être parfois contrariant. Robert Poli devait ramener son film de 52 minutes. Or, après deux semaines gavées d'éléphants, nous n'avions toujours pas de charges à l'image. Pourtant, la veille, on en avait vu de près. J'étais avec Amandine, on flânait dans un bras du fleuve anastomosé, on choisissait le plus étroit et le moins profond. Trois éléphants traversent devant nous. Bouchon ! Arrière toute ! Les pagaies plient en vain, le courant nous porte sur leurs grosses pattes ! Et ceux-là barrissaient, trompetaient, grattaient le sol. La charge !

Ce sont les éléphants qui vont décider de charger ou non. Ils sont en cercle, cela fait douze pattes, six défenses : le barrage. Secondes qui durent toute la vie. Aussi longues que lorsque le parachute ne s'ouvre pas. Là, on attend le coup de défense qui transperce le canot et son contenu. Les humains ne peuvent pas courir dans un mètre cinquante d'eau, eux peuvent foncer. L'un d'eux nous regarde, agacé, puis s'écarte. Ce sont les plus intelligents qui cèdent... Amandine pleure doucement, une fois de plus elle s'est contenue. D'autres auraient hurlé, griffé... Elle assure, notre Amandine. Elle est même très jolie, en baroudeuse secouée. Alors que j'ai toujours sur mon cœur la lettre de Nathalie, la présence d'une femme qui me plaît, même si on ne fait rien, me ravit. La satisfaction est complète, de cette contemplation.

Cette partie de la séduction est le premier jeu, et c'est l'un des plus intéressants frissons dont la nature nous ait dotés. Regards, moments plus précis, d'autres regards, des gestes qui atteignent leur but, c'est fabuleux.

Le soir, elle s'est aisément consolée, avec la spontanéité de son âge tendre, en regardant pêcher les balbuzards, et ces pélicans qui replient leurs ailes, fondent sur leur proie tels des rocs, à la manière des fous de Bassan.

Robert n'avait pas filmé les trois éléphants dans l'eau... Heureusement, ç'aurait été terrible pour nous. C'est très difficile à filmer, une charge, parce qu'on s'occupe de soi d'abord. Ou alors c'est qu'il fait nuit. Décidant courageusement d'en provoquer une, les pompiers vont jouer avec le feu !

Au crépuscule, à Fotherguild Island, au milieu du lac, je repère un beau mâle très photogénique. Au bout de trois semaines, Raymond nous a appris et montré : je me fais bien repérer dans le vent. En principe, on sait jusqu'où aller. Le mâle nous repère, il nous renifle, il est magnifique quand il écarte les oreilles. Parfait, il n'est pas aveugle !

Première charge d'intimidation. Superbe. Je cavale en criant :

— Filme, filme !

Quand je me retourne, Robert a déjà cent mètres d'avance, coudes au corps, caméra abandonnée sur place, arme laissée à l'ennemi et désertion ! Je l'engueule. Il ne comprend pas :

— C'est toi qui m'as dit : « File, file ! »

— Non, je criais « filme », f.i.l.m.e. !

On ne rapportera pas de scène de charge d'un vieux mâle, mais on a bien rigolé.

Escale délicieuse sur Fotherguild Island, dans une de ces familles que j'adore avec plein d'anges blonds qui vivent au naturel. Ancien pilote, le père est désormais payé pour étudier les migrations. Boulot que je lui envie souvent, mais il faut « savoir » ! Ils ne vivent que pour la nature, l'étude des comportements. Les enfants grandissent sur l'île au milieu de tous les animaux de la terre. C'est la mère qui fait l'école. Un jour, elle ne retrouve plus le petit dernier, qui n'a pas quatre ans.

Alerté, le père le repère au milieu d'un troupeau de deux cents buffles. Le bambin leur partageait la brioche du petit déjeuner qu'il avait gardée pour eux ! N'importe quel adulte se serait fait piétiner. Le naturel avait sauvé l'enfant reconnu non prédateur. Le père a dû attendre que son fils ait fini sa distribution. Puis il a retraversé le troupeau en souriant et en gambadant. Son père a cru mourir d'effroi...

Et ces écoliers de la brousse nous emmenaient voir les éléphants...

De retour à Hararé, les ennuis recommencent. Notre matériel est saisi par le shérif sur réquisition du loueur.

Le scrupuleux Kouli n'avait pas été payé par l'hebdo qui parraine l'expédition. Deux jours perdus à expédier des télex. Bordel monstrueux qui prouve une nouvelle fois que les bureaucrates défaillants sont plus néfastes que les hippopotames les plus sournois.

Autre catastrophe, dès que je suis affranchi de la séduction du fleuve, je retombe dans les rets de Nathalie. En dépit de la distance, et de ce coup de téléphone vaudevillesque, je repense à elle, alors que je l'avais oubliée. Pour deux raisons. A cause des lions et autres crocos[1]. Et surtout par la grâce d'Amandine. Une bonne complicité s'est installée, nuancée (aggravée ?) d'une sorte d'admiration. Si elle a versé quelques larmes, elle n'a jamais flanché. En six semaines essentielles, elle s'est acquis une place dans mon cœur.

Dans l'avion, j'écris un petit mot que je glisse dans son agenda qu'elle va découvrir le lendemain, chez papa-maman.

Il ne s'est toujours rien passé, bien que j'aie eu des envies, en dépit des fauves, comme tout homme normalement constitué. Elle est si désirable, l'adorable Amandine ! Mais elle rentre aussi fraîche qu'elle est partie. Son papa va la retrouver en bon état.

Amandine a vécu l'aventure de sa vie (sans toujours bien s'en rendre compte) et cette escapade majeure va continuer dix-huit mois !

Naturellement, Nathalie n'était pas à l'aéroport. Nulle part elle n'avait laissé de mot. Après une longue traque, je parviens à la rejoindre. Sans rien dire de définitif, j'ai senti que ce ne serait pas terrible. On trouve le moyen de faire un câlin, ce qui n'a jamais ressoudé les amours mortes. La

---

1. Le Zimbabwe n'inflige pas de serpents ni d'araignées, c'est une des raisons de mon affection. Alors que les scorpions d'Afrique du Nord m'inquiètent plus que les félins du Zambèze.

faille demeure. Puisque je n'avais pas franchement fait mention d'Amandine, le problème était ailleurs. Chez elle.

Par la suite, j'ai appris qu'elle avait papillonné avec mon rival et qu'ils étaient partis en vacances. Une fois encore, la dernière, j'ai réussi à la faire flancher et elle a rompu avec le deuxième homme... pour une ultime tentative avec moi. Mais c'est moi qui n'ai pas supporté ce qu'elle avait vécu avec lui. Et cette horripilation permanente, que je n'arrivais pas à calmer, nous a empêchés de ressouder notre couple.

Paris béton, Amandine douceur... Elle a très vite répondu à mon billet glissé dans son agenda, pour revenir à Paris. L'escapade africaine se prolonge dans la Cité.

Après la mise en lambeaux de sept ans de vie avec Nathalie, je tente de reconstruire ma vie sur les ruines fumantes. Amandine était apparemment l'antidote idéal à cette tornade. Avant Nathalie, je n'avais connu qu'une succession d'aventures amoureuses. Liaisons sans exaltation : je me précipitais, avec la verdeur de mon âge et les libertés de l'époque, sur tout ce qui correspondait à mes critères physiques. Sans autre discernement. De ce côté-là, je manquais un peu de maturité.

Nathalie avait été la première femme. Une femme-femme, divorcée avec un enfant. Egocentrique, sensuelle, ambiguë, coquette, ambitieuse, prête à céder à presque toutes les pressions pour réussir à obtenir le poste convoité. Y compris à accepter les dîners en ville de vieux messieurs, de « vilains messieurs qui abusent des blanches colombes ». Alors qu'Amandine était une page blanche, vierge de toutes intrigues, bassesses, mélanges. Sans doute presque trop vierge, trop lisse et pourtant que la franchise est une vertu idyllique ! Mais je suis, malédiction, attiré par les femmes qui existent.

Pendant deux ans, Amandine va m'accompagner à distance, loin de la guerre amoureuse qui m'a fait perdre le sommeil, moi la marmotte. Comme en biologie, l'amour obéit à la loi du « tout ou rien ». Pas de compromis possible. Alors que la mort est définitive, qu'elle ne laisse aucun espoir, une femme perdue, partie pour un autre, est dans une vitrine : on la voit sans la toucher ni lui parler. Après une énorme tension amoureuse, pas de place pour l'amitié. Le sentiment ne se brade pas. Impossible d'être cool en amour.

Amandine sera la seule exception, dans la durée. Sans doute par défaut d'intensité et de communication. Jamais je n'ai pu lui communiquer ma passion de l'expérience. Elle gardait les réflexes de son monde loden-lacoste, que je refusais de voir, après quelques brefs essais malheureux.

Quand on est saisi de l'aventure, du Zambèze, de la banquise, pourquoi perdre son temps avec des phraseurs mondains ? De petits prétentieux qui, dès le premier boulot, épousent le personnage, vont toujours dans les mêmes lieux, pontifiants, insignifiants. Il y a tant de gens intéressants à rencontrer sur d'autres chemins !

De son côté, elle ne me posait pas de questions. Or je ne peux raconter que si je sens un intérêt profond, vrai. Mais il suffit que Hubert ou Thierry me demande « Et alors ? c'était comment ? » pour que je dise le bonheur vécu.

Nous avons évolué séparément, de part et d'autre d'un fossé qui se creusait sans dommage. On tourne plus facilement une page blanche qu'une page chargée de trop d'écritures, plus ou moins raturées, effacées, comme le Palimpseste du *Nom de la rose*.

Si j'ai d'énormes défauts de couple, en revanche, je suis une vraie femme d'intérieur. Problèmes matériels, courses, bouffe et parfois même la « cuisine », je fais les nouilles bolognaises comme personne. Drame de la vie périconjugale, les femmes de ma vie ont toujours été incapables de faire quoi que ce soit à la maison. Non seulement elles ne savent pas faire cuire un œuf, mais elles ne savent pas le casser !

Pas assez vieux pour avoir bénéficié des avantages du machisme et sans doute trop vieux pour ne pas jouir de la répartition des tâches, je dois même assurer la programmation des week-ends.

Dans ce cadre un peu lénifiant, mais je dois reprendre mon souffle, je reprends mes émissions enfantines et, ne pouvant tenir en place, j'essaie une nouvelle fois (je calerai à la dix-huitième tentative) d'apprendre le piano. Sans rêver de Samson François, j'aurais tellement aimé jouer proprement un petit impromptu, une valse, un moment musical ! C'est l'instrument que je préfère et il m'est rebelle. Changeant chaque fois de méthode, j'arrive toujours à un résultat identique ! Honteux pour la musique. Sans appel pour le débutant. J'enrage d'autant plus que dans tous les sports de glisse et de trajectoire qui ont un tronc commun, charnel, sensuel, faire corps avec la machine, l'engin, ses skis, la planche, je suis très à l'aise. C'est mon sixième sens, n'ayant pas celui de l'orientation ni de la mécanique. J'apprends vite, sauf le piano ! C'est la déception de ma vie.

Quand j'ai débuté en mono(ski) à Méribel, le moniteur a eu du mal à croire que j'en faisais pour la première fois. Pourtant, j'échangerais un Bol d'Argent et le record de Charlie Barr contre une sonatine de Diabelli sans faute[1].

Et c'est sur la glace de Chamonix, encore une fausse note, que je retrouve René Metge, le virtuose du Dakar, trois ans après mon premier Dakar, pour une course très pittoresque (je l'avais reçu à la radio).

C'était un dimanche et je ne sais lequel des deux a parlé le premier du record des frères Marreau, Bernard et Claude, qui avaient parcouru en 1971 la distance Le Cap-Alger, soit près de quatorze mille kilomètres, sur une Renault 12 Gordini, à la moyenne de 71,96 km/h. Un vrai défi.

Dès le lendemain, nous avions le nez sur des cartes de l'Afrique et de ses trente millions de kilomètres carrés. Metge avait déjà étudié le coup !

C'est un truc gigantesque, treize passages de frontières, vingt-six douanes. Plus il déployait ses cartes et plus je découvrais l'ampleur du projet et son côté inaccessible !

1. En dépit de ma déprime, je suis prêt à essayer une dix-neuvième méthode.

Les routes se sont déglinguées depuis 1971, voici quatorze ans. Les Marreau ont pu éviter le Zaïre, totale horreur, en passant par l'Ouganda. Il faudra traverser le Tchad, l'enfer. Le Nigeria est fermé depuis peu à tous les étrangers. Les handicaps apparaissent, on ne voit presque plus que ça, mais Metge pense que quinze ans d'amélioration du matériel sont notre atout, avec l'équipe à monter. Dont Thierry Reverchon et Jerôme Hurpoil, piliers de l'assistance du Dakar, qui vont faire une reconnaissance fantastique, sans la moindre faute. Ne manquera pas le moindre arbre, le plus petit abri dans leur road-book.

Parce qu'il est né à Salé (Maroc) d'un père ancien de Normandie-Niemen et qu'il pèse 130 kilos, Tierry s'intitule « conducteur poids lourd africain ». Autre vertu, il porte cette admirable barbe blanche, vrai passeport africain. « Si tu es gros, c'est que tu manges bien, donc tu es riche, donc puissant, donc respectable. Les Africains vénèrent le riche, alors qu'en France on pense que tu bouffes la part des autres, explique-t-il. Et, comme ils ont aussi le culte du vieillard et que ma barbe blanche me vieillit, ils m'appellent papa et m'emmerdent jamais. »

Et c'est capital de ne pas être emmerdé aux frontières quand on doit en franchir vingt-six. Et c'est une de ses spécialités.

Un lendemain de Dakar, Reverchon ramène une des voitures sur Abidjan, mais le propriétaire a oublié les papiers. Juste après le rallye, la voiture bariolée et chamarrée passe sans problèmes. Sauf aux portes d'Abidjan. La barrière reste fermée. Reverchon plaide qu'il fait la course. Mais le flic le regarde avec commisération et lui dit en lui tapotant l'épaule : « Dis donc, papa, change de montre, ça fait un mois que le rallye est passé ! La prochaine fois, reste à la maison avec les gosses ! »

Une autre fois, allant à Tombouctou, avec Hurpoil, il oublie son passeport. Mais passe trois frontières, calé dans la 604, la première en Afrique. Tout le monde s'aplatissait devant la tête, qui véhiculait la barbe blanche et la gidouille confortable : « Bonjour, patron. » Aucun uniforme n'a eu l'idée de l'importuner, et de faire rentrer chaleur et poussière dans la limousine, en entrouvrant un déflecteur !

J'étais très copain avec Baudry, qui me demandait de lui monter un coup plus inédit et moins encombré que le Dakar. Par procuration, j'avais vécu son vol spatial. Il avait emporté mon magnéto dans la navette et j'ai donc suivi son vol heure par heure, ce qui n'avait jamais été fait. Mon seul regret, que ce soit lui, pas moi ! Au cœur de la N.A.S.A., près du pas de tir, la mise en puissance est tellement affolante qu'on se demande comment ce « séisme » n'échappe pas à l'homme... J'ai manqué de psychologie en les mettant dans le même bocal, Baudry, dont la rigueur militaire laisse peu de place pour l'improvisation, et Metge, dont l'inspiration se nourrit de vingt ans d'Afrique. Depuis son séjour aux U.S.A., Baudry avait changé, plus question de mouiller sa chemise. Risque d'étincelles. Ils viennent avec moi dans la première voiture, la blanche.

Dans la bleue, Reverchon et Hurpoil, les Africains, embarquent Bernard Giroux le journaliste. Deuxième problème après Baudry, j'ai été obligé de tenir les vagues promesses que Metge avait faites à Giroux. Baudry, qui avait décroché le gros lot avec le sponsor G.M.F., ne voulait pas de Giroux. D'accord avec Baudry, je n'avais pas les mêmes critères que Giroux. Diplomatie exigée. Giroux se pointe seulement à la conférence de presse pour râler parce que son nom est trop petit sur l'affiche et sur les posters que Reverchon allait distribuer sur le trajet pour sensibiliser les autorités et la « logistique ». Au départ, mauvais amalgame humain, bricolage soudé par le duo de choc qui baptise Baudry « la lavette spatiale »...

Je cours les ambassades africaines, ce qui est une école de patience pour moi qui me désintéresse vite des choses qui n'arrivent pas. Je peux faire un long chemin, mais pas attendre une barrière huit jours. Je fais le tour, je la casse ou je me tire. D'accord pour franchir une montagne, mais pas attendre un douanier pendant deux jours ou un ascenseur pendant deux minutes. J'ai même négocié une fois dans un bureau encombré de dormeurs sur les tapis.

L'Algérie était d'accord. Le Nigeria a même failli nous laisser passer. Pendant ce temps, Reverchon-Hurpoil taillaient la route avec la Dangel bleue. En Afrique, une station-service ne fait pas forcément l'huile, l'essence et l'air. On peut ne trouver que de l'air, quand on est en panne sèche ! Reverchon bourre ses fiches. On aura même le téléphone du pompiste chez lui !

Passage de fleuve, par bac uniquement. Ce n'est pas le T.G.V. Il faut donc savoir où se cache la pirogue du mec qui conduit le bac. Si le bac est du mauvais côté, aller le chercher. Donc trouver la pagaie. Ce n'est pas fini. Le bac ne fournit que le bac. Il faut apporter le fuel et deux batteries pour démarrer.

Le coup de génie des deux « gros » a été l'utilisation massive du porte-clés siffleur. Reverchon en cache un dans l'anse de son sac à la douane. Il siffle, le porte-clés répond ! Succès garanti. Rires. Ça, plus les parties de foot, ça crée une ambiance du feu de Dieu et ces sympathies nouées dans le rire fonctionneront : tout le monde sera au rendez-vous.

A M'panda, en Tanzanie, Reverchon, cette fois seul, sera retardé pendant quinze heures pour une panne d'allumage bénigne. Protégé par une moustiquaire, mais pas contre les lions : pendant qu'il scotchait la bougie sur la culasse pour régler le volant, une lionne et ses petits batifolaient à portée de crocs. Et des mâles rôdaient. Chaque fois que Reverchon sortait sa bougie, la lionne rappliquait !

Pendant ce temps, à Paris, les choses se gâtaient. France Inter paniquait à cause des émeutes de Soweito. La G.M.F. aussi pour la même raison. Et surtout l'état de santé de ma mère, préoccupant depuis deux ans, s'était soudain aggravé.

C'était avant que je parte pour le Zambèze, elle m'avait téléphoné :

— Nicolas, il faut que je te parle.

Pour une fois, j'avais compris tout de suite. Un désordre grave..., un cancer...

— Maman, dis-moi tout de suite.

— Non, c'est impossible, j'arrive.

Immédiatement, j'appelle ma tante Thérèse à Dinard. Elle m'achève :

— Je savais. Mais ta mère m'avait demandé de ne rien dire.

— C'est si grave ?

— Je ne peux pas t'en parler.

Ma mère arrive et me confirme.

— Je peux te le dire aujourd'hui, parce que ça va mieux.

Le mal l'avait attaquée trois ans avant, elle avait été soignée par un professeur femme qui avait préféré le médicament à l'opération. Si bien que je n'avais rien deviné du mal : c'est l'une des grandes hontes de mon existence. Un fils a toujours des relations un peu particulières avec sa mère, un fils devenu « unique » qu'elle a tendance à couver. Mais le chérubin qui a grandi a du mal à admettre qu'on le dorlote encore. Je n'avais pas compris pourquoi elle était encore plus proche, si maternante, si expansive.

Dire que je suis tombé de haut est très en dessous de la vérité. J'étais atterré. Depuis toujours, persuadé que nous vieillirions ensemble et d'autant plus convaincu de cette perennité qu'elle n'avait pas cinquante ans, je remettais à plus tard les moments que je passerais avec elle. Ces dernières années, je la voyais souvent mais trop rapidement. Dîners à Paris, week-ends en Bretagne, sans jamais avoir le temps de tenir des conversations de fond.

Et soudain ce cancer, synonyme de déchéance, et la confusion des sentiments. J'essaie de me rassurer. Ce cancer du sein, le plus fréquent, est aussi le mieux guéri. Une de nos cousines s'est très bien remise de cette agression. Et si le médecin n'a pas exigé l'opération, c'est finalement rassurant. On n'en est pas là.

Nos rapports changent. Je l'admire sans réserve. Quelles souffrances elle a endurées dans ce silence terrible,

« familial » ! Rien n'a jamais transparu sur son visage. Ainsi, après la mort de son fils, elle fait face. Comment lui dire mon admiration et ma compassion ?

J'essaie de changer, d'être omniprésent, plus doux, plus attentif. La laissant me materner quand elle en a envie. Et surtout je décide de tout partager, sans perdre une seconde. En une semaine, je monte un voyage au Zimbabwe avec les chers Thérèse et Alain. Jamais nous n'avons connu d'instants aussi privilégiés. Nouveaux regards sur ce que j'aime le plus au monde, première intimité, enfin ! On dort dans le même bungalow, je prends soin d'elle.

Elle revit, je me décrispe, elle est aux anges et les amis sont adorables. Emerveillée, son plaisir accroît le mien. Et je prends conscience de notre sottise, on ne profite jamais de ceux qu'on aime quand ils sont là. J'ai perdu deux fois mon père, et je veux désormais profiter de la haute qualité de ma mère. On n'a jamais la vie devant soi.

Cet automne qui précède le raid Le Cap-Alger, le mal a contre-attaqué méchamment. Elle ne sort plus qu'avec un foulard sur la tête pour masquer les effets de la chimio. Puis son état s'est aggravé si vite que je me pose la question : annuler le raid ? Ne pas y prendre part ? Naturellement, elle avait tout prévu. Elle n'avait plus peur que je m'enrhume. Elle s'est insurgée : « Il faut que tu partes, ça ira mieux, je le sais. »

J'ai fait semblant de la croire. On ne parlait pas de rechute et surtout pas de « rémissions ». La veille du départ, Henri Pescarolo me propose de me déposer devant l'hôpital de Saint-Malo, où elle a été hospitalisée d'urgence.

Elle venait d'être transférée à Rennes ! L'avion léger d'Henri se pose enfin à Saint-Jacques. Hôtel-Dieu. Je la trouve très faible, mais elle avait étalé sur son lit toutes les coupures de presse annonçant notre aventure. C'était son courage et sa merveilleuse élégance. Son souci, c'était notre tentative. Ne répondant pas aux miennes, elle a posé des questions techniques... Affolé, j'avais bien du mal à y répondre. Quand je suis parti, crânement, mais moins qu'elle, ma mère a souri : « Reviens me chercher dans une dizaine de jours. » Elle savait que le record à battre était de neuf jours... Elle avait lu tous les articles... et ne doutait pas.

Pescarolo m'a ramené en larmes à Paris. Lui-même venait de perdre son père et son geste était encore plus touchant. Il ne parle pas beaucoup, Pesca, mais il est toujours là.

11

Le Cap-Alger : la horde ensablée

Notre grande aventure a failli capoter dès le départ ! C'est souvent la règle, je m'en suis aperçu, la première grosse difficulté est immédiate et nous sommes comme ces formules 1 préparées depuis des semaines qui restent en rade sur la ligne de départ, embrayage cuit, alors que les autres sont déjà à 250 km/h ! Nous devions embarquer à Orly la Dangel blanche, celle de Metge-Baudry-Hulot, le plus discrètement possible puisque la South Africa Airways avait réclamé le secret.

La Dangel bleue était déjà au Cap, après avoir opéré quatorze mille kilomètres de reconnaissance avec Reverchon-Hurpoil qui devaient prendre Giroux à bord pour la tentative de record.

Indéfectible comme toujours, Reverchon était à Orly, heureusement pour la suite des événements.

Dimanche matin, à Orly, la technique nous confirme que nous avons deux minutes pour embarquer la Dangel dans sa caisse, dans la soirée, parce que l'avion, qui prend à la fois du fret et des passagers, ne saurait attendre dans une ville si sévère pour l'apartheid !

René Metge arrive en costume-cravate parce qu'il doit baptiser son filleul. Il fait la moue en découvrant le gabarit qu'on nous a fourni pour « calibrer » notre paquet. Ce n'est pas un simple problème d'intendance, c'est capital : tout dépend de cet envoi. On doit partir ce soir, sinon le raid est annulé pour trois raisons.

Les dates : d'autres engagements ont été pris, après l'arrivée prévue à Alger dans une quinzaine de jours.

Les hommes : nous avons stimulé trois cents personnes pour nous aider à passer la douane, les gués, réviser les voitures, ils ne peuvent rester sur le pied de guerre pendant des semaines et, s'ils sont décommandés, ils ne reviendront pas.

La météo : il faut passer avant les pluies diluviennes, profiter de la moins mauvaise saison.

Metge est un pessimiste actif, comme Reverchon ; ils prévoient les catastrophes dès qu'une goupille fatigue mais ils s'acharnent ! Metge tombe la veste, dénoue sa précieuse cravate et ils commencent à démonter tout ce qui peut être déboulonné et tout ce qui dépasse. La Peugeot Dangel subit un strip-tease gratiné. La « caisse » est entourée d'une flopée de paquets-cadeaux contenant des roues, des pare-chocs, des optiques, des protections. Metge remet sa cravate et s'en va.

Je reste avec Reverchon l'Africain en méditant sur la fragilité de nos desseins, je n'arrive pas à me décontracter. A l'instant de partir, tout peut être remis en question, je me vois déjà en train de rembourser 800 000 F au sponsor ! Un an de préparation impeccable, de réussite financière, d'embrouilles administratives dénouées pour me retrouver blême sur une piste commerciale d'Orly à supputer, à prévenir une malchance noire qui se traduirait en millimètres alors que nous devons parcourir quatorze mille kilomètres en moins de dix jours ! La fragilité démente des projets de raids et d'expéditions soumis à de telles pressions m'apparaît tellement absurde et inévitable que je cherche le moyen de rembourser tout en croisant les doigts. Les écueils de l'expé, ce sont les éléphants, les pluies, le sable qui s'infiltre, les douaniers qui roupillent, les amortisseurs qui claquent, la fatigue, les camions..., pas une caisse !

Eh bien, si.

L'avion se présente en bout de piste après nous avoir

prévenus : « Deux minutes pour embarquer, pas une seconde de plus. » Exécution immédiate.

Les techniciens de piste nous aident, on présente la Dangel dans la soute déjà encombrée, on pousse, on glisse : rien à faire, on trouve toujours dix centimètres de trop ! Le pilote regarde sa montre. Plus que trente secondes !

Alors Reverchon a une idée de génie, aussi géniale que l'œuf de Colomb (vous savez, comment faire tenir debout un œuf cru, sans coquetier..., en aplatissant délicatement l'extrémité la plus ronde !). Il fait tourner la voiture de 180 degrés et ça rentre !

Quand le mécano ferme la porte de la soute, le bouton de verrouillage enfonce le bouton de fermeture de la Peugeot. Jamais l'expression au millimètre près n'a été aussi juste.

Le plus dur est fait, c'est le premier millimètre.

Au Cap, où nous nous retrouvons tous, première friction humaine cette fois. Ce ne sera pas la dernière, mais ça commence tôt.

Pour des raisons de saines économies, on partage une chambre à deux. En expédition, il faut être minutieux sur l'argent parce qu'on part toujours avec une « réserve » et on se retrouve dans un boui-boui, sirotant un coca avec quatre pailles ! Le colonel Baudry se prend pour un colonel et réclame une chambre à part. Alors que je l'avais connu si simple, l'officier refuse de se mélanger avec la troupe, devient inaccessible, très exigeant, rendant souvent impossible une ébauche de dialogue. Le cap Canaveral et son expérience spatiale l'auraient-ils rendu hautain ?

Une fois réglé le faux problème crucial de l'hébergement, ce sont les éléphants qui mettent les pieds dans le plat.

Pas dans ce restaurant du Cap où nous fêtons notre départ et la deuxième victoire d'étape consécutive de Lionel Péan et de son *Esprit-d'Equipe* dans la course autour du monde en monocoque avec équipage qu'il va remporter d'une manière exceptionnelle.

Non, les éléphants interviennent plus au nord, au

Bostwana, « Etat » frontière entre l'Afrique du Sud et le Zimbabwe que nous devons traverser à la hauteur de Nata. Je n'oublierai jamais la « présence » des éléphants pendant notre descente du Zambèze et j'imagine sans mal un troupeau de quelques centaines d'éléphants transformant nos Dangel en boîtes de conserve. On sera chez eux, sur leur territoire, et un simple coup de patte énervé peut interrompre le raid au kilomètre 2000 !

Seconde catastrophe naturelle, les pluies sont avancées au Zaïre et les pistes seraient impraticables, nous assure le télex qui passe de main en main... *Annulez tout !*

Voilà deux cataclysmes qui méritent toute notre attention. Péan et ses marins, habitués à foncer dans les déferlantes — plus ça bouge, meilleur c'est — sont d'excellents remontants. Néanmoins, nous réfléchissons pendant trois interminables journées en supputant toutes les hypothèses, sauf l'abandon quand même, et en appréciant les explications de Reverchon qui vient de faire la « route » : « Quand un camion s'enfonce dans la gadoue, il bloque tout. Pas d'autre passage que cette frayée creusée de trous de quatre mètres. Le chauffeur attend la saison sèche. Puisqu'il y a souvent des femmes à bord, ils s'installent, coupent des bananiers, bouffent le chargement, fondent un village et la vie est belle. Au printemps, il dégage ses roues à la pioche et repart... »

Cent quarante camions sont entassés, tel un énorme train aspiré par la boue épaisse.

Impossible de reporter. Baudry doit faire un show TV à Ryad. Metge a le Dakar. Et déjà, à cause des bacs que nous avons bloqués de notre côté, des files de camions s'allongent.

Après délibération, nous expédions un télex d'une naïveté totale : *Partons quand même.*

Metge prend le volant, en pleine nuit et avale à 180 km/h mille six-cents kilomètres d'asphalte sud-africain en dépit des radars. Le troisième homme essaie de récupérer sur une couchette installée sur le réservoir arrière, confortable comme un cercueil. On finit par installer une sorte de nasse autour de la tête sur l'appui-tête pour éviter de ballotter et dormir assis, installé dans un mixer !

Le Zambèze nous porte bonheur. Le porte-clés siffleur, c'est extra. Tanzanie, piste abîmée par les camions-missiles, le premier embrayage ensablé coûte douze heures de travaux au-dessus d'une fosse remplie d'eau saumâtre où flottent des rats ballonnés. Je n'ai jamais subi autant de moustiques. Nuit de cauchemar car, pendant l'attente, la discussion dégénère. La Dangel bleue de Reverchon-Giroux doit-elle attendre la blanche de Baudry qui fait une indigestion de sable ? C'est un problème de conception, la cloche de l'embrayage placée derrière le moteur se comporte en soc de charrue, si bien que le sable pénètre par un interstice invisible, en forme de chicane.

Giroux veut foncer :

— Je ne suis pas le mécano de Baudry, on ne va pas cannibaliser *ma* voiture pour sauver la sienne.

Baudry réplique d'un mouvement de menton :

— C'est moi qui amène le fric, donc je suis devant, quoi qu'il arrive.

L'affaire chauffait autour de cette vraie question qui n'avait jamais été soulevée, et c'est à M'Bala, au bord sud du lac Tanganyika, que nous sommes ensablés dans l'égotisme et la suffisance. Pendant que les trois spécialistes luttaient contre la montre pour sauver l'espérance de record, j'étais prêt à céder à tout pour sauver l'essentiel : Alger, avant les frères Marreau !

L'espoir renaît quand même dans la belle forêt du Burundi, tropicale, humide. Bien préparées, les douanes sont parfaites, les bakchichs efficaces qui font se dresser les terribles barrières, dans la nuit, grâce aussi à nos amis qui patientaient depuis trois jours, sans désespérer.

Au Zaïre, il faut « arroser » les barrières parce que Reverchon, qui a tout prévu dans sa reconnaissance qui était à elle seule un exploit, n'a oublié qu'une chose, son visa ! Il est périmé depuis vingt-quatre heures...

A peine sortis de cette émotion réglée à l'africaine, nous sommes cernés dans la nuit par des gyrophares déchaînés et des projecteurs de secours. Panique ! Police qui nous interdit de passer puisque nous n'avons tenu aucun compte des télex ?... pas du tout, ces trois 4 × 4 sont pilotés par des officiels zaïrois qui ont bien reçu notre télex optimiste et se proposent de nous aider :

— On vous accompagne jusqu'à la sortie du pays.

On n'a pas eu besoin de se concerter pour se dire la même chose : « Pas question de se laisser retarder par ces tortues, même bien intentionnées. On va les larguer dès la première difficulté, dans le premier trou d'eau[1]. »

Avec toute la mauvaise foi du monde, nous capitulons :

— D'accord, merci beaucoup, mais ça va être difficile...

3 500 km plus loin, ils étaient toujours là ! Ils avaient allumé autant que nous, santé de fer, bonne technique au volant pour suivre Metge ! Compétents, dévoués, brillants, à chaque camion embourbé, ils avaient déblayé la route, ouvert la forêt autour de l'épave et bloqué les camions qui descendaient.

Kisangani, au cœur (nord) du Zaïre, arrêt buffet chez la douce Luisa Ruiz, encore une trouvaille de Reverchon.

La seule chaîne de distribution est entre les mains des Portugais. Donha Luisa nous dorlote. Après ces bains de poussière chaude, de pluie tiède, de viscosité, nous dînons assis. Depuis le départ, puisque l'alimentation liquide qui a chauffé atrocement est jetée, on s'est contentés de conserves, fruits secs, tablettes énergétiques. Dès qu'on pouvait, on chopait n'importe quoi. De la viande séchée aux bananes vertes.

---

1. Il faut rouler dans un mètre d'eau avec ces pistes défoncées par les pluies torrentielles et les derniers camions qui peuvent rouler. Les roues ayant creusé des tranchées, il faut se mettre à cheval sur la frayée, sinon les roues tourneraient dans le vide. Il faut maintenir les roues du côté droit sur le sommet qui est sec, coincer les roues du côté gauche contre le mur de glaise : le pilote a donc les fesses dans l'eau, mais l'alternateur est au sec, c'est l'essentiel. Il faut conduire en glissade permanente, les roues avant braquées contre le mur de glaise malgré les soubresauts. Constamment, on s'en sort de justesse, le moteur coince dans l'eau, l'allumage couine et, si on cale, on ne pourra jamais redémarrer ! Il faudrait attendre la fin de la saison des pluies, ou un camion-remorque. C'est une conduite éprouvante.

Par radio, Luisa commande des sandwiches à son frère, installé à Buta, 250 km au nord. Il fallait ça pour la partie la plus démente de la traversée du Zaïre : Bondo-Bangassou (en Centrafrique). Cinquante cours d'eau à franchir, sans pont ni bac. A l'aube, il faut repérer dans la végétation luxuriante deux troncs vaguement parallèles qui enjambent l'eau limoneuse. Ecartement prévu pour les 35 tonnes, il faut les rapprocher, gluants de boue. Baudry et Giroux ont fini de s'engueuler, ils se sont étonnamment bien comportés. Giroux a fait preuve d'une endurance physique qui m'a stupéfié. Utile, efficace, dans le coup. Toutes les demi-heures, il fallait manipuler les grumes pour changer l'écartement des ponts et continuer ce voyage au bout de l'enfer.

En Centrafrique, état stationnaire : rien perdu, rien regagné sur les frères Marreau. Chacun compte sur le Sahara, qui est la tasse de thé (à la menthe) de Metge, pour refaire le retard.

Accueil délirant puisque le vrai patron de Bangui, c'est le fameux colonel Mansion. Baudry est militaire. En avant ! Escorte de police, foules immenses puisque la radio vient d'annoncer l'arrivée du « rallye transafricain ». « Vous êtes les premiers ! hurlent nos supporters, bravo ! Foncez ! » Pendant 1 500 km, les deux Dangel ont voltigé entre deux haies de spectateurs dans une ambiance de kermesse. Même les Africains de la « bleue » n'avaient jamais vu ça. Evidemment, on n'osait pas démentir, et ils doivent toujours attendre la troisième voiture.

C'est dans cette euphorie que l'expé a failli partir en flammes contre un mur de béton à Sibut, 188 km au nord de Bangui. Par ma faute.

Metge et Baudry piquent un petit roupillon et l'asphalte rend un peu de confort à nos amortisseurs écrasés. C'est le piège du goudron, plus facile, qui déconcentre, qui endort. Je crois aller plus vite alors que je suis épuisé (Reverchon, derrière, remarque au contraire que ça tirait, c'est toujours en arrivant que ça tire, on rate des trajectoires, on ne passe pas comme il faut, classique). J'aurais dû refuser le relais, puisque deux jours auparavant je m'étais endormi debout contre un arbre, pendant une pause. Je n'ai pas su dire que j'étais vanné, persuadé que j'aurais toujours le temps de dire non. Je pique du nez sans signes avant-coureurs. Heureusement, Reverchon, qui aurait dû dormir dans la bleue pilotée par Giroux, était en éveil, il avait surpris deux embardées. Et heureusement encore que le micro n'était pas à sa place, à l'avant droit. Le micro pendouillait dans le filet juste sous son nez. En même temps qu'il nous voit piquer à gauche, il trouve le bouton de connexion dans le noir et gueule « Wohhhhhhhh »...

La voix énorme de Reverchon me réveille à quarante centimètres du béton ! A 130 km/h, avec quatre cents litres d'essence dans le dos, on aurait vu la flamme de Bangui. J'en fais encore des cauchemars. Je me réveille la nuit, et je vois le mur, et ma faute. (Plus jamais d'expé sans Reverchon !)

Je braque *in extremis,* termine sur deux roues, puis la voiture reprend sa ligne.

Humilié au plus profond de moi : j'avais failli tuer des gens par présomption.

Sur le coup, Metge m'en a énormément voulu, puis très vite il a réinstauré le dialogue, n'en a pas rajouté comme certains. Il m'a rendu le volant. Et Reverchon a engueulé tout le monde parce que Metge aurait dû se rendre compte que la vitesse tombait à 120 km/h

Malgré le repos de Bangui, le moral était en dessous de zéro, Baudry avait cassé un pont dans un trou. Pourtant, c'est lui qui, en bon cosmonaute, avait mieux su gérer son temps de sommeil. Le reste était dans un état semi-comateux, et le champagne offert par le colonel Mansion était amer, le buffet à la grimace. S'asseoir, c'est décompresser ; les nerfs tombent, c'est la débâcle.

Le Tchad, où l'armée française se met en quatre, sera notre tombeau. Le commencement de la fin. Il a fallu contourner le lac Tchad, puisque les porte-clés siffleurs ne marchent pas toujours. On « shunte » Bol, direction Liwa où la police est en panne de radio. Reverchon a noté ce sublime détail ! On se passera des tampons. C'est dans le sable si volatil, alors que les boussoles se mettent à déconner, que l'embrayage s'ensable !

Les portières de la blanche s'ouvrent, deux corps s'effondrent sur le sable assassin. Metge dort. Je dors au volant. Cette fois, c'est Hurpoil qui sauve la petite armada de son inéluctable défaite. Jamais je n'ai vu un type engueuler ses potes de cette façon. Une vraie rouste ! Prodigieux coup de fouet, les damnés des dunes se redressent, les trois mécanos vident la caisse. Enflammant des rouleaux d'armoise, je prépare du thé, du café, et Reverchon fait dans le génie. Il bricole son cric gonflable sur le pot d'échappement et projette cet air comprimé dans la chicane pour chasser le sable. Plus besoin de démonter, mais on perd encore quatre heures.

Après les sables, les pièges des pistes faussement goudronnées du Niger, qui bousillent les carters. Ondulation de la route, vapeurs de chaleur, on voit mal. Un concurrent du Dakar s'y est planté, qui est toujours dans le coma. Sécurisant, donc trompeur.

La sortie du Tchad avait montré l'efficacité des porte-clés pour détendre l'atmosphère. Mais ce n'était pas toujours efficace.

Arrivés à six heures au poste qui ouvre à sept, nous avons attendu soixante minutes que le douanier, qui nous narguait, passant et repassant, avec une serviette, une brosse à dents, son rasoir, ses pompes, ait fini sa toilette !

A Zinder, nous avions vingt heures de retard sur les Marreau. Le record était fichu, mais c'est à ce moment que la guerre civile a éclaté entre Metge et Baudry. Le cosmonaute était le moins cramé, presque requinqué. Par la magie du grade le plus élevé, il décide de continuer. « Etablissons un autre record, dans ces conditions géopolitiques nouvelles. » Metge l'Africain était cuit, il avait supporté la responsabilité de la conduite, fait le plus dur et conduit le plus vite. Baudry faisait le colonel. Metge, le baroudeur.

Caporal contre « fantaisiste », l'engueulade serrée n'a eu qu'un témoin, Giroux.

Soutenu par Reverchon, j'étais d'accord avec Baudry.

Mais le télex qui nous attendait chez Mano Dayak, à Agadès, a mis les survivants d'accord : l'Algérie nous refusait le passage parce que nous venions de chez les racistes de Pretoria. Frontière fermée à cette « épopée raciste », disait la radio. Ce qu'ils savaient dix jours plus tôt... On aurait pu faire semblant de ne pas être au courant, contourner par In Salah ou Sawaka, nous avions tellement de tampons sur nos passeports ! Et l'Algérie ne multiplie pas les contrôles ; une fois rentrés, on roule.

René Metge ne pouvait pas se permettre une telle entourloupe avec les autorités algériennes à trois semaines du Dakar.

Ça a été le coup de grâce.

Mais nous reviendrons. Avec Metge et Reverchon, avec un autre véhicule, peut-être un camion parce que deux voitures ajoutent leurs pannes. Personnellement, je reste sur ma faim et s'il y a des gens qui peuvent le faire et le gagner, c'est bien nous ! Expérience fantastique, notamment au niveau de la récupération, et positive malgré l'échec. Les Marreau s'y sont pris à trois fois.

Ressourcé chez Mano, je rentre vite à Paris. J'ai hâte d'être au chevet de ma mère, qui, à nouveau, reprend possession de mon temps, et je découvre, alors que je craignais le pire, qu'elle profite d'un léger mieux et qu'elle pourra passer les fêtes de Noël avec ses enfants et petits-enfants dans ma maison de Bretagne qu'elle aime et qui la ramène dans les sphères heureuses de notre enfance, lorsque nous étions cinq sur la photo de famille. Cette image de bonheur qui me hante, puisqu'un enfant n'imagine pas que son entourage puisse lui manquer : nous étions cinq pour la vie ! Ce sera le Noël du renouveau, du perpétuel espoir toujours démenti. Elle est heureuse de me voir en forme, même si nous n'avons pas battu le record.

Je retrouve mes problèmes domestiques pour les régler le plus vite possible. Et surtout je fonce chercher mon chien Scoop, en pension chez des amis depuis presque trois semaines ! C'est le plus pur des plaisirs que de retrouver ses chiens et je ne saurais les laisser à n'importe qui. Scoop tient, avec le petit Delta, une place à part, très importante. Je le dis sans fard !

Détestant le faux, en peinture, en sentiment, en mobilier, recherchant la spontanéité et la pureté, je ne peux avoir que de la tendresse pour les chiens. Et de cette tendresse certaines filles ont été jalouses, comme si je mélangeais les genres. Je ne suis pas la mémère à son chien-chien. Mais le chien incarne la fidélité et l'innocence, vertus que l'on rencontre rarement chez les hommes et les femmes. Et le chien est toujours content.

Après mon épagneul, Yeron le setter irlandais, Rugby le braque, les setters Scoop et Delta, le chiot : je les observe depuis presque un quart de siècle, j'ai toujours vécu avec des chiens et je sais qu'ils disposent d'un vrai langage fait de gestes, d'attitudes, de sons. Ils comprennent bien mieux que ce qu'on dit.

Quand je quitte la maison pour mon bureau, Scoop reste dans son panier. Quand je pars en Bretagne, même si je n'ai rien dit, même si je sors sans bagages, il me suit au portail. Il sait où je vais.

Quand j'ai été malheureux, il savait. En plein drame sentimental, il m'a sauvé la vie alors que j'étais atrocement seul (je ne sais pas demander du secours). Puisqu'il était là avec sa bonne tête, à aucun moment l'envie de faire une connerie ne m'a traversé l'esprit.

Ma vie s'organise autour de Scoop et Delta le tout-fou. Qui va les garder pendant mes expéditions et reportages ? Souvent, les gens viennent habiter chez moi : c'est une responsabilité, ça souffre, un chien, il faut pouvoir compenser l'absence de son maître, savoir jouer, l'écouter, pas seulement remplir sa gamelle. Je passe des heures avec eux, me roule par terre, les laisse faire les pires bêtises. Avec eux, comment ne pas être d'une constante bonne humeur ?

Ils donnent des joies indicibles et quotidiennes. Au réveil, à mes retours, c'est la fête perpétuelle. Si bien que j'ai du mal avec les gens qui n'aiment pas les chiens (je fais une exception notable) et les animaux : je me méfie. Celui ou celle qui fait un geste antipathique est classé. Avec toutefois des nuances dans la réprobation pour les citadins qui ne vivent que de clichés.

C'est pour Scoop que j'ai changé de voiture (indispensable, un break pour le balader), que je me suis installé dans une maison avec un jardin de curé pour qu'il ait une « vie de chien »... en liberté ! Jamais ils n'ont connu la laisse, je préfère courir derrière eux qui foncent sur des canards que de crier « Couché, Médor, au pied ! ».

Avec eux, pas de journée sans éclats de rire, éclairs de tendresse. Le débat sur l'intelligence et l'instinct n'est qu'une mauvaise rhétorique : leurs sens vont bien au-delà. Différents des nôtres, mais réels et souvent supérieurs. (Les orques et les dauphins sont des sommets d'intelligence de vie.) Et ils diffusent cette fameuse joie qui m'a empêché à plusieurs reprises de « basculer ». J'en suis responsable et, dussé-je en choquer beaucoup, il faut ménager l'animal qui souffre, plus malheureux qu'un adulte qui souffre, parce qu'il ne sait pas pourquoi il dérouille. Celui qui tue un animal n'hésitera pas davantage pour un humain, selon les circonstances.

Cette souffrance, j'en ai encore sur le cœur un exemple récent. En juin dernier, je rentre chez moi avec un shampooing acheté dans une pharmacie tarif luxe, garanti par sept ans d'études très supérieures.

Le petit venait d'arriver, je voulais que le grand soit propre. A la douche, ça mousse, quelques minutes après, Scoop s'écroule, s'effondre sur son arrière-train et rampe vers moi. Dans son regard, j'ai lu : « Sauve-moi ! » Ce regard, je ne l'oublierai jamais. Le fabricant a eu de la chance de ne pas me trouver sur sa route avec son poison ! J'ai fait les gestes qu'il fallait dans l'immédiat avant de consulter un véto qui m'a expliqué. Allergie provoquant un œdème. En se léchant après le bain, Scoop s'était intoxiqué.

Je me suis fâché avec un copain qui, devant les garder pendant le tournage d'une émission, n'est pas venu. J'apprends la défection, je plante l'émission, cours chez moi, au bord des larmes, en me disant que je les avais trahis. J'aurais étranglé le traître ! Je n'ai pardonné que beaucoup plus tard, quand j'ai su que c'était un quiproquo.

Souvent, j'ai craqué. Sans la hargne de Nathalie qui supportait mal le jeune Scoop, j'aurais ramené un husky de Resolute Bay. Je devais le rendre à son maître et il trottait gaillardement derrière mon skidoo. A deux bornes des baraques, je sens qu'il ne me suit plus. Effectivement, tapi dans la neige, il refusait d'aller plus loin. Chez lui, c'était avec nous. Je gamberge, le husky s'adapte à tous les climats à condition de s'exprimer, le Transall de l'armée peut l'embarquer. Mais l'image de Nathalie, excédée, me traverse l'esprit. Raisonnable, je le jette de force sur le skidoo, le rends à l'Esquimau, qui n'a pas le moindre geste de satisfaction — le chien non plus. Il le jette au piquet.

Pour ne pas m'attendrir, je file très vite.

Près de l'aéroport, mon instinct me tarabuste. Je fais demi-tour et tombe sur mon husky qui courait derrière moi ! Pour me rejoindre, il avait bouffé sa corde en cinq minutes. J'ai fondu de tendresse, mais j'ai dû l'abandonner une seconde fois.

J'en avais gros sur le cœur, et encore aujourd'hui, d'avoir cédé à cette femme qui n'est plus là, puisque mon « Tiger » a été abattu trois ans plus tard, pour juguler une épizootie.

« N'écoute pas la femme, écoute ton âme », dit un proverbe zaïrois que j'ai connu trop tard...

Et la seule fois où j'ai pleuré au cinéma, c'est à propos d'Antartika, une histoire vraie. Celle d'un maître de chien qui part à la recherche de sa meute perdue dans le Nord. Un an après, il en retrouvera deux, seulement. Et tout le film raconte la lutte de ces chiens contre les violences du pôle. C'est bouleversant.

Les animaux sont les fusibles de notre civilisation. S'ils sautent, tout disparaît. Le vrai désert, c'est l'absence de vie animale. Et les millions de spectateurs qui ont vu et souvent revu *le Grand Bleu* ou *l'Ours* témoignent de cette inquiétude et du manque auquel la béton-civilisation les condamne si on ne réagit pas très fort.

Après la planche à voile, l'U.L.M. peut être une sorte de moyen de séduction extrêmement pervers. D'abord parce que le vacarme du moteur couvre toutes les confidences. Ensuite parce que l'U.L.M. ne peut convenir qu'à des âmes exceptionnelles.

Dans le ciel de Bretagne, refuge et bonheur, je survole Cézembre avec une jolie passagère : baptême de l'air en U.L.M. à flotteurs, autrement dit le plus minable des hydravions. Je me laisse aller à une douce rêverie dans l'air léger, quand la jeune fille se penche sur mon épaule et hurle sans perdre son calme :

— C'est normal, les flammes ?

Je sursaute quand même, coupe les gaz, on se pose sur les vaguelettes.

Cézembre est décidément un haut lieu de mes perditions... Et l'U.L.M., un aéronef caractériel que m'a fait découvrir Hubert de Chevigny, Lorrain, ingénieur, ingénieux, et qui va changer ma vie. D'abord en jouant avec, puis en m'offrant le pôle, le vrai.

L'U.L.M. est une illusion dangereuse. Ce n'est pas la planche à voile de l'air (qui n'est déjà pas innocente). Les gens ont joué leur vie à « kit » ou double, fabriquant eux-mêmes selon des techniques peu éprouvées, de façon empirique, alors que le moindre boulon qui cède, c'est le crash. Des as de l'avion de chasse et de ligne se sont tués à cause d'un bris (jamais de solution de rechange comme sur les gros zincs) alors qu'on lâchait des débutants avec deux heures de vol ! Cet excès d'euphorie a parfois été mortel. On oublie que, par définition, c'est ultraléger, donc ultrasensible au moindre courant d'air, sans ressource, sans réserve de puissance, à la limite de tout. Proche en permanence de la vitesse de décrochage.

On a fait n'importe quoi pour cinquante francs de l'heure, y compris se mettre en approche avec un Boeing, mais pour ce prix dérisoire on a eu droit à une fin tragique. On pénétrait le royaume des cieux en passant par le Père-Lachaise.

Canicule en Bretagne, ça arrive, en juin 1985 par exemple. La chaleur, c'est la plaie, l'air est trop léger, agité, turbulent. Je rentre de Dinard pour participer à une fête près de Houdan, mais la chaleur chahute. Je bataille avec le manche, tétanisé, toujours en butée, et l'U.L.M. s'en fiche ! Hubert le dit avec sagesse : « Il vaut mieux être à terre et avoir envie de voler, que d'être en l'air et d'avoir envie d'être au sol. » Je suis l'autoroute parce que je ne me crois pas un as de la navigation ; les brumes précèdent la nuit. Mon réservoir est vide, avec toutes ces cabrioles qui exténuent le moteur. Bon, on va se poser. Je repère un champ, fais trois passages pour mater les sillons. De la ferme on me fait de grands signes amicaux. Sitôt posé, une Aronde break (comme celle de mon père) se pointe avec le maître des lieux, des enfants, puis des voisins qui me donnent de l'essence.

La foule s'agglutine pour le décollage. Je renifle le vent, mets la gomme en râlant contre ces réservoirs souples que je n'aime pas parce que je les soupçonne de faire des bulles... Prière : surtout pas au décollage !

Prière pas reçue. J'ai à peine quitté la glèbe féconde qu'une bulle bloque l'arrivée d'essence au moment du premier virage à gauche. L'hélice cale. Pour éviter la chute libre, je pousse le manche à fond, hésitant entre un champ de maïs et le petit bois. L'U.L.M. se pose sur le dos, réservoir éclaté. Coincé dans mon harnais et la tête à l'envers, j'étais couvert d'essence. J'entends la famille arriver en secours d'urgence, encadrant le père, mégot au bec ! Il entre avec son clope dans le nuage d'essence vaporisée...

— Ça va, mon petit gars ?

Je ne peux répondre. S'il écrase son mégot dans la terre, je meurs cramé vif. Si je crie, il risque de paniquer. Alors, du ton le plus mondain possible, dans le cours de la conversation, j'avertis, aussi relaxe que Raymond devant son croco :

— Y'a de l'essence partout.

J'ai quand même pas dit « excusez-moi ». Cet homme de bien n'a pas écrasé le brûlot, il a soigneusement craché dessus jusqu'à extinction. Puis l'Aronde m'a déposé à la gare.

La suite au pôle Nord.

L'U.L.M. n'est pas un moyen de voyager, on n'est jamais sûr d'arriver et en quel état !

Faire de la ligne droite n'a aucun intérêt, alors que Kariba ou la Rance en U.L.M. à flotteurs, c'est génial.

Sur roues, dans les aéro-clubs, avec blousons d'uniforme, bar de l'escadrille, ambiance virile-complice, c'est emmerdant. Je n'en fais, avec modération, que pour découvrir des sites. Il y a d'autres façons de se tuer, encore plus rapides, et moins onéreuses !

12

Resolute Bay

Ce matin-là, Scoop aboie sans raison. En liberté (bien sûr !) dans le jardin de la maison de Bretagne, aussi tonifié que son maître par l'air du pays, il se rue sur la barrière. De l'autre côté stationne une silhouette d'un autre âge, un camion de déménagement sans aucune marque ni sigle. Un camion fantôme très haut, à l'ancienne, dont les rideaux sont coquettement tirés.

Je sors avec le chien sur les talons, qui paraît fou de joie. Je frappe. « Entrez », me répond une voix que je connais : c'est Hubert de Chevigny, figure légendaire de l'U.L.M., jovial, sympa, doux, pondéré, ce qui est rare dans l'ultraléger où la défonce remplace souvent le poids.

Je l'avais croisé à Deauville, au début de l'U.L.M. que je découvrais : les pilotes me paraissaient inabordables et leur savoir incommensurable. Aujourd'hui, moins novice, je les considère avec encore plus de respect et d'humilité. Chevigny avait aussi rencontré Kurbiel, à qui il avait servi d'oiseau pilote, guidant son bateau à travers les glaces.

Hubert est un poète, passionné des choses de l'air, qui vit d'une manière intemporelle, à l'écart des choses, sans souci de rien, apparemment, surtout pas d'argent. Les oiseaux ne sèment ni ne moissonnent, je le vérifierai pendant la dure épreuve du sponsoring.

Hubert venait pour le week-end. Il est resté six semaines.

Valérie, qui va devenir sa femme, l'accompagnait, et il avait installé la chambre nuptiale dans la couchette du routier puisque l'essentiel du camion était envahi par ses trois U.L.M. démontés !

Trouvant l'endroit « sympa » (un peu !), il a monté ses libellules. Journée inoubliable puisque le soir, devant la cheminée, alors que nous parlions des possibilités (relatives) de l'ultraléger, je dis étourdiment : « Pourquoi pas le pôle ? »

Le silence, chaleureux, a été grignoté par le crépitement des bûches de hêtre. Le pôle, le vrai, pas celui des touristes peu frileux qu'on appelle magnétique parce que c'est lui qui attire l'aiguille des boussoles. Ce pôle géographique est distant du magnétique de près de mille deux cents kilomètres en ligne droite, soit Londres-Milan. Ce n'est pas la banquise d'à côté.

C'était en 1984, cela faisait presque soixante ans que l'Américain Richard Byrd avait survolé le pôle, sans se poser bien sûr. Nous, on veut déposer nos « feuilles mortes » sur le centre de la calotte, ce qui n'a jamais été fait.

Et à part *Voyager*[1] nous sommes en manque de véritable aventure aéronautique. On gamberge...

Chaque week-end, je le retrouve en Bretagne : « Bienvenue chez moi ! » Les librairies spécialisées sont dévalisées. A Saint-Malo, je trouverai l'admirable journal de Scott, l'un des héros les plus purs, mort de sa passion, sans jamais se départir d'une lucidité poignante.

Puis, dès la fin de l'été, c'est la brasserie du Nikko, mon ex-garçonnière, si pratique face à la Maison de la Radio, qui devient le quartier général du rêve polaire.

Cartes étalées, nous mesurons mieux l'ampleur du pari. Jean-Louis Etienne est sauvagement questionné, lui

1. Avion révolutionnaire ultraléger qui a réussi le premier vrai tour du monde sans escale et sans ravitaillement.

qui vient de rater son premier pôle (à pied !). Il sait mieux que quiconque ce qu'il ne faut pas faire. D'autre part, personne n'a l'expérience de la logistique, si particulière. Problème redoutable puisque notre camp de base sera installé à cinq mille kilomètres de Montréal. Prière de ne pas oublier un boulon, une pochette de bouffe, une paire de lunettes !

Les problèmes sont tellement incontournables qu'il nous faudra deux ans pour nous poser enfin à Resolute Bay, dernière station « humaine » avant l'enfer blanc.

Entre-temps, j'ai fait le Zambèze, Le Cap-Alger avec terminus à Agadès, Plymouth-Roscoff en planche à voile (clin d'œil à mes débuts radio), quelques dizaines d'émissions plus ou moins impérissables, et ma toiture en Bretagne. La chaumière fuyait, j'ai colmaté avec des cachets...

Mais sans jamais pouvoir oublier le pôle. Depuis que je l'ai découvert en tombant du ciel, je m'aperçois que je ne pense qu'à ça. Et que me taraude, sans que j'en aie une conscience très claire, sans que je l'exprime, surtout pas ! l'envie profondément humaine de laisser une trace qui dise que j'ai vécu.

Au milieu de nulle part, Resolute Bay, c'est rien du tout. Un village esquimau, de baraques de bois, basses. Un village de travailleurs polaires. Une piste.

Un Pakistanais, Bezal, arrivé on ne sait comment sur la banquise et qui est la Samaritaine à lui tout seul. Capable de trouver trois pistons de suite, d'un moteur fabriqué dans un village du Tyrol. Commerçant ravi par l'odeur de l'argent mais fin spécialiste formé sur le tas de neige...

Une délicieuse vieille postière échappée à Walt Disney. Petite voix aiguë, curieuse comme la concierge du pôle qu'elle est...

Des autochtones qui se vrillent le doigt sur la tempe en regardant nos U.L.M., ultra-fragiles, peu motorisés, quelques tubes, de la toile, un moteur de Solex...

Deux policiers montés qui vérifient rapidement que nous ne sommes pas venus les mains dans les poches...

Resolute Bay est le dernier bastion de la civilisation au nord. Et cependant, plus au sud, à Frobischer Bay, des Esquimaux se sont perdus cet hiver, dans le white out, et on vient de retrouver leurs corps congelés à deux kilomètres à peine de leur village. Et ce sont des Esquimaux... protégés par vingt mille ans d'expérience. Alors, des Parisiens avec de ridicules cerfs-volants, minuscules dans l'infini, qui osent violer l'espace et défier la nature, ce sont des excentriques. Les marginaux, le pôle n'en veut pas.

Le pôle nous rejette comme des intrus alors qu'Hubert et moi attendons ce moment depuis deux ans ! Montage financier périlleux, résolu par hasard (voir conseils suivants). Mon U.L.M. décollait devant une sublime propriété dans la baie du Prieuré, près de chez Pierre Lenormand. Le propriétaire nous regardait décoller. Agacé ? Amusé ? Allons le lui demander. C'était le patron de Petit-Lu. Il écoute notre projet, transmet notre dossier. Accepté. On en reprendrait, du Petit-Lu. Le *Figaro Magazine* a complété, puisqu'il fallait un média papier pour rassurer les biscuits. J'arrive au *Figaro* pour rencontrer M. Y. Soudain, Hubert s'exclame devant une porte matelassée : « Tiens, c'est un pote ! »

C'était tout simplement le big administrateur, celui qui fait les chèques ! « Ecoute, Hubert, si tu connais un ou deux ministres, n'hésite pas, on gagnera deux ans. » Il sourit sans répondre (à suivre...) ! Hubert connaît plein de gens dont il ne se sert jamais. Il plane...

Pour se faire sponsoriser, il ne faut surtout pas compter sur le hasard et sur Chevigny ! Tabler plutôt sur une vraie stratégie impliquée par une « bonne » idée. Pour une vraie communication, il faut un dossier costaud après études fines : on va vous poser quelques questions !

Le plus agréable serait de se passer de ces contraintes médiatiques, mais c'est impossible. J'ai pu partir longtemps, loin, parce que les médias se sont ouverts. Ou alors trouver un mécène, exploiter un oncle philanthrope. Détrousser un sponsor est le premier geste d'audace réfléchi. L'aventure n'est jamais au bout de la rue. Tous, nous sommes tentés par les endroits inaccessibles, le pôle est plus excitant que la Brie. On va au bout du monde sur une corde raide financière. Pour le pôle n° 2, j'avais cent vingt sponsors potentiels et j'en voyais trois par jour !

Pour survivre, voici trois conseils.

Ne jamais envoyer de dossier d'abord, attention aux poubelles ! Téléphoner à la bonne personne pour obtenir un court rendez-vous sans dire pourquoi. Vous pouvez alors envoyer le dossier.

Analyser l'homme, dès les premiers mots. Savoir à qui vous avez affaire. Le technicien à micro incorporé quantifie en suivant vos lèvres, avant d'entendre. Le poète, sensible : son coup de cœur évoluera au moment de sortir son chéquier. Le B.O.F., il hésite entre la camisole de force et le bagne. Il se tasse sur son fauteuil en pensant : « D'où sortent ces deux olibrius ? Je vais pas raquer pour ces pingouins ! »

Le budget est difficile à évaluer, d'autant qu'on le minore pour ne pas effaroucher le donateur. Et qu'on le sous-évalue par inconséquence. L'heure de Twin Otter[1], dix mille francs, double quand on frôle le pôle. Chaque fois qu'on ouvre la porte du hangar chauffé de Bezal le « Paki », ça coûte 250 dollars à cause du chauffage. Ne rien oublier avant d'entrer, c'est 2 000 F.

On part avec un trop petit million et une équipe de choc. Thierry Reverchon, aussi bon dans la banquise que sur le sable ; Pierre Lenormand, le skipper qui remporte la Route du Rhum au pied levé, équipier de luxe ; Denis Bosman pour la radio : parce que la navigation, quand on est paumé, qu'on attend le ravito, c'est la vie. Et une « base » plus hétéroclite, équipe trop lourde de France Inter trop impatiente ; et une « couverture » d'agence, fauchée, donc speedée, pressée de tourner à n'importe quelle condition. La journée à Resolute Bay, même si on ne claque pas les portes, c'est 1 500 F par individu.

---

1. Bimoteur construit spécialement pour les vols polaires.

Pire que l'agence, la Femme. Ce n'était pas la douce Amandine. C'était la marraine, une fausse bonne idée de l'agence, une mini-star comme on en compte des dizaines chaque année. Mais, surtout, une allumée totale. Elle avait voulu venir. Comme un con, j'avais dit oui. Elle s'est révélée délirante, excessive, ne passant sûrement pas le premier contrôle antidoping, pas très regardante sur le « carburant » et, surtout, ne parlant que de cul avec une grossièreté difficilement égalable. Larmes, caprices, j'en ai pris plein les oreilles. Pierre Lenormand, aussi fin diplomate que skipper, a réussi à éteindre la crise avant de la déposer dans le premier avion.

Encore une leçon. Ne jamais emporter de bouches inutiles à nourrir. Ne pas arriver tous ensemble : ceux qui glandent emmerdent ceux qui bossent.

Commencent les tests avec Thierry et Hubert. Resolute Bay nous ignore, ils se contenteront de venir chercher les morceaux. Deux mondes coexistent sans se parler. Les travailleurs (mines, pétrole, etc.) et les expé. La crème, ce sont les vingt pilotes de Twin Otter, considérés comme les meilleurs du monde et qui ont dévisagé nos Baroudeur avec pitié !

L'U.L.M. exige déjà une hyper-concentration par temps idéal, à deux cents mètres d'altitude. Par moins quarante degrés, à quatre cents mètres, ça bouge dans tous les sens ! Impression affreuse de tomber à chaque instant et de tenir ma vie entre mes mains glacées et débutantes.

Quand je suis seul en l'air, j'ai une trouille folle que je ne montre pas. Je n'en dormais plus la nuit. C'était un cauchemar d'enfiler ma combinaison de vol. J'angoissais avant, pendant, après. Au fond de moi, j'étais liquéfié, refusant d'entendre les vingt bonnes raisons que j'avais de renoncer. Je ferais le clown pour rembourser mes biscuits, guide de chasse, présentateur de jeux à la télé, contractuelle, tout plutôt que de voltiger sur une feuille morte. De là-haut, Resolute, c est encore moins que rien, finalement. Et il faut faire 2500 km dans ces conditions pire que précaires !

Ecrasant !

Je dois avoir vingt heures de vol. Cent fois par jour, j'imagine les séracs, mon U.L.M. ne peut freiner, j'arrache les pics de glace, glissade vers les chausse-trapes. Je répète la technique d'arrêt d'urgence, sachant que l'arrêt est impossible : grand coup de pied à gauche, virage à 180 degrés, les gaz dans l'autre sens.

Je sens aussi qu'on a prévu le minimum. On peut redouter des avalanches de surprises.

Sans dire un mot, Hubert, par sa seule sérénité, m'a tranquillisé. Comme Metge dans la nuit à 180 km/h, Reverchon devant une durit éclatée, Raymond Stocker face à un éléphant qui charge.

Reste la concentration, une fois passé l'excitation parisienne du grand défi. On n'échappe pas au pôle. On n'est plus soi-même. On rit moins, parfois plus du tout. Même Hubert peut devenir plus nerveux, irritable, pesant chaque mot, calculant chaque décision, attendant que soient éteints les mille cadrans lumineux qui clignotent dans sa tête et sur le tableau de bord. Et on sent l'inanité de certaines précautions.

Resolute, ce n'est rien, mais, par rapport à ce qui nous attend, c'est un cocon. La mise au point quotidienne est solitaire, c'est un autre aspect de l'autodécouverte. Faire abstraction des autres. Oublier le printemps français qui fleurit (fin avril) dans ce congélo, se forger une carapace. Impossible de reculer, mais savoir reculer à temps. Pas commettre d'imprudence pour calmer un cadreur alors que les carences génèrent des doutes. Qu'importent les matamores !

Quand on voit que Reverchon et Lenormand, deux génies de la mécanique, ne peuvent faire démarrer les moteurs, que va-t-on faire mille bornes plus au nord, encore plus froid ? L'essence fera des cubes, les durits s'émietteront.

Le pôle est une machine à broyer nos habitudes.

Pourtant, après six jours de montage, techniquement solvable, nous changeons de planète. Le soleil gelé ne se couchera plus sur nos têtes. Plus jamais la nuit...

Il faut rentrer dans le cockpit avec un chausse-pied.

On a droit à 150 kilos, dont 120 d'essence. Reste 30 kg pour l'équipement personnel, le matériel, la nourriture… Pas un gramme de manœuvre. Les contraintes s'accumulent.

Poussés par France Inter, on décolle malgré les conditions météo.

La veille, je me suis tapé un mât en bout de piste, que j'avais été le seul à ne pas voir. Commentaires fielleux de la schlague. Je ne téléphone même pas à Paris. Bien qu'une femme m'y attende, je ne pense fugitivement qu'à Nathalie. La banquise clarifie les affaires de cœur…

Je suis Hubert, qui possède l'unique instrument de navigation. Légèrement décalé pour qu'il puisse me repérer sans tourner la tête. Pendant le vol, le vent s'amplifie et on se pose après cent vingt kilomètres à peine, à Stanley Head, dans le white out. L'angoisse du pôle, c'est une luminosité opaque, on est ébloui sans pouvoir apprécier les distances et les contours. C'est une obscurité éblouissante, chaque gouttelette d'eau blanche fait loupe déformante.

Rien n'indique la direction du vent, Hubert quadrille pour repérer la vitesse minimum, donc le vent maximum. Puis il se pose pendant que je tourne. Que c'est impressionnant ! Il rebondit sept fois avant de s'immobiliser. Sept fois, ça n'arrive jamais. Il sort et cherche aussitôt une surface plus sympa pour moi, le novice. Consignes par radio, il se tient les bras en « manpower » et je me dépose à ses pieds.

Les nerfs lâchent alors que tout commence. Il faut deux heures pour arrimer les U.L.M., virer un mètre de neige, planter les broches dans un silence d'apocalypse. C'est le seul vrai silence du globe. Découper des blocs de neige pour faire un muret autour de la tente : l'igloo est en blocs de neige, surtout pas de glace, qui est trop bon conducteur. La neige isole, mais c'est éphémère parce qu'elle devient de la glace, sous l'action de l'air expiré qui gèle !

Il fait moins vingt-cinq dehors, moins dix sous la tente. Et nous allons rester six jours à Stanley Head, dont la spécialité est l'ours blanc. Au début, on va monter la garde. Je pense à l'ours de l'expé Kurbiel… Mais le vent est si fort qu'on dort éveillé et que la (fausse) garde est permanente.

Trois raisons aussi vitales les unes que les autres exigent que l'on monte la garde dans notre condition.

Il faut guetter les ours, qui peuvent s'en prendre à un U.L.M. qui pèse cinq ou six fois moins qu'eux. C'est un cerf-volant pour un ours de 700 kilos. Il faut prévoir le vent qui tourne puisque nos U.L.M. sont amarrés face au vent. Si le vent tourne pendant notre sommeil, il les fera éclater en miettes. On doit surveiller d'éventuelles fractures de la glace ; si elle se rompait, on pourrait très bien se retrouver chacun sur un bout de glace flottante, dans l'incapacité de se rejoindre, et les U.L.M. à la dérive.

On verra bien, c'est ce que disait Stocker aux rives du Zambèze. D'ailleurs, le fusil est coincé entre nos deux duvets boudinés sous la tente. Il faut cinq minutes pour sortir une main.

La tente est un étui dans lequel on ne s'introduit qu'en reptation. L'ours aura bouffé du Français ligoté dans les duvets avant qu'on sorte un bras. Ce qui empêche de dormir, très vite n'empêchera plus de dormir.

Tous les bruits sont suspects dans ce faux silence. L'autre qui remue, touche la toile, la neige accumulée qui tombe en plaques, les faseyements de la toile, la glace qui craque sans arrêt. Une glace parfois si mince qu'une lumière bleutée arrive par en dessous, fluo et mate, inquiétante. L'eau, sous ces quelques millimètres de plancher de verre, l'abysse renvoie une lumière extraterrestre. Quand on est désarmé dans le duvet (j'avais connu ça la « nuit des éléphants » au Zambèze), tous les bruits sont suspects et d'ailleurs amplifiés par cette suspicion ! Dans les frémissements du vent, on entend ses propres pulsations cardiaques !

Les journées sont d'autant plus longues qu'elles sont détruites : on dort quatre fois deux heures par vingt-quatre heures, on se couche quatre fois, donc on fait quatre journées ! Pour sortir à poil du duvet, il faut se faire violence ! Et encore plus pour mettre le nez dans le sas, puis dehors. Que nous réserve le pôle ? Une fracture de glace ? Un coup de vent qui a lacéré les U.L.M. ? Un ours ?

Sans cesse, on fait le point. Avec l'autre. C'est la

cohabitation de siamois, on a intérêt à se supporter. Chaque mot est pesé. Mais, pour passer le temps, l'encalminé polaire a deux ressources : la bouffe et la météo.

C'est moi le cuistot en général. Où que je sois, je mange énormément, grignote tout le temps, le seul écureuil de la banquise. C'est un rite compliqué, interminable, deux heures de bricolage. Prendre de la glace (la neige fond moins vite), faire monter la pression de carburant dans le réchaud, jouer du briquet mains nues bien sûr, les molettes ne sont pas prévues pour des gants de boxe. Installé dans un abri, le réchaud sur une plaque qui s'enfonce quand même avec la chaleur ! Tout est compliqué au pôle. On verse l'eau bouillante directement dans le sachet lyophilisé. Ça ressemble à la bouillie, ça s'avale. J'arrive même à apprécier le cognac en mini-dose. Thé pour finir. On évoque des projets, on se retourne sur des expériences individuelles. Un détail provoque une émotion. Hubert, c'est les débuts de l'U.L.M. Moi, c'est l'Afrique. Le flip est interdit, nul ne doit donner des signes de faiblesse.

Mais l'obsession majeure, viscérale, c'est la météo. On déchiffre la moindre parcelle de ciel, on lit dans les nuées comme dans le marc de café. Même caché, on a l'impression de le voir, ce soleil de minuit. Le vent faiblit ? Vastes illusions proches du mirage. Avant d'avoir achevé la phrase rituelle « Le vent se calme, on dirait… », il a repris de plus belle.

Restent les liaisons avec le camp de base, pas trop pour ne pas fatiguer les batteries. Une visite du Twin Otter avec l'agence photo. C'est la tornade parce que le pilote laisse tourner un des moteurs, car il n'est jamais sûr de repartir ! Ambiance frénétique, très spécifique. Puis à nouveau le grand silence sidéral.

Les jours ressemblent aux nuits. Le temps, comme le white out, suspend notre vol et trouble notre conscience.

Naufragés de la banquise, où seul peut se risquer (c'est le mot) le plus périlleux des aéronefs, nous montons la garde.

Le septième jour, malgré un vent à vingt nœuds, on s'en va ! Le démarrage est un cauchemar. Un rituel lent assuré avec pondération. Patience dans la banquise où il faut savoir remettre une fausse urgence au lendemain.

Il faut balayer l'U.L.M. avec une vulgaire balayette sans faire tomber un flocon sur le système électrique. Brasser l'hélice pour alléger l'huile consistante comme du beurre pendant vingt minutes. Démarrer à la ficelle. Eviter de transpirer.

Ça finit par démarrer un jour ! Le bruit du moteur aigrelet et impétueux, c'est la *Symphonie du bonheur*, mieux que la *Pastorale* de la traversée de l'Atlantique. Enfin, on s'évade.

Pas encore, il faut une demi-heure pour prendre des tours[1]. Attendre dans le cockpit que l'autre démarre. S'il ne démarre pas, remonter la tente !

Cérémonie épouvantablement longue.

Décollage scabreux, car l'appareil est chargé jusqu'à la gueule et la piste fait une soixantaine de mètres. Les skis frôlent les séracs. Puis on s'élève lentement en tournant parce que le moteur ne prend jamais toute sa puissance, montée pénible, incertaine.

On avait campé au pied d'un relief qu'il faudra franchir.

Je vois Hubert passer cette montagne alors que je monte péniblement. J'approche, en limite de puissance, d'une barre blanche. J'avais cru que c'était le ciel opalescent au-dessus d'une assise de rocher noire. Or c'était de la neige ! De la glace !

Pour éviter le choc frontal, j'entame un grand virage à droite, mais de vraies « dégueulantes » de vent de relief me rabattent ! Je pousse comme un damné sur le manche, mais l'engin m'échappe totalement. Je percute une aile, puis l'autre et dévale une sorte de glacis. Sans autre réflexe que de me battre, j'essaie de me rétablir.

Je coupe le moteur. Le silence est suffocant. Puis je me palpe, rien de cassé mais tout s'effondre. C'est ce qui peut arriver de pire. Hubert n'avait rien vu. Alerté par

1. Faire chauffer le moteur pour qu'il acquière suffisamment de puissance.

radio, il dit avec le plus grand calme : « J'arrive. » Pas un mot de colère alors que je me fustige. Pas la peine d'emmerder le monde pour se planter le deuxième jour de vol réel. Pas la pointure, c'était tout vu. Je n'ai même pas le temps de me réjouir d'être vivant.

Atterrissage périlleux d'Hubert pendant que les idées tourbillonnent dans ma tête. Remonter d'autres ailes, est-ce prudent après le choc psychologique ? Et l'argent ? A 15 000 F la journée, on va vite se retrouver sans biscuit, même Lu. Hubert peut-il continuer tout seul ?

Le stress, l'humiliation, le contrecoup m'épuisent très vite. Hubert me rejoint, accepte que je dorme un peu. Mais la tente est dans son U.L.M., et les erreurs s'accumulent. Je rentre dans le duvet sans ôter ma combinaison de vol. Le gore-tex de cette housse sarcophage perd ses propriétés à moins quarante, et l'air expiré gèle contre les parois. Très vite je suis dans un cocon de glace. Pendant un quart d'heure je me suis senti bien, toute souffrance paraissait abolie et je m'engourdissais dans un relatif bien-être, celui qui suit un choc, une blessure. Et puis je me sens très mal, plongeant dans un sommeil bizarre que je ne connais pas.

Mais je n'ai déjà plus la force de me lever. Ça va vite, la déglingue. Quelque chose clochait, que je ne savais pas identifier. Ma main placée en oreiller sous ma tête est soudain froide ! Je comprends que mon rythme cardiaque baisse. J'ai tant lu de bouquins sur cette mort de froid, Scott, le major Franklin, les alpinistes..., que je réagis dans un ultime sursaut. Je suis tombé dans le piège du pôle qui a détruit tant de vies. Mais c'est minutieusement exact, cette disparition progressive et presque indolore de l'énergie minimum vitale. C'est l'instant de faire l'éloge de la lecture. Sans les veillées passées sur les récits des conquérants du pôle qui décrivent minutieusement l'état de glace qui mène à la mort, je serais enterré au pied de cette falaise noire.

Installé dans le cockpit, Hubert essayait de joindre le camp de base. Je serais mort sous ses yeux...

— Hubert, je suis mort de froid.

Dix minutes après, j'avale son thé bouillant d'un trait. Ça m'a sauvé.

Deux fois dans la même journée, même si je suis coupable dans les deux cas, j'ai vidé les réserves de mon capital chance.

Enfin il attrape la radio d'un Twin. Reverchon et Lenormand, qui n'a pas perdu son sourire, viennent nous chercher.

La décision, dure, s'impose. Hubert repartira de la base Eurêka. C'est une station météo allumée, deux baraques qui abritent huit légumes météo qui se défoncent au hasch, font des boums dans les couloirs, les mecs dansent seuls et sortent toutes les deux heures envoyer un ballon-sonde. Deux cents nuits totales par an, la lumière allumée 365 jours, les ours qui rôdent, les loups qui viennent vider les poubelles. Les hommes deviennent des ours. Dès notre arrivée, le chef confisque le flingue.

Assez tendu, Hubert décolle vers le nord, mais encore sur la « terre » dont on lit assez bien les reliefs. Vite, la météo se pourrit et il doit rebrousser chemin après un vol épouvantable. Déception atroce, décision prise en larmes : stop !

Cette vie, dont on ne sait si elle existe sous d'autres formes, est incomparable. Une fois encore, j'évacue l'angoisse de la mort en la mettant souvent en jeu. Mais ça reste un « jeu », pas une provocation à la divinité. Je dirai à mes enfants : « Ne comptez pas sur Dieu, il n'est jamais là quand on en a besoin. »

Mais on trouve Hubert, c'est plus sûr, avec une gamelle de thé salvatrice.

Résumé des médias : un crash, un abandon. Le pôle vainqueur par deux à zéro.

Bilan très différent pour les « héros » malheureux. Il faut apprendre le pôle. Chaque expédition permet de faire une mise au point, indispensable, si difficile à faire ailleurs. C'est le contraire du show-biz, où personne ne te dit ce que tu vaux. Un retour aux justes valeurs. Les notions existentielles sont remises à plat : retour à l'état originel. On assume l'échec, compte ses amis. Mais c'est clair, on repartira, ça ne se discute pas. Non seulement le white out ne nous a pas refroidis, mais notre assurance s'est fortifiée.

Resolute Bay ne ricane pas de nos malheurs. Eux savaient... Le pôle est invincible.

Raison de plus pour y revenir.

Déjà, dans le Boeing qui nous ramène à Paris, une petite aventure nous réveille. Lenormand, qui est un radar à jolies filles, repère dans l'escalier avant une Canadienne blonde déshabillée dans une robe hypermoulante genre Alaya. Ostensiblement, elle se retourne, mais sur le « vaincu du pôle ».

Ça ne m'était jamais arrivé de me faire draguer (j'ai horreur de la drague masculine, mais celle-ci était plutôt réchauffante).

Pourtant, alors qu'elle s'installe à côté d'un type, elle me fait deux ou trois clins d'œil appuyés ! Quand je pointe le doigt sur son chevalier servant, elle répond par un bras d'honneur. Et, dès que le film commence, elle m'entraîne dans le fond de l'appareil. Gêné comme tout, mais déguisé en moine depuis trois semaines, je la suis. Vérification de l'allumage après ces semaines à moins quarante. Lenormand quitte son légendaire sourire... Je le soupçonne de ne pas s'en être remis, sans toutefois aller jusqu'à alerter l'équipage et à me faire jeter aux fers.

A Paris, les sponsors ne me prennent plus en ligne, le cadreur organise sa petite campagne de dénigrement. Ce n'est pas un échec, c'est un bide, nous avons été battus sur la ligne de départ.

Nous ne pensons déjà plus qu'à la ligne d'arrivée.

Avec un nouveau matériel et une nouvelle stratégie.

13

La grande dame

La fascination de la banquise et de ses sortilèges, les nouveaux choix, qui impliquent de nouvelles démarches, ne vont pas gâter les forts instants des vacances dans mon sanctuaire de La Richardais où rien ne peut m'atteindre.

C'est l'été de la nouveauté. Et la fin de l'aventure Amandine, quittée pour une diablesse née de la mer, Crystelle.

Avec Amandine, la rupture n'a pas été déchirante : elle était évidente. Sans vraiment plaisanter, je lui avais dit, souvent : « Si je te quitte, tu ne seras pas vraiment malheureuse, je te retrouverai dans un an, mariée avec un loden à qui tu feras un enfant dans l'année. »

Il est des plantes qu'on ne saurait transplanter. A l'extinction des feux, Amandine s'est éclipsée pour me laisser respirer. Nos tête-à-tête devenaient pesants.

En régatant au large de Saint-Lunaire, saint tutélaire, j'avais découvert, dans les embruns, une superbe créature. Sportive émérite et si fraîche, que j'ai passé un été hors du temps. En dépit des sarcasmes des copains qui m'accusaient de faire la sortie des écoles maternelles. Mais elle avait tout juste dix-huit ans et la rentrée scolaire me l'a ravie !

Sans déchirement. J'étais tombé amoureux d'un mannequin, amie d'Amandine. Amour impossible à cause d'Amandine et de son ami, qu'elle n'arrivait pas à quitter. Au fil de nos rencontres et des conversations, il s'est établi, davantage qu'une affinité, de vraies envies.

Sonia n'a jamais transgressé la règle (moi, je suis moins résistant) et m'a imposé sa loi. Rien ne s'est passé, je le regrette encore, même au cours de ce week-end en Bretagne qui avait suivi un dîner où le maître d'hôtel nous avait, d'office, placés dans le « coin des amoureux ».

Je l'avais déposée devant chez elle, à Paris, baiser sur la joue. En arrivant chez moi, demi-tour, je retourne chez elle, glisse un mot dans sa boîte : *Ai-je bien lu, dans tes yeux, ce que tu as lu dans les miens?* J'avais ressenti un trouble tellement violent, une attirance si prononcée... Sonia m'a répondu, dès le matin, que je ne m'étais pas trompé. Nous partons, escapade folle, en Bretagne. Rien ne m'émeut plus que la beauté.

Le dimanche matin, une « ex » passe à tout hasard voir si j'étais venu en garçon. Elle découvre Sonia, ne peut imaginer qu'il ne s'est rien passé et remballe ses croissants.

Miss Croissants retrouvera Sonia et Amandine, mais n'osera pas moucharder...

Ce ne sont pas les femmes qui m'occupent, mais une femme qui m'appelle à elle : ma mère.

Après une rémission qui lui a donné sa dernière grande joie, je crois, elle va résister pendant trois mois. Rarement j'ai vu un être lutter comme elle.

Son dernier Noël, elle l'a pleinement vécu dans la maison de Bretagne. Le médecin lui avait accordé une permission de réveillon. Pour la protéger des courants d'air, j'avais calfeutré sa chambre, me donnant un instant l'illusion de la protéger du mal... Pendant ces trois jours, elle a observé les moindres faits et gestes de ses petits-enfants, engrangeant les dernières images de la vie qui croît, de la famille qui a été sa raison de vivre. Toujours élégante, elle parvint à masquer toute trace de maladie, si ce n'est qu'elle souffrait depuis l'été de quintes de toux.

En juillet, personne n'avait fait la relation entre ce trouble « banal » et son cancer que l'on disait endormi. Le généraliste changeait de diagnostic, passant de la pneumonie à la pleurésie, alors que les métastases proliféraient.

Elle s'essoufflait quand elle parlait. Alors elle écoutait surtout les enfants, partagés entre leurs cadeaux. Mais le bonheur était aussi fallacieux.

Pour mon frère Gonzague, seuls Béatrice et moi étions au courant, jouant la comédie de la fête. Cette nuit de Bretagne, elle savait mieux que nous trois.

Elle était trop faible pour grimper l'escalier de bois, aussi je l'ai prise dans mes bras pour la déposer dans sa chambre. En essayant de rire — mais sa voix était si fragile ! — elle m'a dit : « Nicolas, c'est bien la première fois que tu me prends dans tes bras. Tout arrive ! »

Et j'étais, bêtement, aussi gêné qu'elle. Elle était légère, pourtant. Trop légère.

L'ambulance est venue au matin de Noël, dans la lumière incertaine. Elle s'est enlisée et j'ai dû pousser de toutes mes forces, alors que j'aurais voulu la retenir.

Avant d'entrer en cette longue agonie, ma mère avait eu une rémission professionnelle, trouvant enfin un patron humain, pour la première fois de sa vie. Elégant, délicat, il l'invitait aux meilleures tables, mais il s'était tué en voiture !

Elle n'a fait qu'un crochet par Saint-Malo. Elle a retrouvé la région parisienne. Elle redoutait pourtant de quitter la Bretagne, où tout est plus humain. Les infirmiers sont plus sympas, les médecins plus à l'écoute, alors qu'à Paris elle avait vécu dans la plus grande détresse morale, après que son professeur eut refusé de la prendre au téléphone, la laissant dans un dénuement inacceptable.

Quand on ne sait plus sauver, on doit écouter.

Un médecin de Meaux, ami de Béatrice, a su l'écouter. Il nous a convoqués et, sans prononcer de mot définitif, il ne nous a pas laissé d'illusions : « C'est très grave. »

La volonté, la force de caractère, la dignité de ma mère ont repoussé l'échéance, lui donnant sa grandeur. Elle m'a offert l'exemple du courage absolu, du vrai, parce qu'elle était toujours consciente. Indomptable, elle se promenait dans le couloir, trois jours avant sa mort, appuyée sur une chaise. Elle ne réclamait rien. Et si elle se plaignait, c'était pour nous. Femme sublime, elle s'amenuisait sans s'altérer. Ce n'était pas de l'orgueil, c'était de l'amour pour nous, ses deux enfants. Chaque jour, je regrettais plus douloureusement de ne pas lui avoir fait profiter davantage de mes privilèges. La prendre enfin dans mes bras, retrouver les émotions du Zambèze...

Clouée sur son lit, soumise à une chimiothérapie qui est la plus grande humiliation possible qu'un malade puisse connaître avec ses ignobles effets secondaires, tout ce que le corps agressé rejette, dans des souffrances telles que je n'ose m'imaginer à sa place, ma mère restait élégante, impeccable.

Mais, un après-midi, je suis entré dans sa chambre. Elle dormait. Et sa perruque avait glissé à terre. Immédiatement, je suis ressorti pour attendre son réveil dans le couloir. Je ne voulais pas qu'elle sache qu'elle avait été surprise en état de « faiblesse ».

Quand je suis rentré, une demi-heure plus tard, elle était impeccable et elle m'a souri : « Pas trop de bouchons ? Tu n'aurais pas dû venir avec ces embarras, mon pauvre chéri, tu as dû mettre des heures, et j'ai vu Béatrice... »

Ma sœur venait en effet tous les jours, moi tous les deux jours, et je voyais croître sa souffrance. Une seule fois, et parce que c'est la seule fois ça m'a paru terrible, elle s'est plainte : « C'est injuste, si injuste ! Je n'ai pas pu profiter de vous. Jamais je n'ai eu de répit... »

Pendant vingt ans, elle s'était posé, quotidiennement, la question : « Gonzague guérira-t-il ? » s'obsédant sur cette rédemption au point d'y dissoudre sa vie de femme. Jamais de répit. Mais elle pensait toujours que la vie valait d'être vécue, pour les siens.

Alors, elle faisait des projets. Béatrice lui cherchait une maison en Bretagne, près de chez Alain et Thérèse, pas loin de chez moi. On pensait « après ». Nous rêvions. C'est inhumain d'accompagner un être cher sur le chemin de l'échafaud. Aucune religion ne me prouvera le contraire ! On ne trouve pas les mots. S'il n'y a pas d'espoir, le doute doit profiter au malade !

Je ne crois pas davantage à l'euthanasie. Il faut entretenir l'espoir, forger des lendemains. C'est bien le seul cas où je réclame le mensonge. Laissez le pourcentage d'appréciation aux proches, messieurs les blouses blanches. Si elle souffrait atrocement, elle était heureuse de nous voir, s'inquiétait de ses petits-enfants, suivant, disponible, mes efforts pour monter le pôle en U.L.M. Elle nous attendait, car elle n'avait plus d'espoir, pour l'au-delà. Sa foi avait vacillé sous les épreuves, devant les cynismes et les méchancetés, devant l'injustice. Même si, en cédant à des sollicitations bien intentionnées, elle a reçu celui qui avait été son directeur de conscience, le père Le Bossé. Ce n'était pas une confession, c'était une fidélité.

Puis il fallait la laisser, pour les soins, pour des tortures thérapeutiques sans issue.

J'espère lui avoir toujours fait bonne figure. Mais dans ma voiture, au parking, je m'effondrais. Avions-nous fait tout ce qu'il fallait ? Cette question est la torture la plus lancinante pour les proches. Epuisé d'avoir dû sourire, d'avoir orné tant de mensonges, je ressassais. Avait-elle vu les « meilleurs » médecins ? Nous avions failli lui proposer la Salpêtrière, mais les murs vétustes, l'ambiance funèbre du décor nous avaient fait fuir. Pour ma mère, Paris, c'était la mort immédiate.

Et puis, faire tout, est-ce jamais assez ? Nous ne sommes pas égaux devant les soins, si nous sommes égaux devant la mort. Ce que je faisais était dérisoire, un peu de foie gras, des douceurs pour compenser la morne tambouille si peu hospitalière... Une plaque chauffante pour rendre supportables les plats arrivés toujours froids, alors que les métastases gagnaient les reins ! Douze ans après la mort de mon père, et dans des conditions aussi sordides, j'ai découvert ma mère alors que je l'avais déjà perdue. C'était une grande dame.

Au crépuscule d'un jour de fin d'hiver, le téléphone sonne sur mon bureau à France Inter. J'entends à peine, c'est presque inaudible. Mais tout de suite je sais que c'est elle. Elle chuchote ses dernières paroles : « Nicolas, j'ai mal, tellement mal ! C'est trop dur… » C'est déjà une voix d'outre-tombe. Je bafouille : « Maman, je vais te voir, demain, dès demain matin. »

Elle était au bout du chemin. Je raccroche en larmes et mon équipe découvre alors ce drame que j'ai réussi à cacher. Je garde toujours le secret, même à mes plus proches. Je ne peux pas voir les gens pour leur parler de mes malheurs : je tiens ça d'elle. Personne ne saura pourquoi je suis moins souriant, plus nerveux. Quand ça ne va pas, je suis bloqué, je ne sais pas envoyer un S.O.S.

Je n'ai pas su conduire ma mère au supplice ! Et je n'ai pas su dire les mots qu'il fallait. Et pourtant j'ai besoin de dire, sans doute parce qu'on ne me disait rien quand j'étais petit. J'étais définitivement orphelin. J'ai horreur des regrets, parce que j'en ai trop. J'ai horreur du passé, parce qu'il pèse trop.

Elle est morte cette nuit-là. Dans la plus inhumaine des solitudes. J'aurais voulu lui tenir la main jusqu'au bout. Pour savoir si elle ne m'avait pas rappelé, j'ai fait une enquête au standard de la radio, trop culpabilisé pour accepter le silence définitif.

Toute ma vie, il me manquera quelque chose d'essentiel, toute ma vie me manqueront mon père et ma mère. Ce que je fais aura toujours un sens limité puisque, à ceux qui m'ont donné la vie, je ne pourrai rien rendre…

Après son dernier message, je suis allé voir un sponsor. Ma mère n'aurait pas aimé que je flanche. Et, selon une habitude éprouvée, je me ferme dans la solitude et dans l'action. Je n'ai appelé personne. Ceux qui ont deviné sont venus sans être rameutés. Mais le mal est encore là, plus contraignant d'être masqué, et le réconfort d'autant plus lointain. Je réagis en deux temps. Après le choc, je génère une défense, recherche le geste qu'il faut, comme en expé. Puis je digère le traumatisme, je garde tout, je rumine, une odeur, une couleur, un lieu, un objet ravivent le mal. Mais, heureusement, c'est quand tout s'effondre que je suis le plus opérationnel.

Certains ont pu penser : « Il s'en remet vite, Hulot ! » mais je devais continuer, pour elle, pour mon équilibre. Préparer le pôle tout en m'occupant des obsèques avec Béatrice, c'était la seule manière de m'en sortir.

Ne parlons pas des choses et des gens pour qui nous ne pouvons rien. Je n'habiterai jamais mon cimetière. J'ai horreur de feuilleter des albums photo, et, si je suis incapable de jeter un papier, je ne consulte jamais mon stock d'archives.

Je ne crois pas au culte post mortem. Je réfute les rites mortuaires hypocrites, mais, comme un aborigène qui confond les signes et les êtres, je ne déchire pas une image, pas une lettre parce que je « tuerais » l'expéditeur.

Mais je ne veux plus les voir.

C'est des vivants qu'il faut s'occuper.

Si bien que pendant des mois j'ai tourné autour de ce secrétaire qui était à la même place et dans l'état où ma mère l'avait fermé, le jour où elle avait quitté définitivement ma maison de Bretagne pour aller mourir dans la région parisienne.

J'ai haï ce meuble, symbole hermétique et menaçant, prêt à toutes les révélations sur une famille anéantie qui avait élevé le silence à hauteur d'un mode de vie.

J'ai pourtant osé l'ouvrir, profitant d'un répit dans mon emploi du temps boulimique, même en vacances. J'ai cessé de rôder autour du passé qui devenait trop obsédant d'être sous scellés.

Stupéfaction ! Bien que connaissant ma mère, j'admire l'ordre impeccable de ces trente-cinq ans de vie meurtrie. Les feuilles de Sécurité sociale indiquaient les étapes d'un mal qui l'avait abattue sans la disgracier. Le dossier santé de Gonzague était le plus volumineux. Dans un album, les mèches de cheveux des trois enfants prises à la naissance. Et puis les courriers intacts d'amis que je ne connaissais pas, et ses brouillons de lettres à elle. J'ai découvert une autre femme, ou, mieux, un autre aspect de ma mère, réconfortant des gens qui vivaient des drames bien moindres que les siens et dont elle s'occupait comme s'il ne lui était rien arrivé de douloureux. D'une générosité inoubliable, elle prenait part à la douleur des autres, disant ces mots dont elle avait tant été privée, proposant tout ce qui était dans ses moyens. Sa spontanéité éclatait dans le moindre de ses propos qui n'étaient jamais de « circonstance ».

Et puis, aussi, les notes prises sur un cahier à spirale où elle consignait ses entretiens téléphoniques. Aucun ne m'était indifférent, mais les propos de sa sœur aînée me révolteront toujours. Je n'avais pas su à quel point, avec quel degré de méchanceté, ma mère a été traitée par sa propre famille. Jamais sa sœur n'a eu un mot aimable pour elle ou pour nous, des reproches incessants, jamais de compliments. Alors que ma mère faisait des prodiges pour faire bonne figure et qu'elle avait jonglé avec les devis pour le mariage de ma sœur, l'autre lui disait : « Le buffet n'était pas à la hauteur ! » A l'époque, ma mère avait du mal à payer les mensualités de sa Dyane 6…, finissant sa carrière dans une Renault 5 commerciale sans banquette à l'arrière, à cause de la T.V.A.

Sa sœur, qui n'avait eu d'autre mérite que celui d'épouser un coffre-fort, la considérait toujours comme une petite fille bonne à rien, la morigénant sans relâche, critiquant la longueur de mes cheveux, mes vêtements qui insultaient aux loden-lacoste.

Après la parution de mes premières photos qui lui avaient tant fait plaisir, ma mère s'était quand même fait engueuler (il n'y a pas d'autre mot) : « Nicolas ferait mieux d'aller en faculté plutôt que de faire le singe avec un appareil photo ! »

Voilà le ton odieux, impardonnable quand on sait que ma mère, elle, s'occupait de leur troisième sœur, jusqu'à ce que son cancer la cloue sur son lit d'hôpital. Cette sœur, célibataire endurcie, à l'esprit pour le moins dérangé, s'obstinait à vivre dans l'immeuble de leur enfance, XVIe arrondissement, cela va de soi, habitant un deux-pièces sordide, vrai taudis dont les volets étaient fermés à longueur d'année ! Surmontant la déchéance d'une famille qui avait osé, jadis, bourrer de lingots le cercueil de mon arrière-grand-père pour les faire passer en Suisse ! Et ça donnait des leçons !

Comment tolérer de tels comportements après sa mort ? Pour ne pas la peiner davantage (avant que je découvre ce cahier secret, si j'avais su !), j'avais laissé dire et faire bien des horreurs, et me le reproche encore aujourd'hui. Après son divorce, elle avait été privée de cette Sologne qu'elle aimait tant. Traitée comme une pestiférée, délaissée par une sœur monument d'hypocrisie : alors que nous ne nous voyons plus, elle parle de moi, maintenant que j'ai un « nom », non plus comme d'un singe bardé de 24 × 36 mais d'un neveu chéri qu'elle vient pratiquement de quitter... et le reste à l'avenant. L'absence de sa famille avait été une douleur supplémentaire sur son lit de mort. Réalisant *in extremis* leur côté sordide après avoir fait tant d'efforts, subi tant d'humiliations et accepté tant de compromis pour maintenir debout cet édifice fragile qu'est une « famille bourgeoise chrétienne », elle n'avait plus voulu les voir.

Moi non plus. Plus aucune raison de nuancer mon dégoût et mon mépris. On doit choisir sa famille comme on choisit ses amis. Animé d'une juste rancœur, je considère que nous n'avons rien en commun, le mal qu'ils ont fait à ma mère est impardonnable.

La seule personne estimable dans sa famille loden-lacoste, c'est la quatrième des sœurs, la plus jeune, dont les loden se foutaient autant que possible parce qu'elle avait épousé un représentant de chez Peugeot dont le diesel suscitait des sarcasmes minables qui n'humiliaient que ceux qui les commettaient. Cet oncle par alliance a été le seul à m'aider financièrement quand j'étais dans la débine. Sans que je lui demande rien. Le seul mec sympa...

Dans un autre tiroir, la correspondance d'amis au sujet de mon père, que je n'ai pas osé fouiller parce que ce passé que j'essaie d'oublier le plus rapidement possible me retombe toujours dessus ! En revanche, si j'ai fui les ordonnances de divorce, les rappels qui prouvaient que mon père supportait si mal le divorce qu'il essayait de nous voir en dehors des espaces du « droit de visite ! »... et que la justice avait sévi..., j'ai découvert avec émotion les lettres de Gonzague. Très émouvantes, d'une profonde beauté, elles disaient mille tendresses à ma mère dont il était si souvent séparé, je le mesurais enfin. Il racontait ses journées, taisant sans doute des révoltes, des moments intenses de rébellion contre l'injustice du sort, avec des expressions très touchantes, souvent poignantes, qui témoignent de sa sensibilité exacerbée et de son intelligence. Ce jeune homme torturé aurait pu être écrivain s'il avait su gérer ses troubles et sa sensibilité à fleur de peau qui rendait son voisinage souvent périlleux. J'en ai acquis la certitude après avoir refermé définitivement le secrétaire.

Souvenirs trop intenses : le puzzle ne sera jamais terminé, il manque trop de pièces. Trop de blanc sur les cartes de la vie de famille, trop de lacunes dans le déroulement des jours. Privé de mon père puis de ma mère, j'admets difficilement d'avoir méconnu mon frère. Sans doute par bonne conscience, on cache la vérité aux enfants. J'aurais préféré qu'on m'explique la « maladie » de Gonzague en termes accessibles plutôt que de me laisser me moquer de lui et de ses tics !

Cette exigence de vérité dont j'ai été privé est une leçon terrible. On peut mourir de silence...

14

Les larmes de glace

C'est Paul-Emile Victor qui a posé la question. Jamais je n'aurais osé faire les premiers pas alors que je le recevais à mon émission « L'Agenda de... »

— Pourquoi avez-vous échoué ?

Il est resté une demi-heure après l'émission, et me surprend par l'intérêt qu'il avait pris, de son île chaude de Bora-Bora, à notre première expédition polaire. Je lui annonce que nous allons repartir en avril 87. Ses yeux s'illuminent :

— Ah ! quelle chance vous avez !

Cette fois, je piétine ma légendaire timidité et je fonce dans la brèche :

— Venez avec nous !

Le maître de l'Arctique n'a même pas hésité. Son regard s'est à peine posé sur moi et il a eu ce mot historique en forme de clin d'œil :

— Pourquoi pas ? Venez me voir, cet été, sur le *Mermoz,* lors de l'escale à Saint-Malo.

Autrement dit, chez moi.

Ce premier soutien moral me donne une énergie renouvelée pour courir après les sous. Désormais, le pôle vaut un million de francs. Le sponsor, ce sera la Poste, qui renoue avec la grande tradition de l'aventure de l'Aéropostale. Notre projet anticipait ses besoins de renouveler son image. La Poste, c'est aussi une banque ; la Poste, ça bouge. Et en U.L.M. le chahut est garanti !

Mais nous étions dix projets retenus en finale. Donc neuf perdants. Cette quête a été la première étape, et non la plus facile. Hubert me regardait ramer, l'œil rivé sur ses plans, ses cartes. Muet.

Anticipons un peu, le mutisme d'Hubert vaut bien ça. Pour fêter notre retour, le ministre Gérard Longuet, qui s'était intéressé sincèrement au projet sans souci d'électoralisme, avait volé en U.L.M. pour savoir (et téléphonera à chaque étape), organise un formidable buffet. Pingouins en sucre, U.L.M. en pâte de fruits (même s'il n'y a pas de pingouins au pôle Nord, c'est un bon spot). Le ministre arrive à grands pas, découvre les « héros », se fend d'un large sourire et salue Hubert :

— Tiens, Hubert, pas trop crevé ?

— Salut, Gérard ! pas trop fatigué (d'être ministre) ?

Ils éclatent de rire, je tombe des nues. Ce sont deux vieux amis et Hubert m'avait laissé ramer pendant des mois sans me dire qu'il connaissait le ministre depuis perpète !

Le principal est que les responsables de la Poste aient décidé de privilégier l'expérience, et non les médias. De notre premier échec nous avons su faire un atout, et la Poste l'a bien compris. Les oiseaux ultralégers colorés de jaune allaient prouver au monde entier que les descendants des pionniers savaient prendre des risques et virer leurs manchettes de lustrine.

Un matin de juillet, alors que je fais du ski nautique tracté par Hubert (vous savez, le copain de Longuet !), je découvre au large de Saint-Malo la silhouette blanche du *Mermoz*. Je ne pensais plus à Paul-Emile Victor, bien qu'il ait reçu notre dossier en Polynésie. Hubert cingle vers le paquebot, que j'aborde en tenue de plongée. Gêné par mon costume en ce lieu friqué, je croise Jean-Loup Chrétien, le cosmonaute, qui sait où se trouve l'explorateur. Paul-Emile arrive en chemise à carreaux, lacet camarguais, et me dit comme si on s'était quittés hier :

— Où en sommes-nous ?

— !!!

— D'accord sur le principe, mon petit Hulot, je pars avec vous. Dînons à Paris dès mon retour !

Je descends en faisant des bonds de joie. C'était la caution universelle, morale, de Dieu le père.

Dix jours plus tard, chez l'ami Didier Bélu qui me prépare du foie gras et des sautés d'agneau pour l'expédition, Paul-Emile pose mille questions, constate la force du dossier, approuve l'étendue des problèmes et confirme :

— Je suis avec vous. Faites-le savoir, servez-vous de mon nom.

Jamais on n'aurait osé, mais le patriarche connaît les médias et le nerf de la guerre.

Dernier cadeau avant de partir, la montre « Odyssée » de Jean-Louis Etienne, qui s'est déjà promené au pôle géographique. L'aiguille ne fait qu'une révolution en vingt-quatre heures, et non pas deux. A midi, l'aiguille donne le sud. A minuit, elle indique le nord. Elle permet donc de s'orienter mais pas de connaître sa position. C'est grossier mais fondamental. Et c'est une montre porte-bonheur !

On arrive plus tôt, le 15 avril. On aura encore plus froid mais sans doute moins de brumes, moins de turbulences produites par les signes annonciateurs de la débâcle.

Départ catastrophique avec une météo médiocre, mais le temps est ignoble à Eurêka, plus au nord.

L'hélicoptère de la télévision canadienne qui me précède pour nous filmer manque de m'envoyer au tapis ! En effet, le souffle d'air résiduel de son rotor me fait perdre vingt mètres/seconde.

J'ai cru que j'allais à la casse, trois minutes après le départ, au-dessus de Resolute Bay, sous les yeux des Canadiens effarés de nous voir revenir ! On était annoncés, mais les as du Twin n'y croyaient pas. Finalement, ils avaient mis chapeau bas devant notre pugnacité anglo-saxonne plus que française. Nos U.L.M. de la deuxième génération étaient aussi moins minables que nos « Baroudeur ». Hubert avait un U.L.M. américain et moi un Mistral biplan avec une jolie petite gueule de Stamp modèle réduit. « Vos petits engins », souriait Paul-Emile, ancien aviateur.

L'incident me fiche le cafard. Ça démarre mal. On ne va pas aller plus loin que l'année précédente, où la pointe de Stanley Head avait failli être mon tombeau.

Puis le vol m'obsède, je serre Hubert qui navigue d'une île à l'autre. Quand on dépasse le lieu du drame, Hubert m'encourage, comme il le fait depuis trois mois. On remue les ailes. J'ai le cœur qui prend quelques tours de trop. Puis tout va bien, cinq heures de vol convenable avec un ciel qui ne s'abîme pas. Le gros souci viendra d'un abus de thé, au départ. Au début ça va, puis ça dérange, puis c'est obsessionnel, cette envie de pisser. Voilà une embrouille non prévue.

Comme nous entrons dans le détroit d'Eurêka, une sorte de fjord ouvert aux deux bouts, le vent se lève, le chahut commence. Les turbulences transforment mon Mistral en shaker ballotté dans tous les sens, je me demande comment on va résister à cette tempête qui a des sursauts d'ouragan. Apparaît, hélas ! un grand rideau de brume. Sûrement, Hubert va se poser. Mais non ! Le prudentissime Hubert tente un truc fou. Pour éviter la brume [1] qui s'avance dans le fjord, il part à droite et revient à fond vers le relief accroché par les nuages. Je me souviens du « ciel » de Stanley Head qui était de la glace ! Dément.

C'est un coup de poker. Pour éviter d'en faire un coup de Jarnac, je dois évacuer mon pipi-pôle. Eliminons le problème. Chaleur très agréable pendant quarante-cinq secondes, puis c'est un cocon de glace amalgamé, ammoniaqué, sur la cuisse ! Mais je retrouve mes esprits. A quoi tient la vie !...

La situation est ce qu'on peut imaginer de pire. Si on se crashe, on ne retrouvera rien : imaginez les Grandes Jorasses pendant des centaines de kilomètres. Un relief

1. Le courant très fort provoque des « open water ». Par moins 30 degrés, ce phénomène entraîne de grands murs de brouillard qui s'élèvent jusqu'à 1 500 m d'altitude.

peut en cacher un autre. Les nuages se déchirent sur les roches noires, tristes, le vent augmente. Et surgit un spectacle de la préhistoire, un troupeau de bœufs musqués, sur la glace, hors du temps. Eux dans le tertiaire, nous dans les abîmes de la terre.

Je perds Hubert de vue. Privé d'instruments de navigation, je suis doublement dans le brouillard. Seul au-dessus d'une montagne, aveugle. Moteur à fond. Tétanisé sur le manche. L'audace d'Hubert m'impressionne, me stimule, mais ça n'en finit pas.

J'ai eu peur, une peur constante, pas une panique, une peur active.

Tellement sollicité par le pilotage que je fais ce que je dois. Sans illusion. Un coup de vent, une bulle d'air, je suis mort. C'est la vraie peur devant l'impondérable. Ma vie est en jeu alors que la fatigue s'accroît vertigineusement. Je me crève les yeux sur les cadrans de température.

Derrière, le temps se couvre. Toute retraite est coupée !

La radio est muette.

Le manche me torture le bras, ça ne peut plus durer. C'est l'instant le plus difficile de ma vie. Le hurlement du moteur ne couvre plus les battements excessifs de mon cœur.

Et soudain... la déchirure, je vois le fjord, brusquement, les traces de la côte. Hubert est devant, le génial Hubert !

Malgré les nuages qui sucent la glace, on se pose en tressautant sur la piste d'Eurêka.

Le camp de base n'en revient pas. En neuf heures de vol continu, nous avons fait huit cents kilomètres[1], soit la moitié du chemin.

Reverchon exulte avec prudence. Nous aussi. Personne ne veut pavoiser, le pôle est une machine à broyer. La preuve, après ce vol historique, sans doute un record de durée en U.L.M., on ne va pas repartir !

---

1. Moyenne : 92,6 km/h. Température dans le cockpit : moins 38 degrés.

Sans qu'on sache pourquoi, le moteur d'Hubert refusera de démarrer. Et mon aile supérieure droite est déchirée sur un mètre. Sans doute, le vent aura décroché le thermomètre que j'avais accroché au pitho (prise d'air), qui a cisaillé la toile tendue comme la peau d'un tambour.

Le camp de base organise la contre-attaque. Débarqué d'un Twin, Paul-Emile est aux anges, les Canadiens cessent de ricaner et le moral de la bande à Reverchon se stabilise vers le haut. Le mécano de la base nous prête sa caisse à outils, interrompant la surprise-partie traditionnelle... C'est un Français qui rejoint chaque mois sa femme à Winnipeg.

Reverchon contacte Avia Sud à Fréjus. Bernard Dautrèpe réquisitionne une chambre froide de boucher, teste des adhésifs et télexe : *Prendre seulement du Tep. Quadriller les ailes comme suit.*

Ce Tep, c'est bien le seul truc qui manque à la Samar de Bezal. Alors Paris organise une chaîne de solidarité, mobilisant équipages parisiens et canadiens pour ramener six rouleaux de Tep qui transitent par Europ Assistance. On perd une guerre pour moins que ça.

Mais, pendant qu'on change de moteur et qu'on habille mes ailes, le temps se pourrit. Notre tension s'use à la chaleur du camp. On se pose, tout baigne, trois jours après on glande encore. On devient parano.

Hubert se décide, le samedi 24 avril. On décolle, mais après deux heures et demie de vol je ne sais toujours pas pourquoi (en l'air on ne se parle pas et à terre c'est trop tard, on a autre chose à faire) il choisit de se poser dans un endroit « mal pavé », frontière entre la terre et la mer, ce qui fait jaillir des arêtes de compressions. Le chaos. Il rebondit copieusement ; moi, j'ai l'air d'une balle de ping-pong, presque limite. Nous sommes enfoncés dans la neige jusqu'aux genoux ! l'expédition va s'arrêter ici. On a bien fait de ne pas vendre la peau de l'ours ! c'est lui qui va nous bouffer.

« Le pôle est l'endroit le moins évident de la terre », dit Reverchon, le plus rassurant des « pessimistes actifs » Une fois de plus, il a raison.

Pendant deux jours de vraies souffrances, on va faire du terrassement, casser les arêtes de glace, déblayer la neige, augmenter la longueur de la « piste ». On transpire, donc on gèle. Ecrasés dans l'infini du pôle, on doit ressembler à deux Sisyphe condamnés à perpétuité.

Naturellement, ça ne suffira pas. La roulette de queue d'Hubert s'enfonce comme un soc de charrue, l'engin vibre sans avancer. S'il insiste, il va se désintégrer. Les défenses du pôle sont incontournables. Le rêve est aboli, trop de paramètres surgis d'on ne sait où bloquent toute initiative. Mais, si on prévoyait tout, on ne partirait jamais...

Un Twin Otter qui passait par là pour ravitailler des Japonais nous dame un peu la piste avec ses gros skis. Peine perdue, Hubert ne décollera jamais.

J'attends dans mon cockpit, moteur en recherche de régime ; après deux heures d'efforts pour le faire démarrer, je coupe le contact. Le froid m'a cassé une dent et j'ai des engelures dans la bouche. Ces bobos sont accrus par l'épuisement.

On va alléger. Hubert s'entête, magnifique. Je siphonne 60 % du carburant, avec une pipette ; l'essence sur des engelures infectées, c'était encore un paramètre ! On vire les outils, le foie gras, la merveilleuse bouffe de Didier Bélu.

La charrue reste fichée dans la neige.

Alors Hubert a une idée de génie typiquement française. Une idée de démerdard. Il transforme le couvercle d'un réchaud en patin qu'il installe sous la roulette qui risque de ficher notre projet en l'air, si j'ose dire. Sans cette idée, système D, le pôle nous aurait échappé une seconde fois.

Système aberrant mais efficace. Hubert arrive à faire bouger son U.L.M., pas du tout ultraléger. Imperceptiblement, je vois la silhouette bizarre avec ses ailes parasols vibrer, avancer, le couvercle fait du ski... Hubert déchaîne son moteur. Dans un fracas dément, il fonce dans les bosses. Les ailes passent à dix centimètres des séracs, elles vont servir de faucheuse tant l'U.L.M. ballotte. Tétanisé, je me dis qu'il va exploser s'il n'arrête pas tout. Je ne peux rien faire, juste courir après le crash pour ramasser ce qui restera.

Une première fois, il s'arrache, on dirait le vol historique de Blériot. Mais il retombe ! A nouveau ses skis décollent de dix centimètres. Rebond ! Puis vingt centimètres, Hubert s'arrache.

Je le regarde prendre de la hauteur. C'est gagné pour lui. Pas pour moi. Après trois jours (sans nuit, ça donne l'impression d'une semaine), je ne peux pas ne pas décoller.

La piste est balisée par les conserves Bélu, je vais donc décoller entre du foie gras, du sauté d'agneau et du canard à l'orange. Je prends plus d'élan, vire à la limite au ras d'un sauté et m'évade dans l'azur. Vite, retrouver Hubert, parce que je n'ai pas de système de navigation, ce fantastique G.P.S. qui donne la position à quinze mètres près ! Si un nuage nous sépare, nous ne nous reverrons jamais.

Mais le pôle ne va pas s'avouer vaincu aussi rapidement. Alors que ce vol court vers Ward Hunt aurait dû être le plus facile, il sera le plus éprouvant parce qu'on s'endort ! Pendant deux heures, on a piqué du nez, vaincus par ces efforts, émotions, aggravés de la fatigue spécifique du froid. Batteries cuites, donc pas de radio entre nous. Alors les hideux fantômes accourent, le mur de béton de Sibut, les glissières de l'autoroute. On aura tout subi. J'ouvre la verrière pour que le vent glacial me réveille. Moins quarante à 90 km/h, ça fait moins cent ! J'enlève mes gants, mais deux secondes : je ne pourrais plus les remettre, avec des doigts de verre.

Je chante, je me pince, je m'arrache les cheveux (c'est vrai, dans les deux sens) et vingt fois je me suis mordu pour ne pas faire signe : « Je me pose ! » Un supplice, ce vol pour l'enfer. Deux heures d'éternité dans l'infini. Je n'existe plus.

De loin, on découvre Ward Hunt, mais elle est intouchable, cette terre. Ward Hunt n'avance pas. Donc, dans ma tête, le pôle recule.

Je n'ai jamais su comment je me suis posé. Les gens de Resolute Bay nous donnaient 3 % de chances de revenir…

vivants. Au mieux, retour à la case départ sans passer par le pôle.

Ward Hunt, c'est une cabane pour les Twin Otter, plus la tente de l'Australien Dick Smith, qui va survoler le pôle.

Reverchon nous stimule à la radio : « Foncez, excellente météo. »

Après six heures de vrai repos, je réveille Hubert qui grince : « On a tout le temps. » Il commence la révision des U.L.M., éteint les « voyants lumineux », un par un. J'en ai marre, je veux quitter ce bled pourri alors qu'il fignole, tatillon. Il fait beau, dépêchons-nous (moi). Ça va pas durer, prenons notre temps (lui). Hubert, il ne faut jamais le pousser à la roue, ça le fait freiner des trois skis. Pour le coup, sa roulette fait la charrue !

Engueulade aggravée. Première et dernière fois. « Tu me fais chier. Je me tire. Ras le bol. » Pendant dix minutes, nous explosons, lui à l'intérieur, moi à l'extérieur, avec tendance à fondre en larmes. Confrontation. Heureusement, quand on vide son sac, le sac arrive à se vider. Réconciliation. Nous étions malheureux comme des pierres. On arrose ça avec une bière.

Le pôle va inventer autre chose.

Nous sommes repartis le jeudi 30 avril 1987, direction la banquise. Les trois satellites qui informent notre G.P.S. s'éteignent les uns après les autres ! Silence dans les étoiles. Plus aucun repère sur la banquise. Sans cesse je me retourne vers Ward Hunt qui s'éloigne avec sa bonne « tête » de terre... En face, c'est la Sibérie et la première île se nomme Vilkitz. Je me sens encore plus démuni que si je faisais Brest-New York avec un U.L.M. à pédales. Hubert navigue à la montre.

Pendant cinq heures et demie, on tient en l'air, ce qui nous permet de faire les deux tiers du chemin. Bien sûr, pas de triomphalisme, surtout pas. D'autant que le temps se gâte. Des traînées d'eau noire fumantes ; c'est donc la débâcle. Ces fractures libres modifient la température de l'air. Turbulences. Le vent monte, je fais la check-list des catastrophes. Mais j'en oublie une de taille.

On se pose sur un nénuphar de glace. On s'endort

confiant, on se réveille blême. Par radio, Reverchon, qui avait eu notre position grâce à la balise Argos, nous prévient : « Vous avez dérivé de deux cents kilomètres ! » Hubert avait trop compensé le vent d'est annoncé. En continuant, on se serait retrouvés au nord du Groenland !

Nous avons été condamnés sans le savoir, ce qui peut arriver de pire. La glace bouge, craque, prend ses quartiers d'été. Reverchon annonce une météo odieuse. Or la glace peut dériver de quinze kilomètres par jour. Le quatrième jour, on est toujours là. Pas du tout effondrés, d'ailleurs. On s'est endurci. Chaque jour on prospecte avec un minimum de matériel survie. On cherche une piste. Et on finit par découvrir un magnifique lead, c'est-à-dire une fracture d'eau. La glace s'est ouverte, puis l'eau a regelé sur la mer lisse, donc, en principe, c'est une patinoire. On s'est même fait les plus belles chiottes du monde, sous une voûte de glace sublime : les reliefs immédiats sont magnifiques (on ne voit pas l'horizon), les couleurs chatoyantes. Le plaisir est à la hauteur des souffrances. On profite enfin de ce spectacle inouï, en attendant le feu vert de Lenormand qui campe sur ses cartes météo. Après cette contemplation paradisiaque, on va trimer deux heures sur le chantier, on donne du piolet pour casser les petites arêtes de glace, je scie des parpaings à l'égoïne[1]. On fait de la gestion alimentaire : Paul-Emile nous rappelle à temps qu'il faut ménager la cambuse. Ce sont les ours qui vont bouffer notre lapin chasseur !

Lenormand, il faut le croire sur parole. Quand il annonce un créneau beau mais bref, on plie la tente, on travaille l'huile et on lance les moteurs. C'est aujourd'hui ou jamais. Grand bleu sur le pôle.

Ça baigne, donc ça va merder ! Les moteurs partent du premier coup, on « taxi » jusqu'à la piste. Et là c'est l'horreur totale. Dans la nuit, le lead s'est ouvert en deux ! La piste est réduite de moitié. On se regarde sans dire un

1. Il faudra ouvrir dans un sérac un passage de un mètre cinquante pour que la piste soit assez longue.

mot. Le pôle ou la mort. Hésiter, oui, à la rigueur ; reculer, impossible. Hubert fait un clin d'œil, pivote de 180 degrés, récupère de la piste non réparée. Tassé dans mon cockpit, j'attends le crash. J'aimerais un jour vérifier qu'un avion de la préhistoire s'est payé un décollage aussi incroyable. L'U.L.M. parasol devient épileptique. Il va se désintégrer ! Pire qu'un raft pris dans des rapides.

J'y vais dès qu'il a pris de la hauteur, vers le nord-ouest. Je reste dans l'axe et je joue le tout pour le tout, je n'ai plus le choix. Ou je décolle dans ces conditions démentes, et nous réussissons, ou je me noie ! Je me raisonne : se forcer à tenir le manche neutre, ne pas lever le nez trop tôt. Quand je vois surgir l'eau noire, je refrène difficilement l'envie de gicler. Les tours du moteur ne montent pas assez. De là-haut, Hubert observe ce banco. Au ras de l'eau, le cœur arrêté, je tire le manche. Le premier ski passe à cinquante centimètres, et les deux autres ?

On s'est évadés ! Hubert fait un petit bravo, une brève formule sympa, il sait bien faire ça.

Temps génial. Pas de vent... mais bientôt plus d'essence !

Hubert a retrouvé son G.P.S., on gratte au maximum, mais il faut se poser. Je suis vanné, à cause du pilotage en patrouille, et surtout parce que je m'arrache les yeux sur les cadrans, j'écoute les bruits.

Nous sommes à environ quatre-vingt-dix kilomètres du pôle. Je suis excité et défait. On compte : Hubert, vingt-huit litres ; moi, deux. Quinze litres chacun, autrement dit une heure et dix minutes de vol alors que le pôle est à une heure et cinq minutes. Si le vent reste calme. Pendant que Hubert calcule, je transvase l'essence, pipette, tasse à thé, économisant chaque goutte. Thé dans l'abri creusé. Lenormand, Reverchon sont hyperexcités, la base nous titille et Paris se réveille enfin !

On suçote le thé, les yeux rivés sur le ciel en attendant de retrouver un créneau G.P.S.

Décollage sans difficultés pour me faire mentir. Et, ensuite, des secondes égrenées, plus longues que des jours, plus pesantes que des nuits. Dans ce cas, le pilote est obsédé par les bruits moteurs. Selon qu'on avale ou non sa salive, on n'entend pas la même chose. Et un moteur de Mistral, ce n'est pas une Rolls, c'est plutôt un moulin à café déglingué. Les deux cylindres en ont pris plein la gueule. Je fais la liste des bruits, tous suspects. Je guette l'embolie, le piston serré, l'embiellage qui va gripper. Oreille dans le moteur, œil rivé au firmament, j'ai compté les minutes une par une : « 55..., 53..., 23..., 15 »..., le cœur bloqué. A dix, j'ai eu du mal à respirer. C'est un spectacle à couper le souffle. Unique, inviolé de cette façon[1] et touché, d'autre façon que par une poignée d'hommes, depuis l'origine du monde.

Ce pôle en habit d'apparat, rien que pour moi, on s'en approche. J'attends le signal d'Hubert qui lit les cadrans de son G.P.S., si précis que, posé sur la glace, il calcule la dérive de la banquise !

A trois, je ne compte plus, j'écarquille les yeux. Je libère mes tympans pour mieux... voir ! Trois ans de rêve... et la confirmation par la voix d'Hubert. Tellement calme, tranquille, banalisant pour mieux refouler la joie immense qui doit le submerger. Le ton est contenu :

— *On vient de passer dessus !*

Le pôle nous a pardonné ! Je suis sur le toit du monde. Trois fois, on repasse dessus, trois tours du monde en deux minutes !

Hubert a fait une navigation d'orfèvre. Quand on se pose le plus près possible du pôle idéal, je découvre qu'il nous reste deux litres de carburant, soit dix petites minutes de vol. Un léger vent contraire et c'était l'échec. Quinze jours d'efforts se sont joués à la minute près.

C'est mal pavé, le pôle. Nos U.L.M. font des hoquets jusqu'à l'arrêt définitif, près d'une rivière si jolie, s'ouvrant dans un paysage changeant qui n'est jamais le même avec ces glaces mouvantes que le printemps va anéantir.

---

1. Amundsen s'est posé à 200 km, voici plus de soixante ans, avec un avion qui pesait trente fois nos U.L.M.

Les moteurs enfin réduits au silence, le vrai silence s'installe.

La lumière est superbe. Nous sommes au-delà du rêve, dans l'inoubliable, le merveilleux.

Je cours vers Hubert et tombe dans ses bras ! On nous avait parlé des larmes de glace, c'est exact. L'émotion la plus pure nous étreint, et ce sont des perles de glace qui resplendissent dans la lumière de l'Arctique. La beauté des choses transfigure encore notre émotion « sportive ». Le pôle valait tous les sacrifices.

C'est le plus beau jour de ma vie.

Cet instant est toutes les récompenses. Le bonheur irradie, on ne sait plus où tourner la tête pour ne rien perdre de ces fulgurantes minutes : on pense aussitôt à nos amis de la « base », cette équipe fantastique récompensée à la hauteur de sa générosité et de sa qualité. On voudrait qu'ils soient là, aussitôt... Paul-Emile, Thierry, Pierre, Gérard...

Ces minutes, je veux les faire durer une éternité.

15

Paris la jungle

Nous sommes le lundi 4 mai 1987, il est 14 h 44, au quatorzième jour d'une expédition qui a survolé 2 330 km pour se poser à 555 m et 60 cm du pôle (dixit Argos).

Par Resolute, on joint le P.C. parisien installé dans les locaux du ministère des P.T.T. Premiers messages de félicitations dont on sait qu'ils sont sincères, Henri Pescarolo, Patrick Fourtiq, Dominique Cantien, Jacques Delors et le ministre Gérard Longuet, visiblement et sincèrement ravi que l'entreprise Poste affiche sa dimension, capable d'aller au pôle, elle qui distribue 55 millions de lettres et colis chaque jour.

Très vite, je suis installé dans un climat de décompression mais sans perte de vigilance. Au contraire, ne pas dormir, en profiter puisque le bonheur est à la hauteur de la difficulté. Regarder. Savourer. L'instant est unique, il ne sera jamais renouvelé.

Commencent alors les gamineries affectives des chasseurs d'extrême. Je lance mon boomerang autour du pôle. Cet objet, qui est le seul poids inutile trimbalé dans mon cockpit, a valeur de symbole. Il fait trois fois le tour du monde en une minute avant de revenir dans ma main gantée. On plante le drapeau européen jaune et bleu, étoilé, puisque la Communauté a donné quelques subsides.

On plante le drapeau français. Même si nous n'aimons pas la couleur qui marche au pas, c'est avec fierté que nous déposons pour la première fois les trois couleurs sur la banquise. Puis on immerge dans de minuscules conteneurs, prévus pour résister à la compresion des glaces, des messages de paix formulés par des jeunes, par Harlem Désir. Et une boîte aux lettres gonflable, conçue pour l'opération, symbolisant l'ubiquité du réseau postal.

Arrive un compliment qui sera l'un des plus appréciés. Le chef pilote de Resolute, le prince des seigneurs de la banquise, celui qui n'osait pas balancer ce qu'il pensait de nos « libellules », a dit à Reverchon : « Je ne laisse pas des pilotes pareils là-haut et je ne laisse pas les moustiques. Tous doivent rentrer ! »

Et, de sa propre initiative, il commande un DC-3 à Winnipeg, près de la frontière des U.S.A. Il lui faut trente-six heures pour installer des skis sous le DC-3 et nous déposer du carburant par Twin Otter.

Le temps superbe se maintient. Le Twin arrive en bombardier, largue 150 kilos de réservoir qui pique comme une bombe sur l'Avid Flyer d'Hubert, rebondit (on n'est jamais tranquille au pôle), va s'écraser sur l'U.L.M., et au dernier moment refait du saute-mouton avant de s'arrêter de l'autre côté de la fracture. Je dois m'encorder pour récupérer l'essence, passer à quatre pattes sur la glace transparente. Trois doigts d'épaisseur sur l'eau noire, tombeau liquide qui nous nargue depuis deux semaines. Je me fais léger, léger... Hubert hale l'essence en premier ! Puis il me rapatrie.

Le Twin nous avait donné une direction, un point à trente kilomètres pour qu'il puisse se poser. Je laisse la tente mais pas le boomerang. Et on se pose devant les deux pilotes du Twin effarés face à cet atterrissage « catastrophique » qui est notre lot quotidien. Pour nous, c'était Roissy. Et trois heures plus tard le mythe arrive, un DC-3 en vrac sur la banquise, c'est quelque chose ! Le tout-terrain de l'air ne s'est jamais posé si au nord. Il bouffe cinq cents mètres de glace, s'agite tel un U.L.M. de plusieurs tonnes, se cogne si fort contre la glace qu'il déclenche la balise automatique de détresse ! A notre effarement, on découvre une heure plus tard un quadriréacteur Antonov qui a reçu le signal de « détresse », descend en spirale et pique pour lui porter secours ! Le pilote canadien s'excuse du dérangement en expliquant le motif de l'incident. Si bien que l'agence Tass sera la première agence de presse à diffuser notre victoire ! « Les courageux pilotes fran« çais ont vaincu le pôle avec des U.L.M. » Ça leur plaît davantage qu'un atterrissage sur la place Rouge. Et s'ils avaient su que le père de Reverchon était un as de Normandie-Niemen, on aurait eu la une de la *Pravda* !

Le DC-3 se calme, la porte s'ouvre sur un Paul-Emile impérial. Il descend avec du champagne, radieux, fier pour nous, ému lui-même de fouler enfin, à plus de quatre-vingts ans, le pôle si souvent contourné. Sobre, mais l'œil si vif, il déclare : « C'est un exploit à tout point de vue. Depuis les temps héroïques, vous êtes les seuls, avec *Voyager* et son tour du monde sans escale, à avoir créé l'événement. »

Le chef pilote, le « muet », nous tape dans le dos en s'exclamant : « *So, you did it, it's a good job.* » Venant de lui, c'était renversant. On avait gagné le respect et l'estime d'un homme qui nous donnait 3 % de chance de rentrer vivants.

Le DC-3 repart dans deux heures. Pas le temps de s'attendrir. L'U.L.M. d'Hubert ne rentre pas, on lime tout ce qui dépasse, scie le train. Pierre Lenormand, clé en main, m'appelle :

— Nicolas, tu as déjà défait ce boulon ?

— Non.

— Il s'est dévissé, alors, ou plutôt il n'y a jamais eu de boulon !

Il apparaît qu'on avait oublié à Resolute de serrer un boulon essentiel à la rigidité, après que j'eus mon aile cassée ! Quand le patron de Mistral l'a su, il a d'abord cru à la galéjade, puis il a eu un malaise.

C'est dément, j'aurais pu exploser cent fois. Ce sera notre dernière histoire de paramètre.

J'assiste au décollage du DC-3, ballon de rugby sur terrain défoncé, mais quel pilote ! Puis je m'endors dans le Twin.

Très vite je me réveille, j'ai mon papier à faire pour Inter. Et j'entends Hubert, installé au siège du copilote pour utiliser la radio, qui dit à Valérie, au P.C. de Paris :

— Valérie, j'ai deux choses à te demander (je n'entends pas la réponse). Est-ce que mon père va bien ?

Hubert écoute la réponse. Visiblement, il est rassuré. Alors il continue :

— Deuxième question : veux-tu m'épouser ?

Depuis six ans, il éludait le mariage, et le pôle remet bien des choses en place. Je n'entends toujours pas la réponse, mais son sourire s'éclaire encore, puis il fond en larmes.

Applaudissements complices au ministère. Tout va plus vite avec la Poste.

Hubert, jeune marié très aérien, me laisse sa place, je dois faire mon papier pour la radio. C'est alors que je réalise que c'est fini. Je perds tous mes moyens, au-delà de l'épuisement. Lessivé. La fatigue démesurée se conjugue avec la joie si violente. Incapable de parler, je pleure comme une rosière en crise de nerfs. Paris essaie de me calmer : « C'est pas grave, Nicolas, ça va passer. Allez ! »

Ça ne passait pas.

Je bafouille quelques mots...

On ne s'étendra pas. On ne déchaînera pas les médias. Le film tourné n'est toujours pas diffusé. C'est intérieurement qu'on peut savourer son bonheur ; sans s'arrêter, ni faire donner de la trompette. Malgré notre fierté d'avoir réussi (c'est la seule chose dont je sois fier), tels les pionniers d'une autre époque, à nous imposer à la plus impitoyable des natures avec l'engin le plus fragile, pas de cocorico [1].

Le pôle a donné un sens à une existence, plus jamais la vie ne sera pareille. Inconsciemment, je voulais laisser une marque. Je ne dis pas qu'il n'y en aura pas d'autre, mais j'aimerais que ce soit celle-là.

Autre bonheur, cette amitié soudée à jamais avec Hubert, le parfait compagnon de toutes les routes. L'ami des chemins de traverse. C'est presque une raison suffisante pour partir.

Et une bonne raison pour rester à Paris, j'en aurai besoin ! A la télé, ceux qui avaient oublié mon nom et ricané de notre échec de 86 arborent des sourires 3 *bis* rectifiés 87 et prononcent de grandes phrases péremptoires qui n'aboutissent jamais. On me propose n'importe quoi. Je refuse poliment toutes sortes d'invitations de gens que je n'ai jamais « caressés » : si je n'ai jamais tenu de propos désobligeants, je n'en tiens guère d'obligeants.

Dans cet essaim caricatural, la femme que j'attendais n'était pas là...

La différence entre l'émotion du pôle et l'agitation de Paris était si affligeante que j'ai failli m'enfuir à toutes jambes. Il y a tant de chemins à prendre !

Quelles que soient les surprises du futur, à tout jamais, cette expérience me nourrira.

Puisque je change de continent, j'enchaîne les événements. Quand on multiplie les expériences, un événement efface le précédent.

Quelques jours après mon retour, je fais mes courses avec Dominique Bergerault. On plaisante avec la caissière : « Alors, maman, on fait des heures sup ? » Cinq minutes plus tard, « maman » avait un Lüger sur la tempe. « Ceci est un braquage, passez la caisse. » Je vois courir un

1. Comme souvent, la France n'a pas compris la réalité et les difficultés de cette expédition « sur quelques arpents de neige », comme disait Louis XV en fourguant le Canada aux Anglais sans sourciller. On ne sait pas à Paris que les deux pôles sont distants de 1 200 km.

mec, un bas masque son visage. Puis un second. Et je réalise qu'ils sont en train de braquer les quinze caisses. Je repousse doucement Bergerault, qui doit chercher un vanne. Pas de gestes brusques, comme avec les fauves. Je rampe pour aller chercher mon appareil photo dans la voiture. Vieux réflexe qui date de Sipa. J'ai seulement sursauté quand j'ai découvert qu'il n'y était pas. Décidément, j'ai bien fait d'abandonner le fait divers. Je rentre dans le supermarché, rejoins mon inséparable. Assiste à toute la scène.

Et je retrouve mes chiens. J'en ai même trouvé un de plus, dans un panier, qu'une main anonyme mais évidemment féminine avait déposé devant la porte de mon bureau. Attention dangereuse pour le chiot, que je ne saurais que désapprouver...

En dépit de mes réticences, la rumeur du pôle me vaut un certain nombre de coups de téléphone : « Il faut absolument qu'on se voie. Faire quelque chose ensemble. » Air connu. Le temps de défaire mes bagages, et l'interlocuteur assoiffé d'aventures ne me prend plus au téléphone. Il a oublié mon nom. Il a briqué d'autres miroirs pour d'autres alouettes. Je ne compte plus les projets.

Rien n'a changé depuis que cette diablesse de l'audiovisuel qui m'avait appelé dix fois par jour voici trois ans, puis disparu, me rappela pour me dire : « D'accord pour votre émission, venez avec un sponsor. » Dans la semaine, je trouve un sponsor qui sait où est le pôle géographique. Entre deux avions, il passe quelques heures à Paris. Elle se pointe avec deux heures et demie de retard, passe devant nous, vissés dans l'antichambre, sans nous regarder. Et encore moins sans s'excuser ni ralentir. Elle nous jette : « J'ai cinq minutes ! » C'est pire que Vorster ! Le sponsor me regarde, je le regarde, ce regard suffira. Nous n'avons pas la même notion de correction. On ne s'est jamais revus.

Trois ans plus tard, je pense qu'à long terme rester entier est payant. La flagornerie est hideuse et inefficace à moyen terme. Les cireurs de pompes s'entendent toujours dire que le cuir ne brille pas assez.

Je ne compte plus les projets, inadaptés à ma sensibi

lité. Rentrant du pôle, je passe du royaume de l'humilité à celui de la suffisance. Dans ce microcosme agité, les gens qui détiennent les clés et les robinets de l'argent ne sont jamais attaqués, on ne les discute pas. Personne n'ose leur dire leurs quatre vérités. Dans ce milieu replié, complaisant, protégé, nul ne met les pendules à l'heure ni les gens à leur place. Par nature, ce milieu qui devrait être ouvert sur le monde, à tous les univers, se gauchit, se mord la queue. On se côtoie, se congratule, s'épouse, se baise dans les affres du corporatisme. Tous ces coucous profitent effrontément de l'effort et du talent des pionniers. Les « héros » ont tout fait, restons modestes, on peut moderniser le ton, le style, mais c'est plus affaire de mode que de création.

Bien avant l'été 87, qui fut l'été de tous les délires télé, entre les fausses bonnes idées et les chaînes qui n'ont pas les moyens de leurs ambitions, j'ai planché sur des maquettes aventures !

Par exemple, « Mission possible », au titre déjà dramatique, où j'accepte de jouer le présentateur. C'était en 1984. A Khartoum, dès le premier terrain, je m'aperçois que c'est une fumisterie. On inventait de faux besoins humanitaires autour d'un vague jeu, et le spectacle se faisait sur le dos des organisations charitables. On voulait faire des points d'audience sur la misère des gens. Prêts à expédier des passe-montagne à des Pygmées, des vélos à des Esquimaux, des médicaments anti-palu dans un pays ultra-sec, les promoteurs jouaient au bon Samaritain comme un pompier au pyromane. On empoisonne un type pour lui faire un lavage d'estomac. Honteux. Je plaque l'émission et ces gens payés pour « donner ». La charité devenue un métier, c'est pire que l'indifférence. La générosité, c'est un coup de cœur. Pas un coup de pub.

C'est pourquoi j'ai fait *Ushuaïa* quand j'ai eu les moyens de la faire bien. Rien n'est pire que de se dire : « Si j'avais eu cent balles de plus, ç'aurait été génial ! »

Ce qui me plaît, ce n'est pas la notoriété, c'est de faire partager des émotions. Communiquer des sensations.

La course à la notoriété m'indiffère. Sauf quand elle m'apporte des nouvelles de mon père. A la suite d'un papier dans l'*Express* je viens de recevoir une lettre d'un vieux compagnon de mon père au Venezuela qui me raconte comment Philippe Hulot, jeune baroudeur installé dans la bande à Papillon, avait tout fait pour remettre en état un DC-3 quasi abandonné dans la jungle, pour poursuivre leurs expéditions ! Cette passion du vol est donc bien héréditaire... et cette notoriété me permet de retrouver quelques racines, enfin, et de préciser le portrait ébauché de mon père. Et elle m'indispose parce que je n'y crois pas. Ce n'est pas mon truc, même si on peut mal interpréter ma démarche parce que je m'expose moi-même à la caméra. Ce qui est fantastique, ce n'est pas de signer un autographe sur un ticket de métro, qui va être perdu ! C'est d'entendre un ami connu ou inconnu dire : « Je t'ai entendu sur la banquise, ça nous a fait rêver... »

La notoriété, je l'ai parfois évitée. J'aurais eu des voies plus commodes si j'avais cédé à la facilité apparente. J'ai refusé des tremplins puissants, comme « Champions », parfait pour Denizot.

Si pour certains j'ai une gueule d'animateur, je n'ai pas le bagou.

La télé amplifie défauts et qualités, elle a un effet loupe, ne montre qu'une facette du personnage, si tant est qu'il en ait plusieurs. Ceux qui n'ont jamais existé avant la télé sont souvent imbuvables et fragiles. Et la vraie question existentielle est : « Pourquoi fait-on de la télé ? » Pour vivre sa passion ou pour être reconnu dans la rue ?

C'est épouvantable, cette notoriété de visage. Une totale privation de liberté. Reconnu, donc analysé, dépiauté, et de quelle manière ! Avec une femme, on est épié, elle est déloquée, on cherche son nom. Ce genre de rapport n'est jamais flatteur. Ce sont des tapes sur le ventre, des mains agrippées : la notoriété élimine la distance. La télé n'impose pas le respect, au contraire. A table, la starlette est dévorée des yeux, on s'assied à *sa* table. Quand ça va trop loin, je suis désagréable et je réagis sèchement : « On se connaît ? » Mais alors le public râle : « Quel chieur, celui-là ! »

En Bretagne, je ne peux plus sortir avec mes amis dans

les mêmes bistrots. Les gens ne me regardent plus comme avant. Si je souris, je fais une campagne de séduction : « Il est toujours devant une caméra ! » Si je suis songeur : « Il se prend sacrément au sérieux, le petit Hulot... Il se rappelle plus le temps où il faisait le serveur et le tracteur sur la plage. » Etc.

On ne peut plus prendre un crème sans façon.

Je veux éviter ça. Eviter, à cause de ça, de faire des émissions nulles comme « La clé sous le paillasson », à la radio, avec Leymergie.

Le culte de la personnalité est haïssable. Alors, disent certains, « si ça te gêne tant, on peut vivre sans montrer sa bobine ». Je réponds que je ne fais pas des pieds et des mains pour la montrer, je refuse ce qui n'est pas justifié. *Ushuaïa,* et c'est tout. Asphyxiées par des parterres de groupies, les stars sont aussi « glorieuses » que fragiles. Celui qui n'a pas d'identité deviendra un zombie. Souvent, la télé invente des hommes qui n'existent pas. De cette vanité mal placée, tous n'en meurent pas, mais tous en sont atteints.

Alors que la réussite, pour moi, c'est faire ce qu'on a envie de connaître au moment où on désire le faire. La réussite, ce n'est pas une place dans une hiérarchie, ni d'être reconnu, ou connu. Les plus belles réussites sont anonymes : et ma notion de bonheur est liée à cette réussite-là. Je me suis prouvé que le bonheur ne passait pas par l'argent ni la vanité. L'exercice, si périlleux, du bonheur emprunte forcément d'autres voies, des chemins de traverse.

En revanche, ce qui est doux et agréable, et qui facilite la pratique de ce bonheur hors grille, c'est la notoriété du nom. Elle offre un « pouvoir » (réduit) et des facilités (limitées, éphémères). Il m'est plus facile aujourd'hui de penser au pôle Sud, de créer et de gérer certains reportages qu'à l'époque de Sipa.

Cette notoriété améliore le côté merveilleux de la télé, outil de communication incomparable, surtout en respectant sa personnalité. Devant la caméra d'*Ushuaïa,* je ne fais pas un numéro de comédien, je vis ma vie. Sans déphasage.

Je fais partager mon enthousiasme au plus grand nombre. Le présentateur, le journaliste, doit s'effacer le plus possible, mettre les sujets en valeur, et non son râtelier de trente-six dents. Pour faire partager mes rêves, je dois montrer ma bobine, mais je ne provoque des émotions que si je les ressens intensément. Ni comédien ni bateleur, je suis journaliste du direct. Catalyseur de projets, déclencheur d'émotions.

Pendant combien de temps?

J'ai toujours vécu dans le précaire, l'insaisissable. *Ushuaïa* n'est pas éternelle. Son succès a suscité des émissions qui se voudraient concurrentes, qui vont multiplier la diffusion de sujets qui ne sont pas inépuisables. Les imitateurs vont grouiller, mais pas les séquences. Il y a donc un premier risque d'affadissement, d'érosion. A moi de faire évoluer notre émission en conséquence, sans tomber dans le piège du one-man show. C'est pourquoi je continue de faire de la radio parce que certains sujets valent plus par les mots que par les photos; par exemple, l'aventure de Véronique Le Guen[1].

Par perversion plus que par nature, la télé est pontifiante. J'essaie d'être le plus naturel possible, très anti-effets spéciaux. Nous offrons des découvertes plus que des « aventures », mais dans les plus grands décors de la planète. Nous ne faisons pas incroyable, mais vrai. Recettes simples, dégagées du langage branché (aussitôt débranché). L'émotion est privilégiée par rapport à la cascade.

Tout ce que je fais à *Ushuaïa,* je l'ai fait pour moi, depuis douze ans : je tiens à cette harmonie. Mais la TV n'est qu'un passage et je retournerai dans l'ombre.

Malgré cette asociabilité qui m'empêche de sourire pour décrocher un budget, ou de changer le titre de mon émission, je travaille aujourd'hui dans d'excellentes conditions à TF1 parce que je suis « reconnu ». On me fait

---

1. Spéléologue qui a passé en solitaire, à l'automne 88, plus de cent jours sous terre.

confiance. Si j'exige d'être entendu, je sais écouter. Et profiter du confort du succès. Si j'amène encore 80 % des sujets d'*Ushuaïa,* j'en découvre de plus en plus, placé au cœur d'une nation qui a la médaille d'or de l'extrême.

Prenons l'exemple du *benji.* Ce saut en élastique, inventé voici un an et demi par un Néo-Zélandais, est devenu une vraie discipline en moins d'un an ! Voilà une émotion prodigieuse que j'aurais bien été incapable de programmer à mon retour de Resolute Bay. Vu du dehors, ça peut paraître futile, voire un « jeu de con » (y'a de ça !), alors que c'est une impitoyable épreuve de vérité. Même pour des spécialistes de l'Himalaya, de grands sportifs (varappe). Juché sur un parapet de cinquante millimètres à deux cents mètres au-dessus du vide, c'est l'horreur totale, la situation du funambule qui rate le fil. Les initiés parlent de peloton d'exécution, de petite mort, de renaissance. Et de soulagement total quand l'élastique retient, amortit la chute finale !

Alors commence le plaisir : on a grandi.

Un gendarme a eu des bleus aux genoux tellement ils se sont entrechoqués. Un alpiniste a arraché une mèche de cheveux à celui qui le maintenait. Un P.-D.G. ne trouvait plus son bureau le lendemain ! C'est une nouvelle forme de peur que je ne pouvais imaginer, et que je ressentais chaque fois que quelqu'un sautait avant moi. Une peur à la fois viscérale et active.

Aucune émotion n'est feinte. C'est pourquoi les gens sont fidèles à notre rendez-vous hebdomadaire. Au télé-spectateur, on doit l'authenticité. Jamais je n'ai fait le son après, comme on me l'a demandé. Pas de mixage savant, de faux direct. Même si j'ai du soleil dans l'œil à 23 heures, le téléspectateur sait que ça a été enregistré dans les conditions du direct. Car c'est le direct qui est le moteur exceptionnel. Se trouver dans une situation impossible donne force et conviction. Les mots viennent tout seuls, sans aucun décalage entre la sensation et l'expression.

J'ai du mal à parler du vécu, *a posteriori*, alors je fais ce livre...

La clé de la connivence, c'est la franchise. Quand je

tombe dans les pommes, je me tais ! Quand je tombe dans l'eau glacée, je me gèle. Ça s'entend. Je ne suis pas Superman : les gens s'identifient plus facilement à moi que si j'avais le gabarit quintal d'un Péan. Mes aventures, mes découvertes, mes craintes, mes joies, mes angoisses ne sont pas réservées à un Rambo mais à tout homme normal, s'il entreprend.

Devant l'exploit d'un colosse, on se décourage. Avec moi, les gens embarquent plus facilement au moins dans leur tête : mon rôle est d'ouvrir une porte.

Demain, j'en ouvrirai d'autres. Mais je me faufilerai d'abord, le premier.

Vers d'autres expéditions parce que la motivation sans doute la plus profonde n'est pas de fouler la glace vierge du pôle, mais de construire et de vivre une amitié indestructible avec cette équipe qui est ma famille de cœur, de choix. Dans l'action, les hommes se découvrent. On peut tricher à Paris pendant un certain temps. On ne bluffe plus devant un éléphant qui charge, une falaise de roches noires à Eurêka. L'imminence du danger dévoile toutes les faiblesses. L'expé impose le sens de la Vérité. Dans ce genre d'expé pointues, on rencontre des êtres d'une exceptionnelle qualité.

Repartir avec Hubert, Pierre, Thierry est une nécessité. On a déjà pensé au pôle Sud malgré ses vents catabétiques de 400 km/h... S'offrir les deux pôles, pourquoi pas ? comme dirait le malicieux Paul-Emile Victor. Mais sans l'obsession du « challenge », personne n'a rien à prouver. Et cette profonde décontraction jointe à l'exercice de la bonne humeur dans le risque calculé est irremplaçable quand on y a goûté.

Participer à des combats écologiques, alors que je suis incapable de prendre part à une lutte politique et que les idéologies m'assomment. Ces luttes ont souvent été mal menées. Ainsi, on ne résoudra pas le problème des ours dans les Pyrénées en les « cachant »... si mal ! Il ne faut pas isoler l'écologie. Ce doit être une discipline d'ensemble, pas un hobby. Il faut agir vite parce que s'accélèrent des fléaux irréversibles. Après les phoques, qui ?

En Bretagne, je ne vois plus de marsouins, alors qu'ils étaient nos commensaux voici dix ans.

On massacre les baleines alors qu'il existe des produits de substitution dans 90 % des cas.

Les quatre cinquièmes des rennes ont été abattus après Tchernobyl. L'histoire ne donne aucune leçon. Le Sahara n'est pas une malédiction géologique, puisque du temps de César des éléphants paissaient dans la région de Rabat. On a brûlé les herbes, arraché les arbres. Et, deux mille ans plus tard, on recommence en Amazonie, qui n'est qu'une sorte de « jardinière » sur-arrosée, certes, mais à la couche fertile peu profonde et facilement lessivable.

L'écologie, c'est aussi toutes les minorités, étalées comme des taches d'huile jusqu'à émulsion complète. Jamais on n'a respecté les minorités, qui sont le sel de la terre : on les a tuées, ou déguisées, c'est pareil.

Il faut dire les choses avant de mener les combats. Se taire sur les chasseurs/massacreurs, c'est tirer avec eux. Il faut s'offrir le luxe de réfléchir. La réflexion doit précéder et conditionner les actes, sinon on ne fera que du baba-coolisme. Il faudrait donner à l'O.N.U., dans ce domaine, les moyens qu'elle a parfois ailleurs. Lancer des campagnes chocs comme celles qui ont sauvé les bébés phoques. On doit être « simpliste », culpabiliser les complices objectifs. Tourner et diffuser des spots qui ridiculisent les bijoux en ivoire, par exemple, une grosse mémée emperlousée piétinant un éléphant agonisant, mutilé de ses défenses...

Même les zoos donnent une sale image de la nature. Rien ne les justifie plus à l'ère audiovisuelle. Ils sont dépassés, pitoyables. Ce n'est pas ça qu'on doit apprendre aux enfants, ils ne regardent que les singes et galopent après les pigeons ! Les singes, la télévision en offre toute la journée !

Tout me conduit à la nature en qui j'ai toute confiance. Je tiens ça de mon père et je veux obtenir ce qui lui a échappé. Ce n'est pas en contradiction avec mon idée du néant après la mort.

J'ai enfin trouvé une maison canadienne en lisière de la forêt de Rambouillet, qui est dans la continuité de celle d'Epernon et de ma petite enfance. Une vraie maison, qui sera toujours une cabane où l'on se retrouve la nuit autour d'un feu amical, mais qui est, d'abord, constituée du plus noble des matériaux, la maison des rêves et de l'amour, racines d'un amour pour « Dom », lieu d'un nouvel avenir puisque l'amour n'a de sens que s'il donne un sens à la vie. Une maison à laquelle je tiens tant et qui est déjà une île ancrée à l'abri de la Cité, et déjà habitée.

J'ai été élevé dans le parfum des fleurs et une rose qui ne répond pas à une caresse par une senteur, c'est la tristesse. Dormir à la belle étoile, se libérer du stress bétonné, sous la voûte céleste, est un spectacle unique, aussi renouvelé que celui de la banquise, de la flamme, de la nuit animale du Zambèze. Alors que le désert ne me passionnait pas outre mesure à l'époque du Dakar bruyant, dangereux pour les riverains, agité de starlettes et de vieilles gloires, j'ai connu en un mois de janvier une émotion inattendue. Dans le silence d'une montgolfière, j'ai vu surgir une forteresse de grès fauve dressée dans les grandes vagues de dunes. C'était dans le Tassili N'Hoggar, et je ne veux plus passer à côté de telles merveilles.

Un goût immodéré de la nature et le respect de l'amitié vraie, c'est tout mon héritage. Visiblement, comme moi, mon père n'aimait pas les relations fades. Les amis ne sont pas faits pour bourrer un carnet d'adresses. Pas de relations banales ; ou il se passe quelque chose, ou rien.

Il humait ses massifs comme je veux approcher la nature. Le héron de mon étang en Bretagne me subjugue, alors que je peux en admirer des centaines au Zimbabwe, mais ce héron rescapé et fier est le nôtre, le mien, celui qui porte tous les signes. Et je déploie mille artifices pour m'en approcher sans l'effaroucher.

Rambouillet est une étape.

Plus tard, je choisirai une « île » qui sera peut-être continentale, peut-être en France, d'ailleurs. Ou dans une forêt canadienne, dans la savane, avec le confort de l'action. Je veux voler, survoler (on le fait trop !) et me poser.

Très vite, je voudrais passer une année entière au Zimbabwe, pour approfondir mes connaissances. Je sais un peu de tout sur tout, mais pas tout sur un sujet. Les enfants de Kariba en savent bien plus « vrai » que moi, qui ne suis qu'un perpétuel néophyte, trop souvent condamné à oublier les choses avant d'en avoir épuisé la saveur.

Et l'exemple de Krov Menuhin prouve qu'on apprend mieux avec des enfants. Son fils Aâron est un adorable enfant sauvage, doué de toutes les civilités. L'exemple idéal du petit garçon né dans le monde, d'une aisance stupéfiante. Parfois, je dis à son père : « Dès que tu le vends, Krov, je le prends ! »

A outrance, j'adore les enfants (je ne suis pas le seul !) et je pense que je ferais un bon père. Je les ferai participer à beaucoup de choses, de sorte qu'ils gardent leur fraîcheur, qu'ils rejettent tout égoïsme (c'est si facile, l'égoïsme), qu'ils respectent davantage l'autre en se respectant soi-même. C'est la foule et la cité du béton qui inoculent l'irrespect, on n'a jamais besoin de l'autre..., alors qu'en expédition c'est le contraire. Aujourd'hui, je constate et déplore que tout leur est dû, par les parents, par l'entourage. L'enfant Menuhin qui joue avec les dauphins et admire les baleines est infiniment plus à l'écoute des hommes que tous les autres enfants que j'ai rencontrés.

Si je n'ai pas encore eu d'enfants, c'est pour trois raisons évidentes.

Il fallait trouver la femme qui serait la mère : c'est un rôle si exigeant ! Me poignent trop d'exemples malheureux d'enfants issus de couples déchirés, ou d'orphelins civils : ceux dont les parents ne sont présents que de corps, en pointillé. Pour faire oublier ces absences prolongées, on pourrit-gâte les bambins...

Je ne veux pas me contraindre à faire du surplace. Si mes enfants me voient morose d'être enfermé à Paris, ils ne pourront pas être bien.

Connaissant trop d'orphelins vrais, de père mort pour assouvir ses plaisirs aventureux, je veux rester vivant pour mes enfants, vivre avec eux le plus longtemps possible. J'ai trop souffert d'être privé d'un père à l'âge où l'on peut partager dans l'équilibre. Faire des enfants implique que je changerai de métier.

Ou de manière de l'accomplir. Vivre dans une « île » est moins dangereux que de traverser la Concorde. Ce n'est pas la course ou la vie. Contrairement aux propos de certains esprits castrateurs, je ne suis pas toujours en train de courir après quelque chose : je sais m'arrêter. Intimement, et depuis les drames de mon adolescence, je sais qu'on peut mourir en courant, d'avoir trop couru. Et j'ai appris que la beauté des choses se prend arrêtée, saisie. Je ne cours qu'après des instants rares, et, quand je jouis d'un instant privilégié, je le savoure pleinement, sans hiatus.

A l'évidence, c'est le plaisir de voler qui génère des plaisirs aussi intenses que variés. Chaque fois que je vole, et pas forcément aux quatre coins du monde, je m'étonne encore du bonheur de la découverte, sans jamais être rassasié.

Un départ matinal de l'héliport d'Issy-les-Moulineaux… Il est sept heures sur Paris encore enrobé de nuit. Mon hélico vole vers le demi-disque rouge du soleil levant. Matisse disait que les couleurs n'existent que dans l'ombre, que le soleil violent les tue. Dans ce matin si calme au-dessus de la Brie qui s'éveille, je le vérifie !

Rasant, le soleil autorise les plus séduisantes géométries et le dessin n'est plus obtenu que par le jeu des couleurs, cette incroyable variété de verts encore apaisés par les brumes qui s'effilochent. Des verts insolents, des verts profonds, des légers, des vibrants, des tendres… Des verts associés au rose, parme, mauve, colorés en larges stries.

L'« Ecureuil » lâché en plein ciel me fait découvrir une nature inventive, inconnue. C'est l'exemple même de plénitude à une heure de Paris. Il n'est pas besoin de parcourir dix mille kilomètres pour connaître le frisson. Le bonheur est à portée de la main.

A neuf cents pieds d'altitude, on mesure mieux la vitalité de la forêt française. Le tiers du territoire est un océan d'arbres, ou plutôt, vu du ciel, un immense archipel constitué d'îles qui sont des petits bois séparés par de larges bandes de culture, parsemées de « récifs » que sont les boqueteaux si allongés qu'ils paraissent munis d'une étrave, et ces grands bateaux ivres voguent sur une mer multicolore, dans la houle des céréales coupées (nous sommes en août), des maïs et des tournesols.

Puis les toits rouges de la Bourgogne, des tons chamois et fauves, framboise ou « ventre de pêche », et les tuiles vernissées des premiers clochers franc-comtois. Et des scènes qui ressemblent à une pub de Kodak : ces enfants égaillés comme des fourmis qui courent dans un stade trop grand pour eux..., les troupeaux de vaches blanches, une barque de pêche, avec pêcheur matinal dans un méandre du Doubs replié sur lui-même qui brise la force du courant. Sous les bouffées de brouillard étiré, l'eau fraîche transparaît. Un vol d'étourneaux en pointillé... Partout on brûle les chaumes...

Je me pose dans le champ, à moins de cinquante mètres de l'entrée du gouffre que nous allons explorer. Sous la forêt du Jura m'attendent d'autres merveilles... Cette succession de sensations serait impossible sans l'hélicoptère.

Quelques semaines plus tard, je suis à l'aplomb d'un phénomène de la nature, parcourant les courbes d'un fleuve mythique qui se perd dans les sables du Kalahari, ramifié en dizaines de faux deltas : l'Okavango. C'est une merveille que ce mariage de l'eau et du sable, on ne sait plus ce qui est eau, terre, on reste stupéfié par les verts de ce bocage normand plaqué sur un des plus terribles déserts de la planète. Cette palette de verdure sertie d'ocres et de tabacs extraordinaires est un sanctuaire d'animaux qui abrite toutes les espèces. En aucun endroit de la planète on ne trouve autant d'oiseaux — près de quatre cents espèces qui prennent possession du ciel, de l'eau, des herbes et des arbres, et que dérange un instant mon hélico de poche qui m'affranchit des contraintes de l'eau. Je me pose dans des endroits inaccessibles, troublant un vol de grues altières, affolant des buffles qui galopent en soulevant des volutes liquides, paniquant les ravissantes gazelles dont les pattes agiles laissent de fins sillages argentés dans dix centimètres d'eau. Vite, je coupe le moteur pour surprendre sans la molester cette fusion de l'eau et du sable, condition d'une végétation unique.

Pleinement, je profite de la liberté de l'hélico, embarqué démonté dans un avion. Mon plus vieux rêve s'est réalisé ! Engoncé dans ma vie monochrome, j'osais à peine l'imaginer quand j'avais quinze ans : personne n'était pilote chez moi, c'était des activités de riche.

Voler, c'est se libérer, et cette liberté est inépuisable.

En cette fin d'été européen, je suis en Afrique australe, où la saison est inversée. Je n'en crois pas mes yeux. Je vole dans le pays que j'aime le plus au monde, dans mon propre hélico (il est prêté, certes, mais à moi seul pendant trois semaines !), je peux me poser quand je veux près des animaux, loin de tout, me baigner près d'eux..

Plus au sud, le lac de Makgadikgadi, lac asséché sans doute par la secousse tellurique qui a changé le cours du Zambèze et créé les chutes Victoria, redevient un lac, dix jours ou deux mois, quand il pleut. Ces pluies sont irrégulières (elles peuvent ne pas tomber pendant deux ans), puis les trombes deviennent des nappes d'eau miraculeuse. Avertis, on ne sait comment, des centaines de flamants roses venus d'on ne sait où arrivent. C'est un des plus émouvants mystères de la nature. A la nuit tombante, dans le ciel rouge enflammé, je vole au milieu d'un de ces véritables « essaims » assortis aux rutilences du soleil dans une harmonie à couper le souffle. Je tourne la clé de contact, un bref moment les pales froissent l'air encore tiède, puis règne le silence austral nourri de toute cette vie sauvage. Loin de tout, des centaines d'oiseaux roses m'entourent, dans un mètre d'eau en miroir. Une eau éphémère qui va conditionner leur vie pendant quelques jours, puis ces grands voiliers repartiront dans des claquements d'ailes qui donnent le frisson.

Ces sensations extraordinaires n'ont pas de prix et

elles changent le sens d'une vie. Dans le flamboiement des couleurs, la nature m'appelle, comme si je venais de là-bas, issu d'une autre éternité, et que je doive y retourner. Quand tout s'embrase dans la lumière rasante, quand je respire au milieu d'un vol de flamants que je ne verrai que là et quand la poussière devient un nuage rose, la vie prend un sens. Tout est émotion, et chacune de ces émotions justifie tout. D'avoir lutté, d'avoir souffert, d'avoir essayé d'avancer.

Un jour je parcours un bras du fleuve multiple, serpent bleu émeraude dont je suis les mouvements à un mètre à peine. Plénitude encore affinée par cette angoisse, distillée, du vol : on ne vole que par des artifices précaires qui peuvent brusquement cesser leur magie ! A des milliers de kilomètres de toute civilisation. C'est là qu'est ma vie, quand les oiseaux se posent sur les nénuphars, que les gazelles effrayées reviennent à portée de main, regardant le « nouveau » qu'elles ne considèrent pas comme un intrus. Tous les sens sont sollicités, l'ouïe affine la vue, l'odorat précise le toucher. Un parfum découvert dans des effluves inédits... Transparente, l'eau du fleuve offre des bains édéniques que ne peuvent troubler les crocos et les hippos que l'on voit de loin. Température idéale. Je bois dans le creux de ma main. Je me forcerai à décoller...

Protégé par le mystère du fleuve perdu, le territoire oublié des hommes est l'aire des bushmen qui vivent dans le plus complet dénuement ! Dans une condition physique assez précaire et malgré les atrocités dont ils ont été victimes, ils survivent.

Au pied de la colline sacrée de Tsodilo, j'ai appris que les Blancs les ont chassés comme des animaux ! Le dernier permis de chasse aux bushmen a été délivré par les Anglais en 1950 ! Hallucinant... Les bushmen ont entouré l'hélico, mais un seul a osé embarquer après une discussion difficile parce que les bushmen parlent avec des claquements de langue (souvenez-vous du film *Les dieux sont tombés sur la tête*) qu'on ne trouve dans aucun dictionnaire. Sous le regard envieux et angoissé de ses amis, j'ai dû le prendre dans mes bras pour le hisser à bord parce qu'ils ont des problèmes articulaires. J'avais ôté les doubles commandes, pour éviter toute surprise. Il n'a pas voulu quitter son arc.

Stoïque, au bord du vide puisque l'appareil n'a pas de portière, il s'élève au-dessus de son territoire, alors que je fais le plus doux des départs. Il survole la colline de Tsodilo, la montagne sacrée, le cœur du mythe bushman qui recèle la source de toute existence, seule colline à cinq cents kilomètres à la ronde dont on fait le tour à pied en une heure... C'est une sorte d'autel cosmique. Quand il pleut, ils recueillent l'eau dans des œufs d'autruche et peuvent ainsi survivre quelques mois de plus...

D'un seul coup, lui qui avait vécu une quarantaine d'années dans un rayon de vingt kilomètres découvrait soixante kilomètres d'horizon, sans effort, plus haut que sa montagne inviolée. Dans ses yeux j'ai lu qu'il avait touché Dieu.

Cette nature que j'ai convoitée, j'espère la mériter parce que je ne l'ai jamais galvaudée. Mon émerveillement implique toujours autant de précautions. Si je veux y vivre, je ne veux pas la brader pour en vivre.

Bien que je souhaite tout faire partager, certaines émotions resteront secrètes. Le dauphin des îles Turks, au large d'Haïti, a joué avec moi pendant trois jours. Trois jours de suite, il a renouvelé une communication que je croyais impossible. Il me suivait au fond, faisait le poirier comme moi, poussait des cris qui se moquaient ! Possesseur accueillant de ces eaux, il me recevait, me faisant profiter de sa haute intelligence. Amical, humain, plus qu'humain, il domine le bipède muni de drôles de palmes.

J'ai pensé à ces histoires de dauphins qui devenaient toutes vraies, évidentes alors qu'il me laissait m'accrocher à sa peau brillante.

Cette complicité, on peut la ressentir avec beaucoup d'animaux à condition de prendre le temps, de perdre des habitudes déplorables et d'écouter. A dix mètres sous l'eau-cristal des Caraïbes, je suis moins intrus qu'au pôle, plus charnellement engagé. Si j'étais resté un mois avec ce dauphin qui me « parlait », nous serions devenus inséparables. Les barrières entre l'homme et l'animal sont inventées. Nous appartenons au même règne.

Les animaux ont beaucoup à nous apprendre. Il suffit d'approcher des éléphants en canoë à cinq mètres pour comprendre que cette vraie société n'est pas seulement mue par de stricts besoins alimentaires !

La gaieté des impalas et des koudous, l'arrogance de l'aigle pêcheur, l'amitié du dauphin sont des signes qui me sont adressés, j'en suis convaincu. Je n'ai qu'une envie en quittant les sanctuaires d'animaux, sur terre, dans l'air, sous l'eau : y revenir. Sans m'isoler complètement, comme Richard Randall, l'ornithologue de l'Okavango.

Qui m'aurait dit, quand j'avais dix ans, que je piloterais un jour parmi des flamants roses et que je jouerais avec un dauphin ?

Vivant au paradis, j'aurai toujours envie de passerelles qui sont autant de chemins de traverse, mais je retournerai dans mes « îles ».

Achevé d'imprimer en novembre 1989
sur presses CAMERON
dans les ateliers de la S.E.P.C.
à Saint-Amand-Montrond (Cher)
pour le compte de France Loisirs

– N° d'édition : 16050. – N° d'impression : 2490. –
Dépôt légal : novembre 1989.

Imprimé en France

ISBN 2-7242-4611-X